MÜNCHNER STUDIEN
ZUR
SOZIAL- UND WIRTSCHAFTSGEOGRAPHIE

in

MÜNCHNER UNIVERSITÄTS-SCHRIFTEN

MÜNCHNER STUDIEN
ZUR
SOZIAL- UND WIRTSCHAFTSGEOGRAPHIE

Herausgeber:
Institut für Wirtschaftsgeographie der Universität München

HANS-DIETER HAAS    KARL RUPPERT    JÜRGEN SCHMUDE

Schriftleitung: Reinhard Paesler

BAND 40

# Wirtschaftsgeographische Neubewertung des Main-Donau-Kanals

von

Christian Glas

VERLAG MICHAEL LASSLEBEN KALLMÜNZ/REGENSBURG
1996

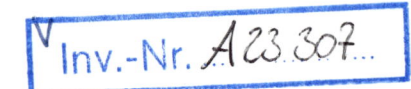

Alle Rechte vorbehalten

Ohne ausdrückliche Genehmigung des Verlages in Übereinkunft mit dem Herausgeber ist es nicht gestattet, das Werk oder Teile daraus nachzudrucken oder auf photomechanischem Wege zu vervielfältigen.

© 1996 by Verlag Michael Laßleben, Kallmünz/Regensburg

Anfragen bezüglich Drucklegung von wissenschaftlichen Arbeiten, Tauschverkehr usw. sind zu richten an Prof. Dr. H.-D. Haas, Institut für Wirtschaftsgeographie der Ludwig-Maximilians-Universität München, Ludwigstr. 28, 80539 München

ISBN 3 7847 6540 8

Buchdruckerei Michael Laßleben, 93183 Kallmünz über Regensburg

# Vorwort

Am 25. September 1992 wurde mit der Eröffnung des Main-Donau-Kanals ein Großprojekt vollendet, das die bayerische Geschichtsschreibung mehr als ein Jahrtausend begleitet hat. Die Phase im Vorfeld der Eröffnungsfeierlichkeiten wurde zum Anlaß genommen, sich näher mit der vielschichtigen Thematik einer Verbindung der Stromsysteme von Rhein und Donau zu befassen. Daraus reifte im Spätsommer 1992 der Wunsch, dieses Thema in einem Dissertationsvorhaben zu bearbeiten. Entscheidend dabei war, daß der Betrachtungszeitraum der ersten beiden Betriebsjahre des Main-Donau-Kanals es, im Gegensatz zu früheren Veröffentlichungen, ermöglichte, die oftmals kontroversen Ansprüche an diese Wasserstraße den wirklichen Gegebenheiten gegenüberzustellen.

Es ist mir ein aufrechtes Bedürfnis, an dieser Stelle all jenen Personen und Institutionen zu danken, die mir das Zustandekommen dieser Arbeit ermöglicht haben. An erster Stelle steht dabei mein hochverehrter akademischer Lehrer Prof. Dr. Karl Ruppert, für seine menschliche und fachliche Unterstützung.

Darüberhinaus gebührt für ihre freundliche und hilfreiche Unterstützung insbesondere Herrn Wagner von der Wasser- und Schiffahrtsdirektion Süd, den Herren Bräu, Frank, Berger und Preuschl vom Bayerischen Lloyd, Herrn Deutsch von der Landeshafenverwaltung, Herrn Schmidt von der Rhein-Main-Donau AG und Herrn Zimandiak vom Verein für Binnenschiffahrt und Wasserstraßen mein herzlicher Dank. In den Häfen selbst sind unter den vielen Gesprächspartnern insbesondere der Leiter des Staatshafens Nürnberg, Herr Schmidt, sein Bamberger Kollege Raab sowie der Regensburger Hafendirektor Häckl zu erwähnen. Besonderer Dank gilt auch dem Geschäftsführer des Zweckverbandes Häfen im Landkreis Kelheim, Herrn Kalmer, für seine fachgerechte Hilfe, Frau Arnold-Rothmaier vom IFO-Institut für Wirtschaftsforschung und meinen Freunden, die auch in schwierigen Zeiten immer für mich da waren.

Die Promotionsabschlußberatung zur vorliegenden Dissertation erfolgte am 22. Februar 1995 an der Fakultät für Betriebswirtschaftslehre der Ludwig-Maximilians-Universität in München.

Diese Arbeit wurde mit einem Förderpreis der Südosteuropa-Gesellschaft ausgezeichnet.

# Inhaltsverzeichnis

| | | |
|---|---|---|
| **1.** | **Einführung** | **1** |
| 1.1. | Thematik und Zielsetzung | 1 |
| 1.2. | Gang der Untersuchung | 1 |
| **2.** | **Die schiffbaren Verbindungen zwischen Main und Donau im historischen Überblick** | **3** |
| 2.1. | Fossa Carolina | 3 |
| 2.2. | Ludwig-Donau-Main-Kanal | 6 |
| 2.3. | Main-Donau-Kanal | 12 |
| **3.** | **Zur Raumwirksamkeit von Binnenwasserstraßen** | **17** |
| 3.1. | Bedeutung der Binnenschiffahrt in der Bundesrepublik Deutschland | 21 |
| 3.2. | Einflüsse von Binnenwasserstraßen auf Raumstrukturen | 30 |
| 3.3. | Einzugsbereiche von Binnenwasserstraßen | 34 |
| 3.4. | Substitutionalität und Komplementarität anderer Verkehrszweige mit der Binnenschiffahrt | 36 |
| **4.** | **Der Main-Donau-Kanal** | **43** |
| 4.1. | Raumplanerische Aspekte des Kanals | 43 |
| 4.2. | Bau- und Betriebskosten des Kanals | 48 |
| 4.3. | Prognosen des Frachtaufkommens im Wandel | 51 |
| 4.4. | Nutzen-Kosten-Analysen | 55 |
| 4.5. | Kanalmotive im Wandel | 57 |
| 4.6. | Der außerverkehrliche Nutzen des Kanals | 60 |
| 4.6.1. | Wasserwirtschaft | 60 |
| 4.6.2. | Freizeit und Erholung | 63 |
| **5.** | **Personenschiffahrt auf dem Main-Donau-Kanal** | **67** |
| **6.** | **Auswirkungen des Main-Donau-Kanals als Güterverkehrsträger auf die Wirtschafts- und Verkehrsentwicklung im Raum** | **70** |
| 6.1. | Die Main-Häfen | 71 |
| 6.1.1. | Aschaffenburg | 72 |
| 6.1.2. | Würzburg | 74 |
| 6.1.3. | Ochsenfurt | 76 |
| 6.1.4. | Marktbreit | 77 |
| 6.1.5. | Kitzingen | 77 |
| 6.1.6. | Volkach | 78 |
| 6.1.7. | Schweinfurt | 79 |
| 6.1.8. | Haßfurt | 80 |
| 6.1.9. | Zwischenergebnis | 81 |

| | | |
|---|---|---|
| 6.2. | Die Häfen am Main-Donau-Kanal | 84 |
| 6.2.1. | Bamberg | 84 |
| 6.2.2. | Forchheim | 86 |
| 6.2.3. | Erlangen | 87 |
| 6.2.4. | Fürth | 89 |
| 6.2.5. | Nürnberg | 90 |
| 6.2.6. | Roth | 93 |
| 6.2.7. | Dietfurt | 93 |
| 6.2.8. | Zwischenergebnis | 95 |
| | | |
| 6.3. | Die Donau-Häfen | 98 |
| 6.3.1. | Kelheim | 98 |
| 6.3.2. | Regensburg | 102 |
| 6.3.3. | Straubing | 105 |
| 6.3.4 | Deggendorf | 107 |
| 6.3.5. | Passau | 109 |
| 6.3.6. | Zwischenergebnis | 110 |
| | | |
| 6.4. | Zusammenfassendes Ergebnis | 113 |
| | | |
| 6.5. | Exkurs: Ausbau der niederbayerischen Donau | 114 |
| | | |
| **7.** | **Ausblick** | **116** |

**Kurzzusammenfassung (Summary)** 117

**Literaturverzeichnis** 118

**Abbildungsverzeichnis**

| | | |
|---|---|---|
| Abbildung 1: | Güterverkehr im Jahre 1993 auf dem Main, Main-Donau-Kanal und der Donau | 24 |
| Abbildung 2: | Höhenplan des Main-Donau-Kanals | 45 |
| Abbildung 3: | Prognosen über das Güterverkehrsaufkommen auf dem Main-Donau-Kanal im Wandel der Zeit | 53 |
| Abbildung 4: | Entwicklung des Güterverkehrs auf dem Main-Donau-Kanal seit 1982 | 54 |
| Abbildung 5: | Sportbootsschleusungen auf dem Main, dem Main-Donau-Kanal und der Donau | 65 |
| Abbildung 6: | Verflechtung der öffentlichen Häfen am bayerischen Main mit den Häfen an der Donau | 82 |
| Abbildung 7: | Verflechtung der öffentlichen Häfen am Main-Donau-Kanal mit den Häfen an der Donau | 96 |
| Abbildung 8: | Verflechtung der öffentlichen Häfen an der bayerischen Donau mit den Häfen im Rheinstromgebiet | 111 |

**Kartenverzeichnis**

| | | |
|---|---|---|
| Karte 1: | Trassenverlauf Fossa Carolina | 4 |
| Karte 2: | Trassenverlauf Ludwig-Donau-Main-Kanal | 7 |
| Karte 3: | Bundeswasserstraßen | 18 |
| Karte 4: | Güterverkehr auf dem Hauptnetz der Wasserstraßen | 23 |
| Karte 5: | Trassenverlauf des Main-Donau-Kanals | 44 |
| Karte 6: | Überleitungsvorhaben | 61 |
| Karte 7: | Einzugsbereiche der öffentlichen Häfen im bayerischen Abschnitt der Main-Donau-Wasserstraße (I) | 83 |
| Karte 8: | Einzugsbereiche der öffentlichen Häfen im bayerischen Abschnitt der Main-Donau-Wasserstraße (II) | 97 |
| Karte 9: | Einzugsbereiche der öffentlichen Häfen im bayerischen Abschnitt der Main-Donau-Wasserstraße (III) | 112 |
| Karte 10: | Systemskizze Donauausbau | 115 |

# 1. Einführung

## 1.1. Thematik und Zielsetzung

Mit der Fertigstellung des 171 km langen Kanals über die Europäische Wasserscheide wurde eine rund 3500 km zählende durchgängig befahrbare Binnenwasserstraße zwischen den Rheinanliegerstaaten und den Donauländern geschaffen.

Während die verkehrliche Infrastruktur in der Bundesrepublik Deutschland infolge der Teilung Europas nach dem Zweiten Weltkrieg tendenziell in Nord-Süd-Richtung ausgebaut wurde, erfuhren die West-Ost-Relationen, die bis 1945 dominierten, einen Bedeutungsverlust. Vor dem Hintergrund der veränderten geopolitischen Lage in den Ländern Ost-, Ostmittel- und Südosteuropas erwächst hier ein neuer verkehrspolitischer Anspruch. Durch die Vollendung des Main-Donau-Kanals wurde eine wichtige Lücke im europäischen Wasserstraßennetz geschlossen und somit der Aktionsradius der Binnenschiffe innerhalb Deutschlands und über die nationalen Grenzen hinaus erheblich erweitert.

Zielsetzung der vorliegenden Arbeit ist es, den von der Binnenschiffahrt bereits in seinen ersten beiden Betriebsjahren intensiv genutzten Main-Donau-Kanal in einem Zusammenspiel von historischen, verkehrs-, versorgungs- und freizeitfunktionalen Aspekten darzustellen und zu diskutieren. Im Gegensatz zu früheren Veröffentlichungen ist es nicht notwendig, sich auf Prognosen zu beschränken, vielmehr können die Ergebnisse der ersten beiden Betriebsjahre des Kanals unmittelbar in die wirtschaftsgeographische Neubewertung eingearbeitet werden. Dies ermöglicht, die oftmals kontroversen Ansprüche an dieses größte bayerische Wasserbauprojekt den wirklichen Gegebenheiten während der "Anlaufphase" des nun durchgängig befahrbaren Main-Donau-Kanals gegenüberzustellen und zu bewerten. Aus wirtschaftsgeographischer Sicht steht dabei eine Analyse der Einflüsse der künstlichen Wasserstraße auf die Raumstrukturen und räumlichen Prozesse in Bayern im Vordergrund. Von besonderer Bedeutung ist hierbei die Untersuchung von Wechselwirkungen zwischen der Vollendung des Main-Donau-Kanals und dem Umschlagsaufkommen der öffentlichen Binnenhäfen in Bayern. Zu diesem Zwecke wird systematisch von Aschaffenburg bis Passau ermittelt, in welchem Maße die öffentlichen Binnenhäfen bisher von dem neugeschaffenen Verkehrsweg profitieren konnten.

## 1.2. Gang der Untersuchung

Die Vorgehensweise der vorliegenden Arbeit ist von einer Gliederung in zwei Teilbereiche geprägt. Im ersten Abschnitt, der die Kapitel 2 bis 5 umfaßt, werden theoretische Grundlagen erarbeitet und erörtert.

Um der historischen Dimension des Großbauwerkes Main-Donau-Kanal gerecht zu werden, aber auch um die Unwägbarkeiten und Probleme dieses Projektes besser verstehen zu können, werden in einem geschichtlichen Überblick der Karlsgraben, der Ludwig-Donau-Main-Kanal und, darauf aufbauend, der Main-Donau-Kanal angesprochen.

Das dritte Kapitel schließt an die Ergebnisse des historischen Überblickes mit der Fragestellung nach der Raumwirksamkeit von Binnenwasserstraßen an. Im Vordergrund stehen hierbei die Einflüsse von Binnenwasserstraßen auf die Raumstrukturen und theoretische Grundlagen zur Bestimmung der Einzugsbereiche von Binnenwasserstraßen bzw. von Binnenhäfen. Darüberhinaus gilt es, die elementare Bedeutung der Binnenschiffahrt für den Güterverkehr in der Bundesrepublik Deutschland herauszuarbeiten und zu bewerten.

Zielsetzung von Kapitel 4 ist es, bisher nur isoliert publizierte Teilaspekte des Forschungsobjektes Main-Donau-Kanal aus wirtschaftsgeographischer Sicht zu systematisieren und weiterzuentwickeln. Hierbei ist thematisch der Bogen von raumplanerischen Aspekten des Kanals, seinen Bau-, Betriebs- und Unterhaltskosten, bis hin zu Prognosen über sein Frachtaufkommen zu spannen. Die sich im Wandel der Zeit erheblich ändernden Prognosen über das Verkehrsaufkommen auf dem Kanal werden den realen Gegebenheiten während der ersten beiden Betriebsjahre gegenübergestellt. Eng mit den Einflußgrößen Frachtaufkommen und Baukosten in Bezug stehend stellt Kapitel 4.4. Nutzen/Kosten-Analysen für das neueröffnete

Teilstück zwischen Nürnberg und Kelheim dar. Die sich im Laufe unseres Jahrhunderts maßgeblich ändernden Motive für den Bau einer Großschiffahrtsstraße zwischen Main und Donau bilden das Kapitel 4.5. Den Abschluß des Kapitels 4 bildet die - in den vergangenen zwei Jahrzehnten zunehmend an Bedeutung gewinnende - außerverkehrliche Bewertung des Kanals. Im Mittelpunkt des Kapitels 4.6. stehen die Aufgaben des Kanals innerhalb eines überregionalen Wasserüberleitungsprojektes und die freizeitfunktionale Bedeutung des durch dieses Gesamtsystem geschaffenen Neuen Fränkischen Seenlandes. Anknüpfend daran wird das Freizeitpotential der durch die künstliche Wasserstraße entstandenen Wasserflächen abgewogen.

Letztgenannter Themenkreis wird im nachfolgenden 5. Kapitel vertieft und anhand des bisher in der Literatur kaum untersuchten Nutzungspotentials des Main-Donau-Kanals als Personenverkehrsträger erörtert.

Kapitel 6 markiert den zweiten Abschnitt der vorliegenden Arbeit. Hier erfolgt eine Erfassung der Einflüsse der nunmehr durchgängig befahrbaren Wasserstraße auf den Güterumschlag in den bayerischen Häfen. Die zentrale Fragestellung ist, in welchem Maße die jeweiligen Häfen in den ersten beiden Betriebsjahren des Kanals von dem neugeschaffenen Verkehrsweg profitieren konnten. Das benötigte Datenmaterial wurde mittels Umfragen bei Hafenbehörden, in besonders prägnanten Fällen auch bei Hafenansiedlern, sowie durch die Auswertung von Frachtpapieren und Zählkarten erhoben. Gleichberechtigt neben der Ermittlung der Umschlagsquoten werden, aufbauend auf den Thesen des Kapitels 3.3., die landseitigen Einzugsbereiche der öffentlichen Binnenhäfen von Aschaffenburg bis Passau erfaßt und kartographisch umgesetzt.

In den Gesprächen, die im Rahmen dieser Arbeit mit Hafendirektoren, Hafenmeistern, Reedern, Binnenschiffern und Verbänden geführt wurden, kristallisierte sich heraus, daß seitens des Binnenschiffahrtsgewerbes ein bedeutsames, zum Teil existentielles Interesse an der Verbesserung der Schiffahrtsbedingungen auf der bayerischen Donau im Teilabschnitt Straubing-Vilshofen gegeben ist. Somit endet diese Arbeit, die mit einem historischen Überblick begonnen wurde, mit der Charakterisierung künftiger Wasserbauvorhaben an der Rhein-Main-Donau-Wasserstraße.

## 2. Die schiffbaren Verbindungen zwischen Main und Donau im historischen Überblick

Der Plan, die großen europäischen Flußsysteme von Rhein und Donau über die europäische Wasserscheide hinweg miteinander zu verbinden, hat eine lange Tradition. Bereits vor rund 1200 Jahren unternahm der Frankenkönig und spätere römische Kaiser Karl der Große im Jahre 793 den Versuch, eine schiffbare Verbindung zwischen den Stromsystemen zu schaffen. Mehr als ein Jahrtausend verging, bevor unter König Ludwig I. ein weiterer Versuch gewagt und realisiert wurde. In den Jahren 1836 bis 1846 wurde zwischen Bamberg und Kelheim eine 172,44 km lange künstliche Schiffahrtsstraße gebaut, die in ihrer durchgehenden Funktion ein letztes Mal im Kriegsjahr 1944 genutzt wurde. 1960 begann dann, nach jahrzehntelangen Ausbauarbeiten an Main und Donau, die Aufnahme der Bautätigkeit am Main-Donau-Kanal in seiner heutigen Ausprägung. Er wurde am 26. September 1992 offiziell in Betrieb genommen.

### 2.1. Fossa Carolina

Der erste Versuch, den in den Rhein mündenden Main mit der Donau durch einen Kanal zu verbinden, wurde von Karl dem Großen unternommen. Geopolitisch umfaßte das Frankenreich unter Karl dem Großen etwa die Gebiete des heutigen Frankreich, der Benelux-Staaten und Italiens bis etwa Monte Cassino sowie den deutschen Sprachraum bis hin zur Elbe und zum Böhmerwald.

Karl dem Großen wird in der Literatur ein ganzes Bündel an Motiven für den Kanalbau zugeschrieben. Im Vordergrund standen dabei meist strategische Überlegungen. Stellvertretend für andere Autoren soll an dieser Stelle Weißleder zitiert werden: "Der erste Versuch einer Kanalverbindung wurde wohl aus machtpolitischen Motiven verwirklicht, da Karl der Große einen Nachschubweg für den Awarenkrieg schaffen und seine Reichshälften Austurien und Neusturien miteinander verklammern wollte."[1] Ergänzend verweist Hofmann[2] darauf, daß neben dem militärischen Oberziel, die Truppen schnell gegen die Awaren in den Kampf führen zu können, auch die verbesserte Möglichkeit von Getreidetransporten in die von einer Ernährungskatastrophe heimgesuchten Westteile des Karolingerreiches ein Motiv für den Kanalbau dargestellt haben könnte.

Die Baumeister und Landvermesser Karls des Großen wählten zwischen den heutigen Städten Weißenburg und Treuchtlingen eine Stelle, an der sich an einem Knick der europäischen Hauptwasserscheide die Flußsysteme von Rhein und Donau sehr nahe kommen. Das für das Frühmittelalter unglaublich kühne Projekt sah vor, die niedrigste Stelle der europäischen Wasserscheide zwischen Altmühl im Süden und Schwäbischer Rezat im Norden mit einem etwa drei km langen Graben zu durchbrechen.[3] Während die Schwäbische Rezat in die Fränkische Rezat mündet und mit dieser über Rednitz und Regnitz zu Main und Rhein fließt, trifft die Altmühl beim heutigen Kelheim auf die Donau. Die erste schiffbare Verbindung von Rhein, Main und Donau war somit konzipiert. Die nachfolgende Karte soll die Lage der Fossa Carolina zwischen Altmühl und Rezat verdeutlichen.

---

[1]Weißleder, G.: Donauraum und Rhein-Main-Donau-Kanal. Eine verkehrspolitische, geschichtliche und geopolitische Studie. Jena 1944, S.77.
[2]Hofmann, H. H.: Kaiser Karls Kanalbau "Wie Künig Carl der Große unterstünde die Donaw vnd den Rhein zusamengraben". Sigmaringen 1969, S.26.
[3]Rutte, E.: Rhein Main Donau. Wie - wann - warum sie wurden. Eine geologische Geschichte. Sigmaringen 1987, S.136. In der Literatur finden sich über die geplante Länge des Karlsgrabens unterschiedliche Angaben. Exemplarisch sollen neben der These von Rutte auch die Schätzungen von Lehnert und Bader Erwähnung finden. Lehnert schreibt in seiner Veröffentlichung "1200 Jahre Kanalbau in Franken - Zur Vorgeschichte des Main-Donau-Kanals" (In: Weiger, H.: Der Rhein-Main-Donau-Kanal. Das Für und Wider seiner Fertigstellung, München 1983, S.15) von einer notwendigen Grabenlänge von nur 2 km, während Bader in seiner in den Abhandlungen und Berichten des Deutschen Museums 1982, Heft 2 erschienenen Studie "Die Verbindung von Rhein und Donau - Zur Geschichte eines bemerkenswerten Wasserstraßenprojektes", München /Düsseldorf 1982, S.11, die notwendige Kanallänge auf 5 km beziffert.

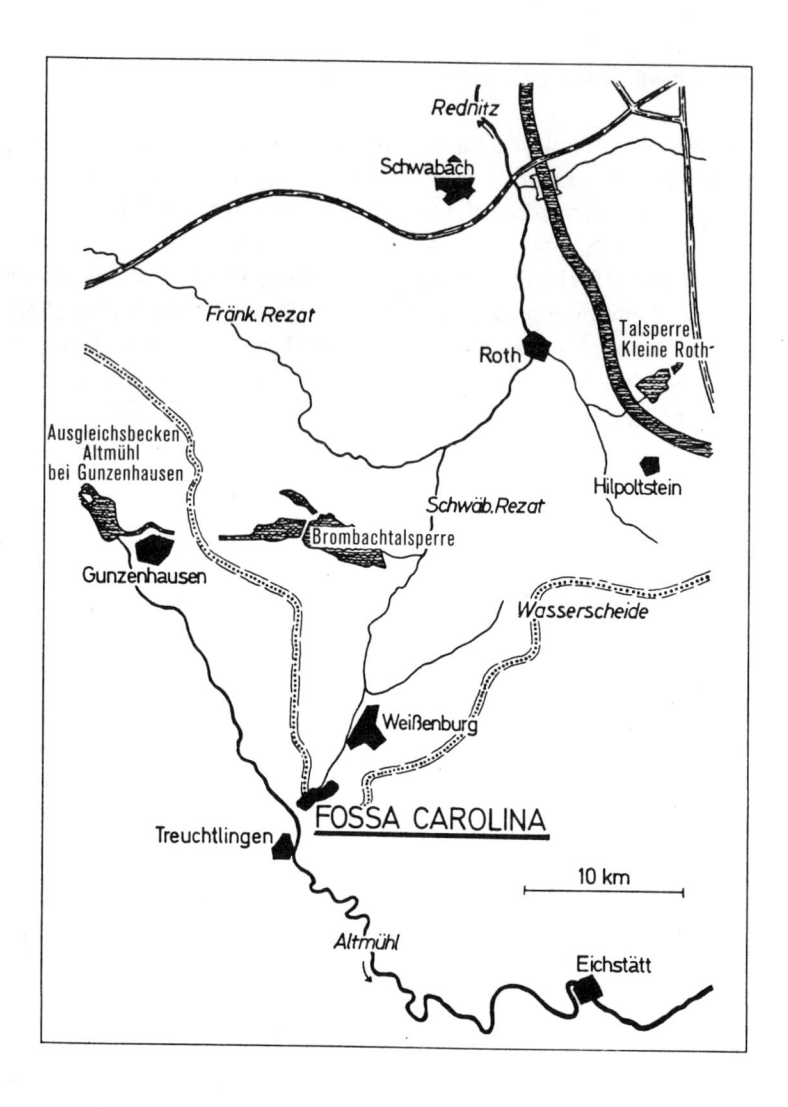

Karte 1: Trassenverlauf Fossa Carolina

Quelle: Rutte, E.: Rhein Main Donau. Wie - wann - warum sie wurden. Eine geologische Geschichte. Sigmaringen 1987, S.137.

Der Verlauf der Wasserscheide zwischen den Stromsystemen von Rhein und Donau ist an der beschriebenen Stelle mit einem Höhenunterschied von rund 10 m nicht sehr ausgeprägt.

Für die in der zweiten Hälfte des Jahres 793 begonnenen Erdbewegungen an der Kanaltrasse waren nach Berechnungen Hofmanns mindestens 6000 Schanzarbeiter notwendig.[1] Nachweisbar ist ein Erdaushub auf einer Strecke von 1230 m.[2] Eingängig erscheint die These Röders[3], daß es sich beim Karlsgraben nicht um einen stufenlosen Kanal, sondern um eine Aneinanderreihung von 3-4 torlosen Weihern handelte. Der noch erhaltene, rund 300 m lange Weiher bei der Ortschaft Graben stellt dabei, nach Auffassung Röders, einen Teil dieser Weiherkette dar. Vor dem Hintergrund der erst im Jahre 1438 erfolgten Erfindung der Kammerschleuse durch den Italiener Phillippo degli Orani[4] böte diese Konstruktion, bei der die kurzen Landpassagen zwischen Weihern mittels hölzerner Schiffshebewerke überwunden werden, eine zeitgemäße

---

[1] Hofmann, H.H.: Kaiser Karls Kanalbau, a.a.O., S.47.

[2] Bader, W.: Die Verbindung von Rhein und Donau. Zur Geschichte eines bemerkenswerten Wasserstraßenprojektes. Erschienen in den Abhandlungen und Berichten des Deutschen Museums Heft 2/1982, München 1982, S.15.

[3] Röder, J: Fossatum magnum - Der Kanal Karls des Großen. In: Jahresbericht der Bayerischen Bodendenkmalpflege Nr.15/16, München 1977, S.128.

[4] Weißleder, G.: Donauraum und Rhein-Main-Donau-Kanal, a.a.O., S.79.

Lösung. Vollendet wurde das Projekt nicht. Koch und Leninger[1] sind jedoch der Meinung, daß es zumindest nicht auszuschließen wäre, daß der Graben als opus imperfectum für das Übersetzen von Kähnen und Lahnen zwischen den Stromsystemen genutzt wurde. Schnabel und Keller[2] unterstreichen diese These, indem sie anhand ihrer Quellenforschung einen Nachweis erbrachten, daß die Kähne aus der Flotte des Königs im Jahre 793 in Regensburg, im Jahr darauf hingegen in Frankfurt gesichtet wurden.

Für die Einstellung der Bautätigkeit an der Fossa Carolina werden nach dem gegenwärtigen Stand der Forschung zwei Gründe verantwortlich gemacht. Es heißt, daß Karl der Große zum Jahresende 793 die halbfertigen Arbeiten zum einen deshalb einstellen ließ, weil im Herbst die Nachricht vom Einfall der Sarazenen in Südfrankreich sowie eines Sachsenaufstandes eintraf, zum anderen wegen der für den Wasserbau der damaligen Zeit höchst schwierigen Verhältnisse zwischen der Altmühl und der Schwäbischen Rezat. "Die topographisch so bestechende Lage für den Kanalbau erwies sich als geologisch ausgesprochen ungünstig, da hier sandige Lockerablagerungen des Quartärs von wasserstauenden Opalinustonen unterlagert werden. Dies hatte, verstärkt durch die ungewöhnlich starken Niederschläge des Spätherbstes 793, zur Folge, daß die Böschungen des Kanals nachrutschten."[3]

Der Gedanke an die Realisierung einer Wasserstraßenverbindung zwischen dem Stromsystem des Rheins und dem der Donau blieb aber über die Jahrhunderte hinweg erhalten. Vor allem das Zeitalter des Humanismus hat mit seinem neuen Nationalgefühl das Kanalthema verstärkt in das allgemeine Bewußtsein getragen. Sechs Jahre nach Ende des Dreißigjährigen Krieges legte auf Empfehlung des Fürstbischofs Marquard II. von Eichstätt Johann Eberhard Wasserberg aus Emmerich am Niederrhein beim Rat der Reichsstadt Nürnberg seine Pläne für ein neues Kanalprojekt vor. Mit Hilfe des Kanals sollten Handelsbeziehungen zwischen Deutschland und dem zur damaligen Zeit zur Gänze von den Türken besetzten Balkan angebahnt werden. Dieser Plan wurde ebenso verworfen wie ähnliche Überlegungen des Arztes, Chemikers und Nationalökonomen Johann Joachim Becher im Jahre 1670, des italienischen Schiffahrtspolitikers Lotario Vogemonte 1709 und die Studien des Gelehrten Georg Zacharias Haas (1726).[4]

Dabei ist anzumerken, daß die Gründe für die Ablehnung der Pläne neben den oftmals wenig ausgereiften Konzepten für den Kanalbau, den erheblichen Baukosten, dem entschiedenen Widerstand der Konkurrenz fürchtenden Fuhrleute insbesondere auch in der deutschen Kleinstaaterei zu sehen sind. So behinderten noch im ausgehenden 18. Jahrhundert Territorialgrenzen die Binnenschiffahrt in ähnlicher Weise wie den Verkehr auf der Straße. 1789 mußten beispielsweise auf dem Rhein allein zwischen den Mündungen von Neckar und Ruhr 20 Grenzen überwunden werden. Der Besucher, der heute die zahlreichen Burgen des Rheintals bewundert, denkt kaum daran, daß viele dieser Burgen Zoll- und Mautstationen waren, an denen der Schiffahrtstreibende oft willkürlich bemessene Zoll- und Schiffahrtsabgaben bezahlen mußte. Längs des Rheins gab es zur genannten Zeit insgesamt 32 Abgabestationen.[5]

Im Gegensatz dazu wurden im Zeitalter des auf Staatswirtschaft abzielenden Merkantilismus bereits seit dem 17. Jahrhundert überall dort, wo sich starke Zentralgewalten entwickelten und die geographischen Verhältnisse günstig waren, vermehrt Kanalprojekte vorangetrieben. Als Beispiele dienen in Frankreich der Kanal von Briare, der die Seine und die Loire miteinander verbindet, sowie der mit einem ungeheuren Aufwand realisierte 279 km lange Canal du Midi, der über Höhenzüge hinweg mit Hilfe von rund 100 Schleusen einen durchgehenden Binnenschiffahrtsweg zwischen dem Mittelmeer und dem Atlantik schuf.[6]

---

[1] Koch, R./Leninger G.: Der Karlsgraben - Ergebnisse neuer Erkundungen. In: bau intern, Sonderdruck Fossa Carolina - 1200 Jahre Karlsgraben, München 1993, S.15.

[2] Schnabel, L./Keller, W.: Vom Main zur Donau. 1200 Jahre Kanalbau in Bayern. Bamberg 1985, S.12.

[3] Schneider, M./Wirth, E.: Binnenschiffahrtskanäle in Franken. Vom Karlsgraben bis zum Kanalbau der Gegenwart. In: Franken Planung für eine bessere Zukunft? Ein Führer zu Projekten der Raumplanung hrsg. von Hopfinger, H., Nürnberg 1986, S.14.

[4] Töpner, K.: Zwischen Karl und Ludwig. Die Idee der Wasserstraße bleibt lebendig. In: bau intern, Sonderdruck Fossa Carolina - 1200 Jahre Karlsgraben, München 1993, S.16f.

[5] Orlovius, V.: Die Mannheimer Akte - 125 Jahre Garant einer freien Rheinschiffahrt. In: ZfB Nr.23/24 - Dezember 1993, S.8.

[6] Voigt, F.: Verkehr, 2.Band, 1.Hälfte. Die Entwicklung des Verkehrssystems, Berlin 1965, S.312ff, sowie Hofmann, H.H.: Kaiser Karls Kanalbau, a.a.O., S.11f.

Zu Beginn des 19. Jahrhunderts durchlief die Idee einer schiffbaren Verbindung von Main und Donau einen Bewertungswandel. Napoleon begann sich, sowohl angespornt durch Kanalbauten im Heimatland Frankreich und im rivalisierenden England als auch von geostrategischen Überlegungen motiviert, für einen Kanal über die Europäische Wasserscheide hinweg zu interessieren. Einer seiner Pioniergeneräle, Andreossy, ließ am Karlsgraben Pläne für den Bau einer Wasserstraße ausarbeiten. Auch der Generalstabschef Marquis Dessoles ließ im Jahre 1800 nach dem französischen Sieg bei Hohenlinden die Ingenieure Hazzi und Vallier Vermessungen vornehmen.[1] Die Veröffentlichung eines Aufsatzes von Dessoles, in der "Gazette nationale ou le Moniteur Universal" Nr.150 (1801), rief in Bayern großes Aufsehen hervor und ließ die Projektion einer Verbindung von Main und Donau zum vieldiskutierten Thema in gesellschaftlichen Zirkeln werden. Dennoch konnte sich Napoleon nicht intensiver für das Kanalprojekt erwärmen.[2] Dieser Umstand manifestiert einerseits die erhebliche Faszination, die von diesem Kanalprojekt ausgegangen ist, anderseits dokumentiert er, daß die gewaltige Dimension dieses Projekts viele Entscheidungsträger von einer Realisierung Abstand nehmen ließ.

"Fortschritte für den Kanal gingen dagegen von einem weit unbedeutenderen Zeitgenossen aus. Der Nürnberger Jurist Michael Georg Regnet schlug in seinem 1801 erschienenen Buch "Einige Fingerzeige zur Beförderung des großen Projektes, die Donau mit dem Rhein zu vereinigen" erstmals eine Linienführung vor, die der spätere Ludwig-Donau-Main-Kanal tatsächlich erhalten sollte."[3] Im Auftrag des bayerischen Ministers Graf Montgelas untersuchte dann im Jahre 1806 der Leiter des bayerischen Brücken- und Straßenwesens, Carl Friedrich von Wiebeking, die Möglichkeit einer Flußverbindung.[4]

Durch den nahezu zeitgleichen Zusammenschluß deutscher Einzelstaaten zu einem Staatenbund auf dem Wiener Kongreß am 8.6. 1815 und das Ende des Krieges mit Napoleon nach der Schlacht bei Waterloo am 18.6. 1815 erwuchs ein politisch günstiges Klima für das Kanalprojekt. Damit begann sich die deutsche Wasserstraßenpolitik zunehmend an den Kanalbauten in Frankreich und England und deren Einfluß auf den Industrialisierungsprozeß zu orientieren. So waren in Frankreich im Jahre 1814 bereits 1213 km, in England im Jahre 1820 ein System von 103 Kanälen mit einer Gesamtlänge von 4300 km fertiggestellt.[5]

Im Jahre 1825 wurde der seit 1818 bei der Bayerischen Obersten Baubehörde beschäftigte Heinrich Freiherr von Pechmann von König Ludwig I. mit der Ausarbeitung eines Plans für einen den Main und die Donau verbindenden Kanal beauftragt.[6] Im Frühjahr 1830 legte er die ausgearbeiteten Pläne vor, die dann, nicht zuletzt bestärkt durch die Einigkeit im Deutschen Zollverein 1834, von König und Landtag genehmigt wurden.


## 2.2. Ludwig-Donau-Main-Kanal

Am 22.3. 1836 wurde eine Aktiengesellschaft zum Bau und Betrieb des Kanals gegründet. Noch im gleichen Jahr wurde dann mit den Bauarbeiten an der 172,44 km langen Kanaltrasse zwischen Kelheim und Bamberg begonnen. Von Pechmann wählte dabei eine Trassenführung von der Donau hin zum Main, die nachfolgend kurz skizziert werden soll:[7]
Beginnend mit dem Ausbau der Altmühl ab Kelheim mittels 12 Schleusen folgte ab Dietfurt ein Kanal durch das Ottmaringer Tal entlang der Sulz nach Neumarkt. Von hier aus verläuft der in weiten Teilen noch existierende Kanal in einer 24 km langen Scheitelhaltung von der Sengentaler Schleuse (Schleusen-

---

[1] Schanz, G.: Der Main-Donau-Kanal und seine Schicksale. Erschienen in der Schriftenreihe Studien über die Bayerischen Wasserstraßen, Bamberg 1894, S.4f.
[2] Bauer, H.: Der Rhein-Main-Donau-Kanal, a.a.O., S.11.
[3] Bader, W.: Die Verbindung von Rhein und Donau. Zur Geschichte eines bemerkenswerten Wasserstraßenprojektes, a.a.O., S.35.
[4] Töpner, K.: Zwischen Karl und Ludwig, a.a.O., S.19.
[5] Roehle, W.: Die Donau als Wasserstraße. In: ZfB Nr.5 - März 1992, S.171.
[6] ebd., S.42.
[7] vgl. dazu die Karte 2. auf der nachfolgenden Seite.

Nummer 32) vor Neumarkt bis Rübleinshof (Schleusen-Nummer 33) bei Nürnberg. Nennenswerte Wasserzuflüsse von der kalkreichen Fränkischen Alb waren und sind nicht vorhanden. So wurde die 430 m über dem Meeresspiegel liegende Scheitelhaltung von kleinen Rinnsalen des Dillbergstocks gespeist. Auf der Südrampe des Kanals von Kelheim bis zur Scheitelhaltung mußten demzufolge mit Hilfe der 32 Schleusen 79,5 Höhenmeter überwunden werden. Auf der steileren Nordrampe hingegen erfolgte der Abstieg bis Bamberg durch 69 Schleusen, um den Höhenunterschied von 183,8 m überwinden zu können. Von Nürnberg führte die Nordrampe des Kanals entlang der Regnitz bis Gaustadt bei Bamberg in den Main.[1]

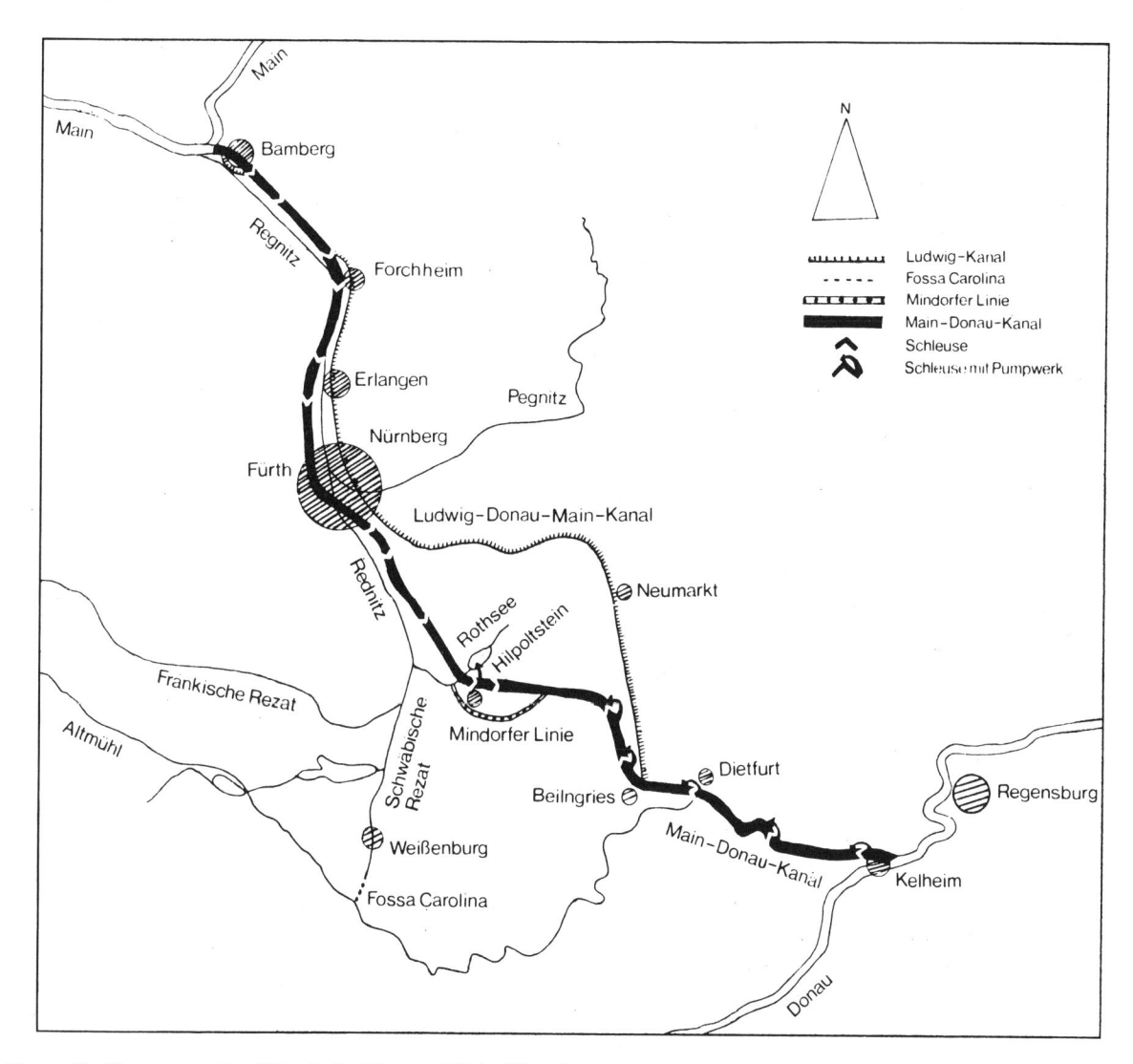

Karte 2: Trassenverlauf Ludwig-Donau-Main-Kanal.

Quelle: Dollhopf, H./Endres, K./Liedel, H.: Der neue Kanal - Der alte Kanal. Landschaftsverluste im Altmühltal, Würzburg 1992, S.108.

Die Tiefe des an der Sohle rund 10 m und an der Wasserfläche rund 15 m breiten Kanals[2] betrug 1,46 m, die Schleusen waren 4,67 m breit und 34,15 m lang. Die Hubhöhe der Schleusen lag dabei bei 2-3 m. Von seinen Abmessungen her war der Ludwig-Donau-Main-Kanal damit für Kähne mit einer maximalen Tragfähigkeit von 127 t ausgelegt.[3] Der Ludwigskanal war als reiner Treidelkanal so geplant worden, daß

---

[1] Schaub, F.: Vom Main zu Donau und Rhein, Würzburg 1979, S.97. Sowie: Dollhopf, H./Endres, K./Liedel, H.: Der alte Kanal - Der neue Kanal. Landschaftsverluste im Altmühltal, Würzburg 1992, S.108.
[2] Demgegenüber beträgt die Sohlenbreite des Main-Donau-Kanals 31 Meter, die Breite an der Wasseroberfläche 55 Meter. Die 16 Schleusen verfügen über Innenabmessungen von 190 Metern in der Länge, 12 Metern in der Breite und einer Hubhöhe zwischen 8,4 und 25 Metern.
[3] Schaub, F.: Vom Main zu Donau und Rhein, a.a.O., S.97.

in der Stillwasserzone jeweils ein Kahn von einem Pferd gezogen werden konnte. Eine Ausnahme bildete die Passage auf der kanalisierten Altmühl. Hier mußten für einen beladenen Kahn bergwärts drei Pferde als Zuggespann eingesetzt werden.[1]

Die Konzeption als Treidelkanal ist aber auch vor dem Hintergrund der rasanten technologischen Entwicklungsschübe der damaligen Zeit zu bewerten. Bereits 1803 führte der Amerikaner Robert Fulton auf der Seine in Paris ein Dampfschiff vor, welches zwei Lastkähne schleppen konnte. Im deutschsprachigen Raum wurde diese damals zukunftsweisende Technologie der Dampfschiffahrt leider erst mit gewissem zeitlichen Verzug aufgegriffen und realisiert. So lief in Ruhrort bei Duisburg im Jahre 1830 der erste deutsche Passagier- und Frachtdampfer, die "Stadt Mainz", vom Stapel.[2] Dennoch stand dieser technischen Entwicklungen eine oftmals zögerliche Grundhaltung bei der Planung von Wasserstraßen gegenüber, die ja als Infrastruktur die Grundlage zur Anwendung dieser Technologien bilden. Schleßmann[3] vermerkt treffend eine gängige Äußerung in den politischen Auseinandersetzungen über den Kanalbau, wonach stets die Frage aufgeworfen wurde, warum Bayern unbedingt "einen solch großen Kanal bauen wolle", wo man sich andernorts bisher mit kleineren Wasserstraßen begnüge. Vom Standpunkt der zur damaligen Zeit dominierenden Schiffsgröße und Bauart aus beurteilt, hatte die geäußerte Skepsis bei kurzfristiger Denkweise durchaus noch ihre Berechtigung. Andere europäische Kanalbauten, noch vor dem Zeitalter der Eisenbahn und dem Wandel von der Treidel- hin zur maschinengetriebenden Schiffahrt gebaut, hatten zumeist geringere Abmessungen. Planungsphase und Bau des Ludwig-Donau-Main-Kanals befanden sich aber leider an einer technologischen Zeitenschwelle.

Schwerwiegendere Gründe für Konstruktionsmerkmale des Ludwig-Donau-Main-Kanals bestanden jedoch auch darin, daß zur damaligen Zeit die Mainufer noch nicht befestigt und Regulierungsbauten noch nicht vorhanden waren. So konnten im Obermaingebiet nur Schiffe mit einer Tauchtiefe von maximal 60 cm und einer Höchstladung von 60 t eingesetzt werden. In der Donauschiffahrt wurden hingegen sehr breite und flachgehende Schiffe oder Lastflöße eingesetzt. Für den Kanal aber waren, bedingt durch seine Abmessungen, Schiffe mit einer maximalen Tragfähigkeit von rund 120 t, mit einem maximalen Tiefgang von 120 cm und einer Breite von nur 4,47 m notwendig. Diese Art von Schiffen gab es bis dahin noch gar nicht.[4] Die wirtschaftlichste Form der Binnenschiffahrt als Punkt-zu-Punkt-Verkehr, ohne teure, zeitaufwendige und für die Ladung risikoreiche Umladevorgänge über eine möglichst große Distanz, war deshalb kaum praktikabel.

Wie zuvor beschrieben, veränderte sich die europäische Binnenschiffahrt in dem von starken technologischen Entwicklungsschüben geprägten 19. Jahrhundert rasant. So verfügten Rheinschiffe Mitte des vergangenen Jahrhunderts schon über eine Ladefähigkeit von 450-600 t und bis zur Wende zum 20. Jahrhundert bereits über eine Tragfähigkeit von über 1000 t, während die Kähne auf dem Ludwig-Donau-Main-Kanal bei einer durchschnittlichen Tragfähigkeit von 82 t verharrten. Hier manifestiert sich eine für Infrastrukturprojekte grundsätzliche Problematik, wonach sich Verkehrswege wie Kanäle in der Planungs- und Bauphase, insbesondere aber in den Jahren ihres Betriebes, als persistente Komponenten in einer sich

---

[1] Kirsch, F./Pilz, H.: Schiffe auf dem Ludwigskanal. In: Donau-Schiffahrt Bd.6, hrsg. vom Arbeitskreis Schiffahrts-Museum Regensburg e.V., Regensburg 1992, S.53.

[2] Der klassischen Dampfschiffahrt folgte im historischen Kontext, beginnend mit den siebziger Jahren des vergangenen Jahrhunderts, eine verhältnismäßig kurze Episode der Tauerei. Dabei beruht die Fortbewegung der Schiffe darauf, daß sie sich an einem im Strom liegenden Drahtseil voranhaspelten. Eine Dampfmaschine betrieb dabei einen Haspel, auf dem sich ein Drahtseil aufwickelte und wieder abspulte. Am Rhein bereits früh verdrängt hielt sich diese Technik, mit einer Kette statt eines Drahtseiles modifiziert, auf dem Main als Kettenschiffahrt noch bis in die dreißiger Jahre diese Jahrhunderts. Technologisch markierte das Jahr 1880 im Rheingebiet den Übergang von der Rad- zur Schraubenschiffahrt. Unwiderruflich forciert wurde diese Entwicklung durch das Aufkommen von Schleppschiffen mit Dieselmotoren etwa ab dem Jahre 1912. Mit dem Ende des I.Weltkrieges haben sich Dieselmotoren als Antriebsaggregate in der deutschen Binnenschiffahrt vollkommen durchgesetzt. Vgl. dazu Redlhammer, D.: Der Rhein - seine Bedeutung als Verkehrsweg in Vergangenheit und Gegenwart. In: ZfB Nr.22 - November 1993, S.20f.

[3] Schleßmann, H.: Der "Ludwig-Donau-Main-Kanal" und die Mainschiffahrt. In: Donauschiffahrt Bd.6, hrsg. vom Arbeitskreis Schiffahrts-Museum Regensburg e.V., Regensburg 1992, S.19.

[4] ebd., S.19.

dynamisch wandelnden Welt verhalten. Da Modifikationen in vielen Fällen nicht möglich sind, besteht ein erhebliches Risiko, daß Transporteignung und Transportnutzung auseinanderfallen. In diesem Zusammenhang ist auch anzumerken, daß der 1993 fertiggestellte Main-Donau-Kanal bezüglich der Abmessungen seiner Schleusen und der Durchfahrtshöhe seiner Brücken[1] längerfristig über ähnlich gelagerte, wenn auch anders dimensionierte Kompatibilitätsprobleme gegenüber der Rhein- und Donauflotte verfügen wird. Gemäß des durch ökonomische Gesetzmäßigkeiten vorgegebenen Trends hin zu immer größeren Schiffseinheiten führt dieser Umstand zwangsläufig zu ungewünschten Umladevorgängen. In den nachfolgenden Kapiteln wird diese Problematik noch eingehend diskutiert werden, zuvor aber soll das Augenmerk von diesem Ausblick wieder zurück in die Beschreibung und Analyse des historischen Vorgängers des Main-Donau-Kanals gerichtet werden. Am 2.7. 1846 wurde der Ludwig-Donau-Main-Kanal feierlich eröffnet. Das Denkmal am Erlanger Burgberg, nach Entwürfen Leo Klenzes von Ludwig von Schwanthaler realisiert, drückt mit folgender Inschrift sowohl das Staatsbewußtsein als auch den Fortschrittsglauben der damaligen Zeit aus:[2]

>Donau und Main für die Schiffahrt verbunden ein Werk von Carl dem Großen versucht und durch Ludwig den I., Koenig von Bayern neu begonnen und vollendet<

Wie bei Infrastrukturprojekten auch in der Gegenwart durchaus üblich, wuchsen die Baukosten des Ludwig-Donau-Main-Kanals, die von Pechmann ursprünglich auf den Gegenwert von weniger als 15 Mio. DM geschätzt wurden, im Laufe seiner 10-jährigen Bauzeit auf das Doppelte an.

Durch Gesetz vom 4.3. 1852 übernahm der Staat den Kanal in eigene Regie, nachdem der Verkehr bereits 1850 mit 196 000 t seinen Höhepunkt erreicht hatte.[3] Beinahe unaufhaltsam ging der Kanalverkehr zurück, in einer Zeit wohlgemerkt, die durch - insbesondere im Montanbereich - erhebliche industrielle Entwicklungsschübe gekennzeichnet war, welche systemimmanent in zunehmendem Transportbedarf mündeten. Einhergehend mit dem sinkenden Frachtaufkommen auf der Main-Donau-Verbindung konnten - etwa 20 Jahre nach der Eröffnung des Kanals - nicht einmal mehr die laufenden Betriebskosten durch die Kanalgebühren von einem Pfennig pro Tonnenkilometer[4] und durch die Pachteinnahmen für die Überlassung ökonomischer Nutzungsrechte[5] an der Kanaltrasse gedeckt werden.

1909 erreichte das Frachtaufkommen 67 088 t, 1912 63 968 t, in den Jahren des I. Weltkrieges durchschnittlich 50 000 t und pendelte sich von Kriegsende bis Mitte der 30er Jahre auf einem durchschnittlichen Wert von 20 000 - 25 000 t jährlich ein.[6]

Bei der Erklärung der Ursachen für die verkehrstechnische Bedeutungslosigkeit, in welche der Ludwig-Donau-Main-Kanal so rasch verfallen ist, lassen sich zwei Hauptgruppen unterscheiden. Die erste Gruppe beinhaltet die Konstruktionsmerkmale des Kanals und den Ausbauzustand des deutschen Wasserstraßennetzes, dem der Ludwig-Donau-Main-Kanal als ein Bestandteil zuzuordnen ist. Die zweite Gruppe hingegen befaßt sich vor dem Hintergrund der Zeit mit der Konkurrenzsituation der Binnenschiffahrt gegenüber der sich rasch entwickelnden Eisenbahn.

Bedingt durch 101 Schleusen, dem noch im 20. Jahrhundert auf dem Kanal dominierenden Treidelverkehr, der zumeist fehlenden Eignung der Kanalschiffe zum Befahren von Main und Donau und dem mangelhaften Ausbauzustand der genannten Gewässer dauerte eine Fahrt von Amsterdam nach Wien über den

---

[1] vgl. dazu Kapitel 4.1.
[2] Töpner, K.: Zwischen Karl und Ludwig. Die Idee der Wasserstraße bleibt lebendig, a.a.O., S.19. Anmerkung: Das Teilstück Bamberg-Nürnberg wurde bereits am 8.5. 1843 eröffnet.
[3] Bauer, H.: Der Rhein-Main-Donau-Kanal, a.a.O., S.13.
[4] Steller, G.: Der wirthschaftliche Werth einer bayerischen Grossschiffahrtsstrasse. Nürnberg 1908, S.156.
[5] Hier dominierte die Nutzung der beim Kanalbau auf den Böschungen gepflanzten Apfelbäume. Held-Brüschwien schreibt dazu: "Mit Recht konnte einmal Staatsminister Dr. von Seidlein sarkastisch aber treffend behaupten, die besten Einnahmen aus dem Ludwigs-Donau-Main-Kanal würden alljährlich durch den Ertrag der zu beiden Seiten des Kanals gepflanzten Obstbäume und aus der Fischzucht auf dem Kanal erzielt. Held-Brüschwien, H.: Rhein-Main-Donau - Die Geschichte einer Wasserstraße, a.a.O., S.62.
[6] Bauer, H.: Der Rhein-Main-Donau-Kanal, a.a.O., S.13.

Ludwig-Kanal bis zu zwei Monate.[1] Dabei ist zu betonen, daß es sich bei derartigen Fahrten um seltene Ausnahmen gegenüber dem dominierenden Lokalverkehr handelte. Dies veranlaßte 1920 den Main-Donau-Stromverband in seiner Denkschrift über den Großschiffahrtsweg Rhein-Main-Donau zu folgender Äußerung: "Die Verschiedenheit der Wasserstandsverhältnisse wirkte naturgemäß auf die Entwicklung des Kanalverkehrs ungünstig ein. ... So war der Kanal von Anfang an nach Norden und Süden hin unterbrochen und fast nur auf reinen Lokalverkehr angewiesen."[2]

Schanz kommentierte 1894 die Frage nach Gründen für den Mißerfolg des Kanals mit folgenden Worten: "Dreissig Jahre lang wurde die Kanalfrage ventiliert, und als man endlich zur Ausführung schritt, schuf man ein unvollkommenes und gleich bei Beginn teilweise antiquiertes Werk. Man hatte sich, woran die politischen Verhältnisse freilich die Hauptschuld tragen, in der Wasserstraßenfrage bedeutend verspätet."[3] Hierbei ist mit Bezugnahme auf den Main-Donau-Kanal kritisch anzumerken, daß die konkrete Planungs- und Realisationsphase des Ludwig-Kanals, verglichen mit der des Main-Donau-Kanals, verhältnismäßig kurz war.

Ein zweiter Grund für das Mißlingen der Kanalidee, die im Ludwig-Donau-Main-Kanal zur Verwirklichung kommen sollte, war die rasant einsetzende Konkurrenz durch die Eisenbahn. Knapp ein Jahr vor Baubeginn des Ludwig-Kanals wurde am 7.12. 1835 mit der 6 km langen Strecke zwischen Nürnberg und Fürth, nach der rasanten Entwicklung der Eisenbahn in England, nun auch in Deutschland das Eisenbahnzeitalter begonnen. Allein 1836 wurden schon 475 219 Fahrgäste befördert.[4] Ursprünglich primär zum Personentransport konzipiert, entwickelte sich die Bahn auch schnell zum Güterverkehrsmittel. Ein im höchsten Maße leistungsfähiger Konkurrent gegenüber der Binnenschiffahrt war entstanden. Im Jahre 1854 umfaßten die bayerischen Staatseisenbahnen bereits eine Streckenlänge von 1060 km.

Held-Brüschwien[5] äußerte sich 1929 mit den Worten zu dieser Thematik, daß auf Grund des zeitlichen Zusammenfallens zwischen dem Aufkommen der ersten Eisenbahnen und der Kanaleröffnung wohl kaum ein schlechterer Zeitpunkt für die Verwirklichung der Kanalidee zu finden gewesen wäre. Steller resümierte über den Kanal im Jahre 1908 als ein Unternehmen, das zu seiner Zeit "... gewiß groß gedacht und eine Anlage die Staunen erregte, hat dem Wettbewerbe des fortschreitenden Eisenbahnbaus und fortschreitender Frachtenermäßigung nicht standhalten vermocht."[6] Wurden in Bayern beispielsweise vor dem Aufkommen der Eisenbahn Tarifsätze von rund umgerechnet 40 Pfennig für die Beförderung 1 t Kohle über 1 km berechnet, so reduzierte sich der marktübliche Tarif bis 1848 für einen Tonnenkilometer auf 11,1 Pfennige, bis 1858 auf 2,25 und bis 1878 auf 1,2 Pfennige.[7] Dieser für die Industrialisierung Deutschlands so wichtige Frachtpreisverfall erklärt aus einzelwirtschaftlicher Sicht mitunter auch das geringe Engagement des Binnenschiffahrtsgewerbes auf dem Ludwigs-Kanal. Es ist zugleich aber auch ein aussagekraftiges Bespiel für die Wechselwirkung zwischen dem Ausbau der Infrastruktur und dem Prozeß der Industrialisierung sowie die Forcierung dieser Entwicklung durch das Aufkommen neuer Anbieter von Transportleistungen.

Zu betonen ist in diesem Zusammenhang jedoch, daß die Rheinschiffahrt im Vergleich mit den anderen deutschen Flüssen und Kanälen noch am wenigsten von der Konkurrenz der Eisenbahn betroffen war. Die natürliche Schifftüchtigkeit des Niederrheins und des mittleren Rheins hat die Rheinschiffahrt gegenüber der Eisenbahn widerstandsfähiger als anderswo gemacht. Die Ansiedlung mächtiger, von günstigen Frachtraten beim Bezug von Massengütern abhängiger Industriebetriebe am Rhein war mithin die Folge. Forciert wurde diese Entwicklung auch durch die sich zunehmend verbessernden ordnungspolitischen Rahmenbedingungen der Rheinschiffahrt, die sich nachhaltig am 17.10. 1886 in der sogenannten Mann-

---

[1]Voigt, F.: Verkehr - Zweiter Band - Die Entwicklung des Verkehrssystems, a.a.O., S.322.
[2]Main-Donau-Stromverband (Hrsg.): Denkschrift über den Großschiffahrtsweg Rhein-Main-Donau, München 1920, S.5.
[3]Schanz, G.: Der Donau-Main-Kanal und seine Schicksale. a.a.O., S.118.
[4]o.V.: Hundert Jahre Bayerische Eisenbahn. Sonderdruck aus der Heimatzeitschrift Das Bayernland, München 1935, S.7.
[5]Held-Brüschwien, H.: Rhein-Main-Donau. Geschichte einer Wasserstraße. Regensburg 1929, S.61.
[6]Steller, G.: Der wirthtschaftliche Werth einer bayerischen Grossschifffahrtstrasse, a.a.O., S.158.
[7]ebd., S.158.

heimer Akte manifestierten. Die bedeutendsten Grundprinzipien dieses Rheinstatutes bildeten dabei die Freiheit für Schiffe, Besatzung und Ladung aller Nationen sowie das Verbot der Erhebung von Schiffsabgaben und Transitzöllen.[1] Eine zweifellos interessante These vertreten Schneider und Wirth[2], die einen unbeeinflußten Konkurrenzkampf zwischen Wasserstraße und Eisenbahn in diesem Fall ausschließen, da der Ludwig-Donau-Main-Kanal bis 1918 von der Bayerischen Staatseisenbahn mitverwaltet wurde.

Obwohl der Ludwig-Donau-Main-Kanal ökonomisch definitiv ein Mißerfolg war, ist aus wirtschaftsgeographischer Sicht zu fragen, ob und in welcher Form raumwirksame Impulse vom Ludwig-Kanal auf das Umland der Wasserstraße ausgingen. Um den Grundlagen und Ausführungen in Kapitel 3.4. nicht vorzugreifen soll, dies aber nur im Ansatz geschehen. Voigt ordnet dem Ludwig-Donau-Main-Kanal in seiner Anfangszeit eine "...beträchtliche Standortwirkung zugunsten von Nürnberg und einzelnen Orten entlang des Kanals bis ca. 1875 ..."[3] zu. "Im Verhältnis zu anderen Teilen des Raumes wuchs die Steuerkraft etwa über 3 Jahrzehnte hinweg überproportional an, die Zahl der in der Industrie Beschäftigten nahm überdurchschnittlich zu. Auch auf andere an der Streckenführung liegende Ortschaften ist eine positive Gestaltungskraft, insbesondere durch Holz- und Papierindustrie nachweisbar."[4] Kritisch zu hinterfragen ist aber in diesem Zusammenhang, ob die monokausale Darstellung Voigts zwischen Kanal und Steueraufkommen in einem Regionalvergleich stichhaltig ist.

Auch Schanz betont 1894 die raumwirtschaftlichen Impulse des Ludwig-Kanals. "Weitaus den grössten Nutzen hat aus dem Kanal gezogen und zieht ihn noch das Industriecentrum Nürnberg-Fürth mit Umgebung. Die erleichterte Deckung des Brennholzbedarfs in früherer Zeit, der billige und bequeme Bezug von Bauholz und Bausteinen, ja selbst von Getreide heute noch hat die Entwicklung der mittelfränkischen Städte in hohem Masse unterstützt und beschleunigt."[5] Langholz war dabei das dominierende Transportgut. "Das Holz der am südlichen Kanalabhang gelegenen Staats- und Privatwaldungen, früher beinahe werthlos, ist in weitem Umkreis durch die Wasserstrasse transportabel und werthvoll geworden; hier bot auch der Main kein Hinderniss, sondern die Flösserei gab die Möglichkeit, in billigster Weise das Weitergehen des Langholzes zu vermitteln."[6]

Zusammenfassend erscheint die These zulässig, daß die großräumigen Einflüsse des Ludwig-Kanals auf die Raumstrukturen sowohl beim Bau, insbesondere aber beim Betrieb, verhältnismäßig gering blieben. Im kleinräumigen Rahmen hingegen entstanden durch den dominierenden Lokalverkehr durchaus Gewerbeansiedelungen und damit einhergehend auch Wohnbereiche. Eine weitere Komponente bildeten freizeitfunktionale Aktivitäten an den Ufern des Kanals. Als Güterverkehrsweg konzipiert, geriet er im Laufe der Jahrzehnte immer mehr zu einem Naherholungsziel.

Trotz der geringer werdenden Akzeptanz der verladenden Wirtschaft dem Ludwig-Kanal gegenüber wurden in Fachkreisen noch zu Anfang dieses Jahrhunderts Konzepte zur Schiffbarmachung der bayerischen Donau bis Ulm sowie der Anschluß der Städte Augsburg und München an die Wasserstraße zwischen Main und Donau eingehend diskutiert.[7] Was aus heutiger Sicht als Kuriosität anmuten mag, ist vor dem Hintergrund zu beurteilen, daß zumindest bis in die zweite Hälfte des vorigen Jahrhunderts Wasserläufe in vielen Teilräumen dieser Erde über Jahrtausende hinweg die Hauptschlagadern des Binnenverkehrs bildeten. Der Gedanke an eine neue leistungsfähige Wasserstraße zwischen Main und Donau jedoch blieb über die Jahre hinweg erhalten. Einen wesentlichen Promotor erhielt dieser Gedanke im Jahre 1892, als am 6.11. in Nürnberg der "Verein für die Hebung der Fluß- und Kanalschiffahrt in Bayern", der spätere "Deutsche Kanal- und Schiffahrtsverein Rhein-Main-Donau" gegründet wurde. Dem Ludwig-

---

[1] Orlovius, V.: Die Mannheimer Akte - 125 Jahre Garant einer freien Rheinschiffahrt, a.a.O., S.10.
[2] Schneider, M./Wirth, E.: Binnenschiffahrtskanäle in Franken, a.a.O., S.16.
[3] Voigt, F.: Verkehr - Zweiter Band. Die Entwicklung der Verkehrssysteme, a.a.O., S.322.
[4] ebd., S.322.
[5] Schanz, G.: Der Donau-Main-Kanal und seine Schicksale, a.a.O., S.119.
[6] ebd., S.19.
[7] Faber, E.: Denkschrift über die Verbesserung der Schiffbarkeit der Bayerischen Donau und über die Durchführung der Gross-Schiffahrt bis nach Ulm, Nürnberg/München 1905, insbesondere S.21, sowie Gebhardt T.: Denkschrift zu dem technischen Entwurf einer Main-Donau-Wasserstraße mit dem Anschluß der Städte München und Augsburg. Nürnberg 1913, insbesondere S.9ff. und S.63.

Donau-Main-Kanal wurde aus den eingehend diskutierten Gründen eine ökonomische Zukunft abgesprochen, der Plan einer neuen Wasserstraße bestimmte das Engagement.

## 2.3. Main-Donau-Kanal

Daß diese Initiative, unter Vorsitz des Nürnberger Bürgermeisters von Schuh, von der Frankenmetropole als dynamischem Industriezentrum ausging, begründen Schneider und Wirth[1] im wesentlichen mit den positiven Erfahrungen der Stadt Frankfurt mit ihrer Hafeneröffnung im Jahr 1886. Nürnberg wollte, dem Vorbild Frankfurts folgend, mit einer Binnenwasserstraße an die Rheinschiene, an das Ruhrgebiet und die Rheinmündungshäfen angeschlossen werden.

Man erkannte jedoch schon damals deutlich, daß die erste Aufgabe des Kanalvereins darin bestand, bei den politischen Entscheidungsträgern Mehrheiten für die Schiffbarmachung des Mains von Aschaffenburg flußaufwärts bis Bamberg zu gewinnen. Auf politischer Ebene stellte sich der erste wirklich große Erfolg 1912 ein, als die Bayerische Kammer der Abgeordneten eine Eingabe zur Mainkanalisierung einstimmig annahm. In den Jahren 1915 und 1916 lenkten militärische Überlegungen den Blick verstärkt auf die Donau als Verkehrsachse. Bis 1917 konkretisierte sich das Bestreben zum Bau einer Großschiffahrtstraße zwischen Aschaffenburg und der Landesgrenze bei Passau so sehr, daß es am 22.12. 1917 zur Gründung des Main-Donau-Stromverbandes - gewissermaßen als Vorläufer der Rhein-Main-Donau-AG - kam.[2] Man orientierte sich, für die damalige Zeit richtungsweisend, bei der Dimensionierung der Main-Donau-Verbindung an den Abmessungen des Rhein-Herne-Kanals, der 1914 für Schiffe mit einer Tragfähigkeit von 1300-1500 t fertiggestellt wurde. Dies war ein Konzept, an dem während der langen Planungs- und Bauphase des Main-Donau-Kanals, trotz eines ökonomisch erzwungenen Wandlungsprozesses in der Flottenstruktur, festgehalten wurde.[3]

In einem historischen Rückblick muß die grundsätzliche Bedeutung, die dem Kanalbau in Deutschland an der Wende zum 20. Jahrhundert beizumessen ist, deutlich herausgearbeitet werden. Während mit dem Aufkommen der Eisenbahn im zweiten Drittel des vergangenen Jahrhunderts der Kanalbau beinahe zum Erliegen kam, folgte zur Jahrhundertwende eine Renaissance des Baus künstlicher Wasserstraßen. Bereits 1899 wurde der Dortmund-Ems-Kanal eröffnet. Diese 269 km lange Wasserstraße verbindet das östliche Ruhrgebiet um Dortmund und die dort ansässige Montanindustrie mit dem Nordseehafen Emden. 1900 folgte der Elbe-Trave-Kanal, der heute Elbe-Lübeck-Kanal genannt wird. Im Jahre 1914 wurde durch den Bau des Rhein-Herne-Kanals die bisher fehlende West-Ost-Verbindung vom Rhein zum Dortmund-Ems-Kanal hergestellt. 1916 wurde mit dem Bau des Mittellandkanals eine Verlängerung des Dortmund-Ems-Kanals in östliche Richtung zunächst nach Hannover geschaffen. In den Jahren bis 1938 wurde der Mittellandkanal dann bis zur Elbe bei Magdeburg verlängert.[4]

Predöhl beurteilt die Forcierung des Kanalbaus nach Vollentwicklung der Eisenbahn als äußerst bemerkenswert. "Immerhin zeigt die starke Entwicklung des Kanalbaus um die Jahrhundertwende bereits, daß die Auffassung, die Eisenbahn sei der Binnenschiffahrt soweit überlegen, daß zum mindesten der Bau künstlicher Wasserstraßen nicht mehr lohne, schon frühzeitig überwunden worden ist."[5] Kritisch anzumerken ist zur These Predöhls dabei eine fehlende Differenzierung gemäß der geographischen Gegebenheiten der Kanaltrassen sowie der daraus resultierenden technischen und wirtschaftlichen Unterschiede der jeweiligen Projekte. Ein grundlegendes Unterscheidungsmerkmal wäre beispielsweise die Frage, ob, wie

---

[1]Schneider, M./Wirth, E.: Binnenschiffahrtskanäle in Franken. Vom Karlsgraben bis zur Gegenwart, a.a.O., S.19.

[2]Bader, W.: Die Verbindung von Rhein und Donau. Zur Geschichte eines bemerkenswerten Wasserstraßenprojektes, a.a.O., S.69f.

[3]Eine ausführliche Darstellung der Erfordernisse an die moderne Binnenschiffahrt, der Flottenstruktur und der Klassifizierung von Binnenwasserstraßen erfolgt in Kapitel 3.2. der vorliegenden Arbeit.

[4]Beyer, P.: Das Europäische Wasserstraßennetz. In: Die Donau als Verkehrsweg Südosteuropas und die Großschiffahrtsstraße Rhein-Main-Donau, Südosteuropa-Studien, Bd. 14, München 1969, S.31.

[5]Predöhl, A.: Verkehrspolitik, a.a.O., S.42.

beim Main-Donau-Kanal geschehen, mittels vieler Schleusen die Europäische Wasserscheide überwunden werden muß, oder ob keine bedeutenden Höhenunterschiede überwunden zu überwinden sind.

Am 13.6. 1921 kam es dann zwischen dem Land Bayern und dem Deutschen Reich zum Abschluß des ersten Main-Donau-Staatsvertrages. Dieser sah die Gründung einer Aktiengesellschaft in München vor, deren Zielsetzung der Bau einer 677 km langen Großschiffahrtstraße von Aschaffenburg bis zur deutsch-österreichischen Grenze bei Passau war. Gleichzeitig wurde ihr das Recht eingeräumt, die Wasserkräfte an Main, Regnitz, Altmühl, Donau und unterem Lech zu nutzen. Eine wesentliche Zielsetzung war dabei, das Wasserstraßenprojekt mittels der nach dem Kraftwerksbau aus dem Stromabsatz erwirtschafteten Überschüsse zu finanzieren. 1925 skizzierte der damalige bayerische Ministerpräsident Dr. Heinrich Held die Situation des Jahres 1921 mit folgenden Worten: "Der Verlust des Krieges schien der weiteren Behandlung und Durchführung des Projekts zunächst sehr abträglich; doch sicherte die nun in das ganze Projekt hineinkomponierte Idee dieser Wasserkraftausnützung die Ermöglichung einer etappenweisen Finanzierung."[1] Die gesamte rechtliche Grundlage des Wasserstraßenprojektes Rhein-Main-Donau ist in einem Geflecht von insgesamt 10 Vertragswerken manifestiert. Sie wurden, mit wechselnden Beteiligungen, zwischen dem Deutschen Reich, der Verwaltung der Vereinigten Wirtschaftsgebiete, der Bundesrepublik Deutschland, dem Freistaat Bayern, dem früheren Baden als Mainanlieger und der Rhein-Main-Donau-AG zwischen 1921 und 1976 geschlossen.[2] In chronologischer Folge sind dabei folgende Verträge zu nennen:

-Main-Donau-Staatsvertrag vom           13.06. 1921
-Zusatzvertrag                          13.06. 1921
-Konzessionsvertrag                     30.12. 1921
-Bauvertrag                             28.12. 1922
-Ergänzungsvertrag                      17.08. 1925
-Zwischenvertrag                        09.09. 1949
-Finanzierungsvertrag                   28.02. 1966
-Ausbauvertrag (Duisburger Vertrag)     16.09. 1966
-Donaukanalisierungsvertrag             11.08. 1976
-Bereinigungsvertrag                    11.08. 1976

Faßt man die Inhalte der Verträge[3] bezüglich ihrer wesentlichen Aussagen zusammen, so kristallisieren sich folgende Schwerpunkte heraus: Der Main-Donau-Staatsvertrag enthält, wie bereits dargestellt, die Zielsetzung, einen Schiffahrtsweg zwischen Main und Donau zu bauen und mittels Stromverkäufen zu finanzieren. Vorgesehen war dabei, daß das Reich über 45% und Bayern über 26% des Aktienkapitals verfügt und beide Parteien gesamtschuldnerisch für Anleihen der Gesellschaft bürgen. Während im Staatsvertrag neben der allgemeinen Zielsetzung vor allem die beabsichtigte Unternehmensgründung konzipiert wurde, werden in den Folgeverträgen die Durchführungsmodalitäten geregelt.[4] Gleichfalls am 13.-6. 1921 wurde ein Zusatzvertrag geschlossen, durch welchen das damalige Baden als Mainuferstaat für die gemeinsame Mainstrecke mit Bayern ein Mitspracherecht erhielt.

Im Konzessionsvertrag vom 30.12. 1921 verpflichtet sich die erst kurz zuvor gegründete Rhein-Main-Donau-AG, die von ihr zu bauende Großschiffahrtstraße nach ihrer Fertigstellung unentgeltlich dem Reich zu überlassen, das die Schiffahrtsstraße zu unterhalten und zu betreiben hat (Ziffer 3 Abs.1). Im Gegenzug

---

[1]Held, H.: Die Geschichte des Rhein-Main-Donau-Wasserstraßen-Gedankens. In: Bayerische Industrie- und Handelszeitung, 56. Jahrgang, Heft 7/1925, München 17.2. 1925, S.2.

[2]Hahn, W./Müller, J./Weitzel, G.: Der Main-Donau-Kanal. Argumentationsstudie zu einer kontroversen Diskussion. Erarbeitet im Auftrag des Deutschen Kanal- und Schiffahrtsvereins Rhein-Main-Donau e.V., Nürnberg. In IFO-Studien zur Verkehrswirtschaft Bd.14, München 1982, S.5f.

[3]Die Vertragstexte sind in der Originalfassung der von der Rhein-Main-Donau-AG als Sonderveröffentlichung publizierten Schrift "Die Rhein-Main-Donau-Verträge", München o.J., sowie dem Anhang der vom Deutschen Kanal- und Schiffahrtsverein Rhein-Main-Donau e.V., Nürnberg, 1958 herausgegebenen Studie "Rhein-Main-Donau-Grossschiffahrtsstraße. Bedeutung und Bauwürdigkeit der Kanalstrecke Bamberg-Nürnberg" zu entnehmen.

[4]Hahn, W./Müller, J./Weitzel, G.: Der Main-Donau-Kanal. Argumentationsstudie einer kontroversen Diskussion, a.a.O., S.6.

erhält die Aktiengesellschaft nun konkretisiert das Recht, Wasserkraftwerke innerhalb der bayerischen Grenzen an Main und Donau aber auch an Lech, Regnitz und Altmühl zu bauen und bis zum 31.12. 2050 zu betreiben (Ziffer 5 Abs.5). Nach Ablauf der Konzessionszeit sollen die nunmehr 57 Kraftwerke lastenfrei an den Bund übergeben werden.[1] Anzumerken ist dabei, daß der Konzessionsvertrag im Bundeswasserstraßengesetz vom 2.4. 1968 (WaStrG) § 56 (3) in Art und Umfang zur Gänze bestätigt wurde.

Gegenwärtig wird aus den im Laufe der Jahre erstellten Kraftwerken ein Ertrag von rund 60 Mio. DM pro Jahr erwirtschaftet. Bis zum Jahre 1991 hat die Rhein-Main-Donau-AG durch die Erträge der Wasserkraftwerke mit rund 1,5 Mrd. DM zu der Bausumme des Kanals von 4,7 Mrd. DM[2] beigetragen.[3] Rund ein Jahr nach dem Konzessionsvertrag wurde am 28.12. 1922 zwischen den gleichen Vertragspartnern ein Bauvertrag abgeschlossen, welcher der Rhein-Main-Donau-AG weitgehendes Planungsrecht und Bauherrenstatus zusichert.[4] Bis zum Jahre 1922 war das Aktienkapital von 900 Mio. Papiermark einbezahlt. Eine Anleihe in Höhe von 600 Millionen Mark war aufgenommen, aber die Inflation schmälerte faktisch die Kapitaldecke in einem unvorstellbaren Maße. Nach der Geldwertstabilisierung im November 1923 mußte die Finanzierung der Rhein-Main-Donau-AG neu geregelt werden.[5]

Das zentrale Problem lag nach der zerstörerischen Wirkung der Inflation in der Finanzierung der angestrebten Investitionen. Deshalb wurde am 17.8. 1925 ein Ergänzungsvertrag geschlossen, nach dem die erforderlichen Geldmittel, soweit sie seitens der RMD-AG nicht durch Anleihen und sonstige Einnahmen aufgebracht werden konnten, im Verhältnis von 45:26 vom Reich und von Bayern getragen werden müssen. Mit dem Rhein-Main-Donau-Gesetz vom 11.5. 1938 übernahm das Reich den Wasserstraßenbau in eigener Regie. Nach dem Krieg fiel das Vermögen der RMD-AG unter die Militärgesetzgebung der Besatzungsmacht und ging 1948 an die Verwaltung des Vereinigten Wirtschaftsgebietes über. Mit der Verwaltung des Vereinigten Wirtschaftsgebiets und dem Freistaat Bayern wurde im September 1949 ein als Übergangsregelung konzipierter Zwischenvertrag geschlossen, durch welchen die RMD-AG wieder in ihre alten Rechte und Pflichten eingesetzt wurde. Im Zwischenvertrag wurden einige Bestimmungen des Ergänzungsvertrages von 1925 modifiziert, wobei sich nun die Vertragspartner bereiterklärten, die für den Wasserstraßenbau benötigten Mittel im Anteilsverhältnis 2:1 vorbehaltlich haushaltsmäßiger Bewilligung und der nach der jeweiligen Finanzlage möglichen Höhe als unverzinsliches, aber rückzahlbares Darlehen zu Verfügung zu stellen.[6] Hervorzuheben ist in diesem Zusammenhang aber, daß den zu diesem Zweck

---

[1]Der auf diese Weise produzierte Strom wird im wesentlichen an regionale Verteilungsmonopole und in erheblichem Umfang an die Deutsche Bundesbahn verkauft. In Bayern beläuft sich der Anteil der Wasserkraft an der Stromerzeugung gegenwärtig auf rund 17%. Anfang der 50er Jahre stammten noch rund drei Viertel des in Bayern notwendigen Stroms aus Wasserkraftwerken, in den 60er Jahren noch mehr als die Hälfte. Relativ betrachtet verlor die Stromgewinnung aus Wasserkraft in den vergangenen Jahrzehnten durch den unaufhaltsam wachsenden Stromverbrauch auch in Bayern erheblich an Bedeutung, absolut gesehen konnte die Stromerzeugung durch Wasserkraft in Bayern aber sukzessive gesteigert werden. Rund zwei Drittel des in den alten Bundesländern erzeugten Stroms aus Wasserkraft wird in bayerischen Wasserkraftwerken gewonnen. Etwa ein Viertel davon stammt aus den 57 Wasserkraftwerken der RMD-AG. Der Wert dieser Kraftwerke wurde seitens der RMD-AG 1991 auf 2,5 Mrd. DM beziffert. Vgl. dazu Weckerle, K.: Der Main-Donau-Kanal und Osteuropa. Vortrag vor der deutschen Verkehrswirtschaftlichen Gesellschaft in Landshut am 15.1. 1991, Ms. S.4f., sowie: Arbeitsgemeinschaft Wasserkraft in Bayern (Hrsg.): Wasserkraft in Bayern. München 1992, S.2. Bezüglich der Standorte der Wasserkraftwerke ergibt sich folgendes Bild: 29 der Kraftwerke liegen am Main, 21 an der Donau, 4 am Lech, 2 an der Regnitz sowie eines an der Altmühl.

[2]vgl. dazu Kapitel 4.2. der vorliegenden Arbeit.

[3]Rhein-Main-Donau-AG (Hrsg.): Rhein-Main-Donau. Ein Verkehrsweg der Zukunft. München o.J., S.7.

[4]Deutscher Kanal- und Schiffahrtsverein Rhein-Main-Donau e.V. (Hrsg.): 1892-1992: 100 Jahre Kanalverein, a.a.O., S.36.

[5]Schaub, F.: Vom Main zu Donau und Rhein, a.a.O., S.99f.

[6]Eder, F.: Kraftwerke finanzieren die Rhein-Main-Donau-Wasserstraße. In: Mitteilungsblätter des Deutschen Kanal- und Schiffahrtsverein Rhein-Main-Donau e.V. Nr.22, Nürnberg 1976, S.2f., sowie Rhein-Main-Donau-AG (Hrsg.): Sonderdruck Rhein-Main-Donau-Verträge, a.a.O., S.22, insbesondere Ziffer 3 (1) und Ziffer 6 (1a), sowie Deutscher Kanal- und Schiffahrtsverein Rhein-Main-Donau (Hrsg.): 1892-1992: 100 Jahre Kanalverein, a.a.O., S.36, sowie Seidel, H. P.: Die Rolle des Main-Donau-Kanals für die europäische Integration. In:
(Fortsetzung...)

vergebenen zinslosen Darlehen auf Grund einer Höchstlaufzeit bis zum Jahre 2050 selbst bei moderater Geldentwertung eher der Charakter einer staatlichen Finanzierung beizuordnen ist.[1]

Obwohl nur als Provisorium gedacht, wurde der Zwischenvertrag erst 1966 durch neue Vereinbarungen ersetzt, die jedoch die Grundsätze der alten Verträge bekräftigten. Der Finanzierungsvertrag vom 28.2. 1966 regelt die finanziellen Verpflichtungen der Bundesrepublik Deutschland und des Freistaats Bayern für den zu diesem Zeitpunkt im Bau befindlichen Teil der Nordrampe des Kanals zwischen Bamberg und Nürnberg. In dem neuen Ausbauvertrag, dem Duisburger Vertrag vom 16.9.1966, wurden die bis heute maßgeblichen Durchführungsbestimmungen für den Kanalbau über die Scheitelhaltung hinweg zwischen Nürnberg und Kelheim und den Donauausbau bis Vilshofen getroffen.[2]

Im August 1976 wurde dann im Donaukanalisierungsvertrag vereinbart, auf welche Art die Rhein-Main-Donau AG den Donauausbau im Namen, im Auftrag sowie auf Rechnung des Bundes durchzuführen hat. Dabei endet sowohl die projektbezogene Tätigkeit als auch die Mittelverwendung durch die RMD-AG jeweils mit der Übernahme des ausgebauten Teilstücks der Donau durch den Bund. Für die an der Donau zu errichtenden Wasserkraftwerke gelten aber nach wie vor die Bestimmungen des Konzessionsvertrages und des Bauvertrages aus den 20er Jahren.[3] Ihren Abschluß fanden die juristischen Vertragswerke zum Bau der Main-Donau-Wasserstraße mit der Unterzeichnung des Bereinigungsvertrages, dem aber keine grundlegende Bedeutung beizumessen ist.

In diesem Zusammenhang ist es wichtig, sich ins Gedächtnis zu rufen, daß der Main-Donau-Kanal, bezogen auf seine Streckenlänge nur rund ein Viertel der gesamten Main-Donau-Wasserstraße auf bayerischem Territorium umfaßt. Zwar bildet er das Bindeglied und Herzstück der kontinentalen Wasserstraße, dennoch ist die Realisierung des Kanals auch unter dem Blickpunkt einer Schiffbarmachung von Main und Donau zu betrachten. Aus diesem Grund wurde auch die Main-Donau-Wasserstraße etappenweise realisiert. Deshalb sollen an dieser Stelle die bedeutendsten Bauabschnitte dargestellt werden. Von 1921 bis 1942 wurde der Main zwischen Aschaffenburg und Würzburg ausgebaut. In den Jahren 1949 bis 1957 erfolgte der Ausbau bis Kitzingen, 1959 wurde Bergrheinfeld bei Schweinfurt und drei Jahre später die Regnitzmündung bei Bamberg erreicht. Im gleichen Jahr wurde der Hafen Bamberg in Betrieb genommen. An der Donau wurde 1928 die Staustufe Kachlet westlich von Passau fertiggestellt, 1957 die Stau-, Schleusen- und Kraftwerksanlage Jochenstein an der bayerisch-österreichischen Grenze vollendet. Die Donau-Niedrigwasserregulierung zwischen Regensburg und Vilshofen wurde 1971 abgeschlossen. Der Ausbau der Donau zwischen Kelheim und Regensburg folgte bis 1978, der Abschnitt zwischen Regensburg und der Schleuse Geisling wurde 1985 vollendet. Die Fertigstellung des rund 20 km langen Streckenabschnittes von Geisling nach Straubing erfolgte 1995. Für das bezüglich der zur Diskussion stehenden Ausbauvarianten umstrittene rund 70 km lange Teilstück von Straubing nach Vilshofen wurde 1992 das Raumordnungsverfahren eingeleitet.[4]

Beim Main-Donau-Kanal wurden die Strecken Bamberg-Forchheim 1967, Forchheim-Erlangen 1970 und Erlangen-Nürnberg mit der Eröffnung des Nürnberger Hafens 1972 fertiggestellt. 1985 folgten die Kanalstrecken Nürnberg-Roth, 1989 Riedenburg-Kelheim und 1991 die Teilstücke Dietfurt-Riedenburg und Roth-Mühlhausen. Die Reststrecke Mühlhausen-Dietfurt und damit die Fertigstellung des Main-Donau-

---

[6](...Fortsetzung)
Güterverkehrsströme in Europa - Horizont 2000 Plus. Schriftenreihe der Deutschen Verkehrswirtschaftlichen Gesellschaft e.V., Reihe B: Seminar B 151, Nürnberg 1992, S.96.

[1] Wirth, E.: Sind rund zehn Milliarden DM für eine Wasserstraße Rhein-Main-Donau zu verantworten? Vortragsmanuskript, Erlangen 1992, S.3.

[2] Hahn, W./Müller, J./Weitzel, G.: Der Main-Donau-Kanal. Argumentationsstudie zu einer kontroversen Diskussion, a.a.O., S.10.

[3] Deutscher Kanal- und Schiffahrtsverein Rhein-Main-Donau e.V., Nürnberg: 1892-1992: 100 Jahre Kanalverein, a.a.O., S.37.

[4] vgl. dazu Kapitel 6.5. der vorliegenden Arbeit.

Kanals folgte im Herbst 1992.[1] Mit der Fertigstellung dieses letzten Kanalabschnittes wurde die in ihrer Gesamtheit rund 3500 km lange europäische Großschiffahrtsstraße Rhein-Main-Donau vollendet. Sie läßt sich bezüglich der Gesamtfahrstrecke ansatzweise in vier Wasserstraßenabschnitte gliedern:
- die 539 km lange Rheinstrecke von der Mündung in die Nordsee nahe Rotterdam bis zur Einmündung des Mains südlich von Mainz;
- die 384 km lange Mainstrecke von der Mündung in den Rhein bis zur Einmündung der Regnitz in den Main nördlich von Bamberg;
- die 171 km lange Kanalstrecke von der Regnitzmündung bis zur Einmündung der Altmühl in die Donau bei Kelheim;
- die 2411 km lange Donaustrecke vom bayerischen Kelheim bis zur Mündung der Donau bei der unweit der ukrainischen Grenze gelegenen rumänischen Stadt Sulina in das Schwarze Meer.[2]

Von der gesamten Streckenführung liegen rund 19% oder 677 km auf dem Gebiet des Freistaates Bayern. Dies hat zur Folge, daß Bayern nicht nur den Main-Donau-Kanal als Verbindungsglied zwischen den Stromsystemen von Rhein und Donau auf seinem Staatsgebiet beheimatet, sondern daß, bezogen auf die gesamte Streckenlänge der Rhein-Main-Donau-Schiffahrtsstraße, der größte Anteil der Wasserstraße zur Gänze innerhalb der bayerischen Grenzen liegt. Überboten wird dieser Wert nur vom rund 1000 km langen rumänischen Donauabschnitt, der aber im wesentlichen von seiner Funktion als Grenzfluß insbesondere zu Bulgarien, aber auch zu Serbien bestimmt ist und somit, bezogen auf seinen Einzugsbereich, in Rumänien nur eine Uferseite umfaßt.[3]

Hierbei ist besonders hervorzuheben, daß die Rhein-Main-Donau-Wasserstraße keinerlei Bedeutung für Gütertransporte mit Binnenschiffen zwischen den Nordseehäfen Amsterdam, Rotterdam und Antwerpen und den Häfen an der unteren Donau besitzt. Ähnlich verhält es sich mit den Schwarzmeerhäfen und den Häfen des Niederrheins. Von der häufig postulierten Vorstellung, daß durch den Main-Donau-Kanal eine für die Binnenschiffahrt ökonomisch bedeutsame Verbindung zwischen der Nordsee und dem Schwarzen Meer geschaffen wurde, gilt es folglich erst recht Abstand zu nehmen. Bei Gütertransporten zwischen diesen Regionen ist die Binnenschiffahrt gegenüber der Seeschiffahrt weder in Bezug auf die Transportkosten noch in Bezug auf die Transportdauer konkurrenzfähig.[4] Die Funktion der nun durchgängig befahrbaren Rhein-Main-Donau-Wasserstraße besteht vielmehr in den Interaktionsmöglichkeiten für die mitteleuropäischen Verdichtungsräume, einschließlich der Benelux-Länder, für Gütertransporte mittels Binnenschiffen entlang dieser Magistrale und insbesondere für Österreich in der Wasserstraßenverbindung zur Nordsee. Hier schließt sich die Frage an, welche raumwirksame Bedeutung dem Main-Donau-Kanal, der Rhein-Main-Donau-Großschiffahrtstraße und Binnenwasserstraßen im Allgemeinen beizumessen ist. Nachdem in diesem einführenden Kapitel ein historischer Überblick über die Verbindungen von Rhein bzw. Main und Donau von Karl dem Großen bis zum heutigem Tage gegeben wurde, sollen nun im nachfolgenden Kapitel die Wirkungen von Wasserstraßen auf den Raum erörtert werden.

---

[1] o.V.: Chronik zum Main-Donau-Kanal. In: Schiffahrt und Technik Heft 7/1992, S.60ff., sowie Deutscher Kanal- und Schiffahrtsverein Rhein-Main-Donau e.V., Nürnberg (Hrsg.): 1892-1992: 100 Jahre Kanalverein, a.a.O., S.37f., sowie Mittelstädt, U.: Die Entwicklung des Mains als Wasserstraße. In Mitteilungsblätter des Deutschen Kanal- und Schiffahrtsverein Rhein-Main-Donau e.V., Nürnberg, Nr.48/49 1985, S.4f., sowie Ertl, W.: Die Donau zwischen Kelheim und Jochenstein als Teilstrecke der Main-Donau-Wasserstraße. In: Mitteilungsblätter des Deutschen Kanalverein Rhein-Main-Donau e.V., Nürnberg, Nr.60 1989, S.8ff.

[2] Hahn, W./Müller, J./Weitzel, G.: Der Main-Donau-Kanal. Argumentationstudie einer kontroversen Diskussion, a.a.O., S.14.

[3] vgl. dazu Kapitel 3.3. Einzugsbereiche von Binnenwasserstraßen

[4] Wirth konkretisiert den Vergleich von Binnenschiffahrt und Seeschiffahrt auf der Route Rotterdam-Odessa mittels folgender Angaben: Die Frachtkosten von Rotterdam nach Odessa in großen Seeschiffen über das Mittelmeer verhalten sich zu den Frachtkosten über den Binnenschiffahrtsweg Rhein-Main-Donau größenordnungsmäßig wie 1:10. Bezüglich der Transportdauer ergibt sich folgende Relation: Während die Binnenschiffahrt für die Fahrt von Rotterdam zu den Donaumündungshäfen etwa 23 Tage benötigt, absolviert ein Seeschiff die etwa doppelt so lange Strecke über Gibraltar und den Bosporus in einem Zeitraum von 6-10 Tagen. Entsprechend kürzer ist die Kapitalbindung des Transportgutes und des Transportmittels. Vgl. Wirth, E.: Die wirtschaftlichen Aspekte des Europa-Kanals. In: Brix, M.: Main-Donau-Kanal. Ersatzlandschaft im Altmühltal, München 1988, S.67.

## 3. Zur Raumwirksamkeit von Binnenwasserstraßen

Im folgenden sollen ausgewählte Einflüsse des Verkehrszweiges Binnenschiffahrt und des Verkehrsträgers Binnenwasserstraße auf die räumliche Entwicklung Deutschlands diskutiert werden. Die Bedeutung, die Binnenwasserstraßen in der Literatur bezüglich ihrer Wirkung auf den Raum zugeschrieben wird, ist erheblich. So bezeichnet beispielsweise Press Wasserstraßen als "Grundlage jeder Raumordnung"[1]. Predöhl beschreibt sie als das "ursprüngliche raumbildende Element"[2].

Wasserstraßen sind neben Straßen, Schienenwegen und Rohrleitungen Teil des bodengebundenen Verkehrswegenetzes der Bundesrepublik Deutschland. Obgleich sehr viel weitmaschiger als Schiene und Straße, bildet das Wasserstraßensystem dennoch ein zusammenhängendes Netz, das die Seehäfen mit den Binnenhäfen sowie die bedeutendsten Industriezentren miteinander verbindet.[3] Mit der deutschen Wiedervereinigung erfuhr das Netz der Bundeswasserstraßen mit einer bisherigen Länge von 4900 km eine Erweiterung um rund 2400 km auf eine Gesamtlänge von etwas mehr als 7300 km. Hiervon entfallen etwa 6500 km auf Binnenschiffahrtsstraßen und rund 800 km auf Seeschiffahrtsstraßen. Bei den Bundeswasserstraßen werden dabei im wesentlichen (75 %) von der Natur gegebene - jedoch zumeist von Menschenhand schiffbar gemachte - Flüsse genutzt, nur rund 25 % sind Kanäle zur Vervollständigung des Wasserstraßennetzes.[4] Karte 3 zeigt die genannten Bundeswasserstraßen.

Ein Vergleich der Wegelängen der Verkehrsträger zeigt, daß das Netz der Binnenschiffahrtsstraßen gegenüber den Schienenwegen und Straßen sehr klein ist. Klammert man den Anteil der Seeschiffahrtsstraßen an den Bundeswasserstraßen aus, so verfügen die deutschen Binnenschiffahrtsstraßen nur etwa über 1 % der Länge des Straßennetzes bzw. etwa 15 % des Schienennetzes. Anhand einer Tabelle soll die Länge der deutschen Binnenschiffahrtsstraßen in ihren primären Konkurrenten Schiene und Straße gegenübergestellt werden.

Stellt man die Gesamtlänge der Streckennetze der für die Verkehrswege genutzten Fläche gegenüber, wird eine bemerkenswerte Disparität auffällig. Isoliert man von der Gesamtheit der Wasserstraßen in den alten Bundesländern die Kanäle als künstliche Verkehrswege, so ergibt sich bezüglich der Flächennutzung gegenüber den öffentlichen Straßen- und Schienenwegen im gleichen Betrachtungsraum folgende Relation:

- Straße 290 000 ha
- Schiene 84 000 ha
- Kanäle 30 000 ha.[5]

Begründet ist dieser Unterschied darin, daß ohne Damm- bzw. Einschnittböschungen bei einem Schiffahrtskanal durchschnittlich von einem Querschnitt von 55 m, bei einer zweigleisigen Eisenbahnneubaustrecke in ebenen Gelände von 13,7 m und bei einer 6-spurigen Autobahn von 37,5 m auszugehen ist. Anzumerken ist, daß nur ein geringer Teil der für den Bau eines Kanals zu erwerbenden Fläche durch Betonbauwerke, Brücken oder Wege unmittelbar versiegelt wird. Der ökologische Wert einer Wasserfläche sowie ihre versorgungs- und freizeitfunktionalen Nutzungsmöglichkeiten sind erheblich höher einzuschätzen als der von Straße und Schiene.[6]

---

[1] Press, H.: Binnenwasserstraßen und Binnenhäfen. Berlin 1956, S.3.
[2] Predöhl, A.: Verkehrspolitik. Grundriß der Sozialwissenschaft, Bd.15. Göttingen 1964, S.18.
[3] Verein für Binnenschiffahrt und Wasserstraßen e.V. (Hrsg.): Wasserstraßen und Binnenschiffahrt im Vergleich zum Schienen- und Straßenverkehr. Duisburg-Ruhrort 1992, S.2.
[4] Bundesminister für Verkehr (Hrsg.): Binnenschiffahrt und Bundeswasserstraßen - Jahresbericht 1991. Bonn 1992, S.7.
[5] Bundesverband der Deutschen Binnenschiffahrt e.V. (Hrsg.): Binnenschiffahrt und Umwelt. Duisburg-Ruhrort o.J., S.3.
[6] Verein für Binnenschiffahrt und Wasserstraßen e.V. (Hrsg.): Wasserstraßen und Binnenschiffahrt im Vergleich zum Schienen- und Straßenverkehr, a.a.O., S.24.

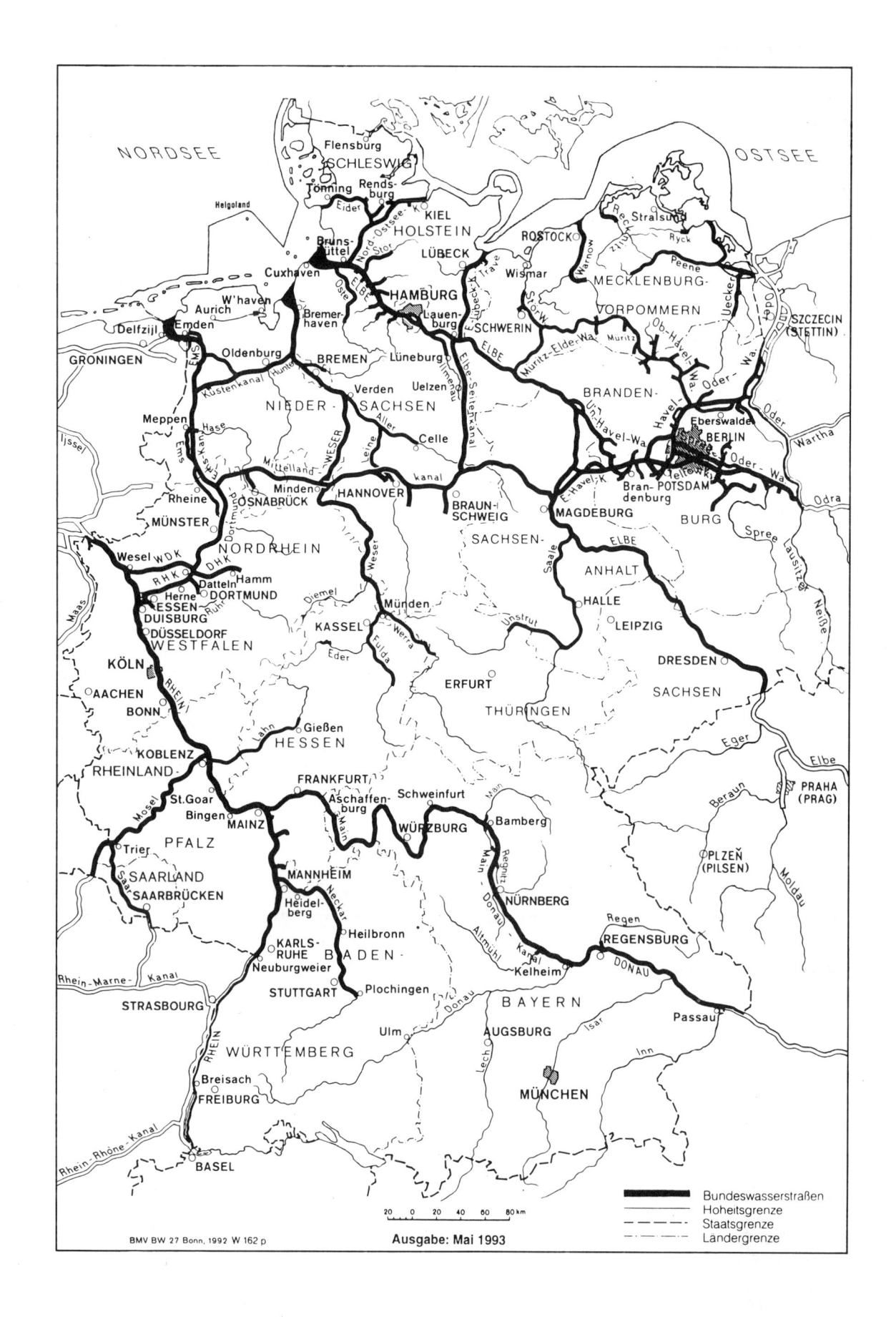

Karte 3: Bundeswasserstraßen

Quelle: Bundesminister für Verkehr (Hrsg.): Binnenschiffahrt und Wasserstraßen. Jahresbericht 1993.

Betrachtet man das deutsche Binnenwasserstraßensystem in seiner Gesamtheit, so erkennt man trotz der Weitmaschigkeit des Netzes, daß 62 der 83 Großstädte direkt an den Wasserweg angeschlossen sind. In den alten Bundesländern betrifft dies 54 und in den neuen Bundesländern 8 Großstädte.[1] Dennoch dürfen diese Zahlen nicht darüber hinwegtäuschen, daß die Binnenschiffahrt in der Bundesrepublik Deutschland aufgrund eben jener Weitmaschigkeit des Verkehrsnetzes nur in äußerst geringem Umfang zur flächenhaften Erschließung des Raumes geeignet ist. Die spezifischen Vorteile der Wasserstraßen kommen folglich vor allem im Massengüterfernverkehr zwischen aufkommensstarken Knotenpunkten zur Geltung.[2] Schroiff spricht in diesem Zusammenhang, aufgrund der Beschränkung der Wasserstraßen auf wenige Linien, von einer oftmals ausgesprochenen Netzfeindlichkeit des deutschen Wasserstraßensystems.[3]

Bezüglich der Erschließungsfunktion des Raumes durch Wasserstraßen ist aber insbesondere auf nationale Disparitäten zu verweisen. Polaritäten in der Europäischen Union bilden das binnenschiffahrtsarme Süditalien und die Niederlande. Letztere verfügen über ein fein verzweigtes Wasserstraßennetz von erheblicher flächenerschließender Funktion. Entscheidende Einflußgrößen dieser Disparitäten sind die topographischen Gegebenheiten des Raumes und das Klima, nach denen sich im kontinentalen Europa Gunst- und Ungunsträume für die Binnenschiffahrt unterscheiden lassen. Die Tiefländer im Nordwesten Europas bieten günstige Voraussetzungen. Die Schollen- und Tafelländer sowie Mittelgebirge hingegen behindern die Binnenschiffahrt erheblich. Infolge des maritim geprägten Klimas in Westeuropa und dem westlichen Teil Mitteleuropas, d.h. insbesondere aufgrund vergleichsweise hoher Niederschläge und einer verhältnismäßig ausgeglichenen jährlichen Verteilung des abfließenden Wassers, ergeben sich für die Binnenschiffahrt jedoch günstigere Voraussetzungen als im kontinentalen Bereich Osteuropas. Im Osten Europas weisen die Ströme infolge des kontinentalen Klimas, d.h. mit insgesamt geringeren Niederschlägen, vor allem aber wegen des jahreszeitlich unausgeglichenen Wasserabflusses ungünstigere Schiffahrtsbedingungen auf. Südeuropa erweist sich durch die mediterranen Klimabedingungen und die im Zusammenhang damit geringeren Wasserabflußmengen im Sommer für Binnenschiffahrtswege im allgemeinen als ungünstig.[4]

Zu betonen ist in diesem Zusammenhang, daß Wasserstraßen im allgemeinen nicht nur unter verkehrsfunktionalen Aspekten Betrachtung finden dürfen, sondern daß es sich um Verkehrsträger handelt, die über ein großes Maß an Multifunktionalität verfügen. Förster ordnet den Wasserstraßen neben der Bedeutung als Verkehrsträger weitere Aufgaben, sowohl als Wasserspender für Landwirtschaft, Industrie und zur Trinkwasserversorgung, als auch zur Ableitung ungeklärter Abwässer, sowie zur Gewinnung von elektrischer Energie aus Wasserkraft zu.[5] Entnimmt man der Aufzählung Försters exemplarisch die Bedeutung von Wasserstraßen für die Gewinnung von elektrischer Energie, so ist entscheidend, daß in der Bundesrepublik Deutschland Laufwasserkraftwerke vielfach im Zusammenhang mit einer Stauregelung für den Schiffsverkehr errichtet wurden. Zu den in dieser Form staugeregelten Bundeswasserstraßen mit Wasserkraftnutzung zählen Weser, Oberrhein, Neckar, Main, Mosel, Saar und Donau mit einer installierten Leistung von gegenwärtig etwa 750 Megawatt. "Damit wird mit Wasserkraft etwa so viel Energie produziert wie alle Transporte auf dem Wasser verbrauchen - einzigartig für einen Verkehrsträger."[6]

---

[1] Statistisches Bundesamt (Hrsg.): Statistisches Jahrbuch für die Bundesrepublik Deutschland 1992. Wiesbaden 1992, S.59f.

[2] Vogel, J.: Regionale Siedlungsstrukturen und regionaler Güterverkehr. In: Vom Güternahverkehr zum Regionalverkehr. Beiträge aus dem Institut für Verkehrswissenschaft an der Universität Münster, Heft 80. Göttingen 1976, S.114.

[3] Schroiff, F.J.: Die Bedeutung der Binnenwasserstraßen für die räumliche Entwicklung. Informationsbriefe für Raumordnung, R.6.2.4. Hrsg. vom Bundesminister des Inneren. Mainz 1969, S.7.

[4] Achilles, F.W.: Wasserstraßen und Häfen in Mitteleuropa und Nordrhein-Westfalen. Deutscher Planungsatlas, Bd.1 Nordrhein-Westfalen, Lieferung 19. Hrsg.: Akademie für Raumforschung und Landesplanung. Hannover 1979, S.3.

[5] Förster, K.: Die Rhein-Main-Donau-Großschiffahrtsstraße in der Raumplanung. In: Raumforschung und Landesplanung, 2. erw. Aufl. als Nachdruck aus der Zeitschrift Raumforschung und Raumordnung, Heft 4. Bad Godesberg/München 1963, S.9.

[6] Bundesminister für Verkehr (Hrsg.): Binnenschiffahrt und Wasserstraßen - Jahresbericht 1992. Bonn 1993, S.12.

Zu ergänzen ist Försters Darstellung der Multifunktionalität von Wasserstraßen aber auch um freizeitfunktionale Aspekte[1] sowie eine, oftmals mit Bau bzw. Ausbau einer Wasserstraße induzierte Regulierung des Grundwasserspiegels in Fluß- bzw. Kanalnähe, die zumeist zu einer Verbesserung des Hochwasserschutzes[2] führt und der Funktion als Vorfluter.[3] Dieses im Gegensatz zu anderen Verkehrsträgern immens breite Funktionsbündel gestaltet die Darstellung und Bewertung der Wirkungen von Wasserstraßen auf den Raum als äußerst schwierig. Im folgenden soll deshalb das Augenmerk primär auf die Funktion der Wasserstraße als Güterverkehrsträger gerichtet werden.

Eine Bezugnahme auf die sozialgeographische Forschung nach Maier u.a., die Raumeinheiten "...als Ergebnis gleichartiger raumprägender Verhaltensorientierung der Menschen..."[4] versteht, ermöglicht dabei die Einordnung des Güterverkehrs in die Systematik menschlicher Grundfunktionen. Bedeutend ist hierbei, daß Menschen ihren Lebensraum einer ständigen Bewertung unterziehen und an den gültigen Leitbildern der Lebensgestaltung überprüfen. Nicht zuletzt das Beispiel des Main-Donau-Kanals und des geplanten Donauausbaus zwischen Straubing und Vilshofen veranschaulicht diesen, gegenwärtig stark von ökologischen Kriterien bestimmten Bewertungsprozeß. Zu betonen ist dabei, daß die menschlichen Grundfunktionen die Grundlage für raumwirksame Veränderungen darstellen. Maier leitet aus diesen "...Aktionen im Raum mehr oder weniger regelmäßige Bewegungsabläufe von Personen, Gütern und Informationen ab."[5] Greift man nun den Güterverkehr heraus und versucht, ihn diesem Ansatz unterzuordnen, so läßt sich dieser in Teilaspekten auf den Dualismus der Grundfunktionen Versorgung und Arbeit reduzieren. Integriert werden beide Grundfunktionen durch die Verkehrsteilnahme, die die Voraussetzung für Entfaltung und Verflechtung der Grundfunktionen bildet.

Dabei ist es gemäß Witt[6] von großer Bedeutung bei der Diskussion zur Raumwirksamkeit des Verkehrs, drei Aspekte zu berücksichtigen. Erstens die Erschließungs- und Erhaltungsfunktion, über die der Verkehr in räumlicher Hinsicht verfügt. Zweitens die elementare Bedeutung des Verkehrs für die räumliche Arbeitsteilung und drittens die Rolle des Verkehrs bzw. der verorteten Verkehrsnetze und -relationen im Raum als wesentliche Bestimmungsfaktoren der Raum- und Siedlungsstruktur. Verkehrsleistungen sind dabei nicht als punktuelle Leistungen zu definieren, sondern Verkehrsleistungen werden in räumlicher Erstreckung erbracht und bilden Verkehrsströme im Raum.[7]

Blumenberg verweist in diesem Zusammenhang auf den Flächenbedarf von Einrichtungen der verkehrlichen Infrastruktur. "Dabei beanspruchen alle Verkehrsträger für ihre Infrastruktur Raum in einem erheblichem Ausmaß - fast 5% des Bundesgebietes sind Verkehrsflächen - (...) wobei sich besonders hohe Werte für Verdichtungsgebiete ergeben. Zudem schließt eine Flächennutzung für Verkehrszwecke i.d.R.

---

[1] vgl. dazu die Kapitel 4.6.2. und 5. der vorliegenden Arbeit.

[2] Die in älteren Veröffentlichungen häufig anzutreffende These eines verbesserten Hochwasserschutzes durch flußbauliche Maßnahmen wurde insbesondere vor dem Hintergrund der Hochwasserkatastrophen in Deutschland, Frankreich und den Niederlanden im Dezember 1993 und Januar 1994 sowie den Überschwemmungen im April 1994 einer kritischen Diskussion unterzogen. Beobachtungen zeigen, daß im Falle ungewöhnlich hoher Niederschlagsmengen flußbauliche Maßnahmen teilweise zu erheblich erhöhten Abflußgeschwindigkeiten führen, die insbesondere im Unterlauf von Flüssen das Überschwemmungsrisiko in hohem Maße steigern.

[3] Diesbezüglich ist an den Zusammenhang zwischen Vorflut bzw. der Kapazität von Kläranlagen und der Ausweisung von Bauland zu erinnern.

[4] Maier, J./Paesler, R./Ruppert, K./Schaffer, F.: Sozialgeographie. Braunschweig 1977, S.70.

[5] Maier, J.: Zur Geographie verkehrsräumlicher Aktivitäten. Theoretische Konzeption und empirische Überprüfung an ausgewählten Beispielen in Süddeutschland, Münchner Studien zur Sozial- und Wirtschaftsgeographie, Bd.17, Kallmünz/Regensburg 1976, S.13.

[6] Witt, D.: Nachfrageentwicklung und Strukturwandel im Güterverkehr, insbesondere in räumlicher Wirkung und Differenzierung. In: Gestaltung künftiger Raumstrukturen durch veränderte Verkehrskonzepte. Forschungs- und Sitzungsberichte der Akademie für Raumforschung und Landesplanunug, Bd.164. Hannover 1986, S.99.

[7] Oettle, K.: Raumwirtschaftliche Aspekte einer Betriebswirtschaftslehre des Verkehrs. Abhandlungen der Akademie für Raumforschung und Landesplanung, Bd.77. Hannover 1978, S.41.

alle anderen Nutzungen aus, sieht man von Wasserstraßen und ihrer evtl. Bedeutung für Erholung, Energiegewinnung und Kühlung von Anlagen ab."[1]

Da sich der Verkehrsträger Binnenwasserstraße und der Verkehrszweig Binnenschiffahrt einander auch bezüglich ihrer Wirkungen auf den Raum weitgehend bedingen, soll es Aufgabe des nachfolgenden Kapitels sein, die Bedeutung der Binnenschiffahrt in der Bundesrepublik Deutschland zu analysieren. Die genaue Kenntnis des Binnenschiffahrtsmarktes, ja des Güterverkehrsmarktes in seiner Gesamtheit, bildet dabei eine notwendige Voraussetzung zur Beurteilung der Chancen und Risiken des Main-Donau-Kanals.

## 3.1. Bedeutung der Binnenschiffahrt in der Bundesrepublik Deutschland

Das allgemeine Verkehrswachstum in den alten Bundesländern konzentrierte sich in den vergangenen Jahrzehnten auf den Straßen- und Luftverkehr. Seit 1989 vollzieht sich in den meisten europäischen Ländern des ehemaligen Rates für gegenseitige Wirtschaftshilfe eine gleichgelagerte, wenn zum Teil auch ungleich schnellere Entwicklung. Bezogen auf den Güterverkehr dominiert zumeist der Lastkraftwagen. Hier schließt sich nun die Frage an, ob durch die nun durchgängig befahrbare Rhein-Main-Donau-Wasserstraße, auf dieser Verkehrsachse vom Nordwesten bis in den Südosten Kontinentaleuropas, eine Alternative zum einseitigen Wachstum des Straßengüterfernverkehrs geschaffen wurde.

Zielsetzung dieses Kapitels ist es, mittels der Kenntnisse über das Binnenschiffahrtsgewerbe und seine Bedeutung innerhalb des deutschen Güterverkehrsmarktes, einen weiteren Baustein im Mosaik zur Bewertung möglicher Zukunftsperspektiven des Main-Donau-Kanals zu erarbeiten. Die Vorgehensweise ist dabei geprägt von einer Gliederung in vier Hauptaspekte.

1) Einleitend wird der Anteil der Binnenschiffahrt an der binnenländischen Güterverkehrsleistung in der Gegenwart und im Zeitraum der vergangenen 30 Jahre charakterisiert. Der Binnenschiffahrt wird dabei ergänzend die auf Straße und Schiene transportierte Gütermenge sowie ihre durchschnittliche Transportentfernung gegenübergestellt.

2) Anschließend vollzieht sich ein Wechsel, von der vergangenheitsorientierten Betrachtung der Güterverkehrsleistung auf bundesdeutschen Wasserstraßen hin zu quantitativen Schätzungen künftiger Entwicklungen. Kritisch hinterfragt wird dabei das Szenario des aktuellen Bundesverkehrswegeplans bezüglich der Verkehrsentwicklung bis zum Jahre 2010.

3) Danach folgt eine Charakterisierung des Leistungsprofils der Binnenschiffahrt im Vergleich zu anderen Güterverkehrsträgern. Als zentrale Kriterien kristallisieren sich dabei Güterstruktur, ökologische Aspekte und Transportkosten heraus.

4) Den Abschluß des Kapitels 3.1. bildet ein kurzer Ausblick auf die sich immer rascher entwickelnde Container- und Ro/Ro-Schiffahrt, die der Binnenschiffahrt zukünftig im Konkurrenzkampf mit Straße und Schiene erhebliche Marktanteile sichern könnten.

Gegenwärtig beläuft sich der Anteil der Binnenschiffahrt an der in Tonnenkilometern zu messenden binnenländischen Güterverkehrsleistung in der Bundesrepublik Deutschland auf etwas über 18%, wobei der Anteil in den alten Bundesländern 23% und in den neuen Bundesländern nur 3% beträgt.[2] Für eine Einschätzung quantitativer Entwicklungen interessant ist jedoch auch die Kenntnis um einen relativen Bedeutungsverlust der Binnenschiffahrt innerhalb der letzten 30 Jahre. Bezogen auf die landgebundenen Güterverkehrsträger ergab sich für die Binnenschiffahrt in den vergangenen 3 Jahrzehnten folgendes Bild:

---

[1] Blumenberg, R.: Das System der Raumplanung in der Bundesrepublik Deutschland - eine Organisationsprüfung. Beiträge aus dem Institut für Verkehrswirtschaft an der Universität Münster, Heft 83, Göttingen 1977.

[2] Gröbl, W.: Die Bedeutung der Bundeswasserstraßen als Alternative zu Straße und Schiene in der verkehrspolitischen Konzeption der Bundesregierung. In: Main-Donau-Kanal - Zukunftsdimension einer europäischen Wasserstraße. Politische Studien, Heft 325, München 1992, S.10.

In den alten Bundesländern entfielen im Jahre 1960 43,8% der Verkehrsleistung auf die Bahn, 19,8% auf den Fernverkehr mit Lastkraftwagen, 2,5% auf Pipelines und immerhin 33,9% auf Binnenschiffe.[1]

Bis zum Jahre 1990 aber veränderte sich der Modal-Split ganz erheblich. Während sich innerhalb dieser 30 Jahre die Güterverkehrsleistung der genannten Verkehrsträger von 119,3 Mrd. tkm im Jahre 1960 auf 248,3 Mrd. tkm mehr als verdoppelte, partizipierten die einzelnen Verkehrsträger höchst ungleich an dieser Entwicklung. Dominierendes Verkehrsmittel ist seit Mitte der 70er Jahre der Lkw, der bis 1990 seinen Anteil an der binnenländischen Güterverkehrsleistung auf 48,4% ausbauen konnte. Der Bahn hingegen gelang es - ebenso wie der Binnenschiffahrt - nicht, mit dem raschen Wachstum des Konkurrenten Lkw schrittzuhalten. 1990 wurden auf der Schiene rund 24,9% der gesamten in den alten Bundesländern erbrachten Güterverkehrsleistung erbracht. Auf die im Mittelpunkt der Betrachtung stehende Binnenschiffahrt entfielen rund 22% der Güterverkehrsleistung, auf den Rohrleitungsverkehr 4,7%.[2]

Zu betonen ist in diesem Zusammenhang jedoch die starke internationale Ausrichtung der Binnenschiffahrt in Deutschland. Mehr als zwei Drittel der insgesamt auf den bundesdeutschen Binnenwasserstraßen erbrachten Güterverkehrsleistung entfallen auf den grenzüberschreitenden Verkehr beziehungsweise in geringem Umfang auch auf den Transit. Dabei ist zu beachten, daß sich, mit deutlichem regionalen Schwerpunkt auf dem Niederrhein, rund ein Drittel des gesamten grenzüberschreitenden Güterverkehrs in Deutschland auf Binnenwasserstraßen bündeln.[3] Besonders eindrucksvoll zeigt sich die herausragende Bedeutung des Rheins für die Binnenschiffahrt in Karte 4.

Deutlich ist dabei die verhältnismäßig geringe Güterverkehrsleistung erkennbar, die auf dem Main, dem Main-Donau-Kanal und der bayerischen Donau erbracht wird. Betrachtet man, ohne den Ergebnissen der Kapitel 4.3. und 6. vorgreifen zu wollen, den für die Themenstellung wichtigen Streckenabschnitt der Rhein-Main-Donau-Wasserstraße, so läßt sich dieser mittels der in Abbildung 1 dargestellten Werte konkretisieren.

---

[1] Berechnungen des Verfassers auf Grundlage statistischer Angaben zur Güterverkehrsleistung in Binnenschiffahrt in Zahlen - Ausgabe 1992, hrsg. vom Bundesverband der Deutsche Binnenschiffahrt e.V. und vom Verein für Binnenschiffahrt und Wasserstraßen e.V., Duisburg-Ruhrort 1992, S.78.
[2] Bundesverband der Deutschen Binnenschiffahrt e.V., Verein für Binnenschiffahrt und Wasserstraßen e.V. (Hrsg.): Binnenschiffahrt in Zahlen - 1992. Duisburg-Ruhrort 1992, S.78.
[3] Bundesminister für Verkehr (Hrsg.): Binnenschiffahrt und Bundeswasserstraßen Jahresbericht 1991. Bonn 1992, S.8.

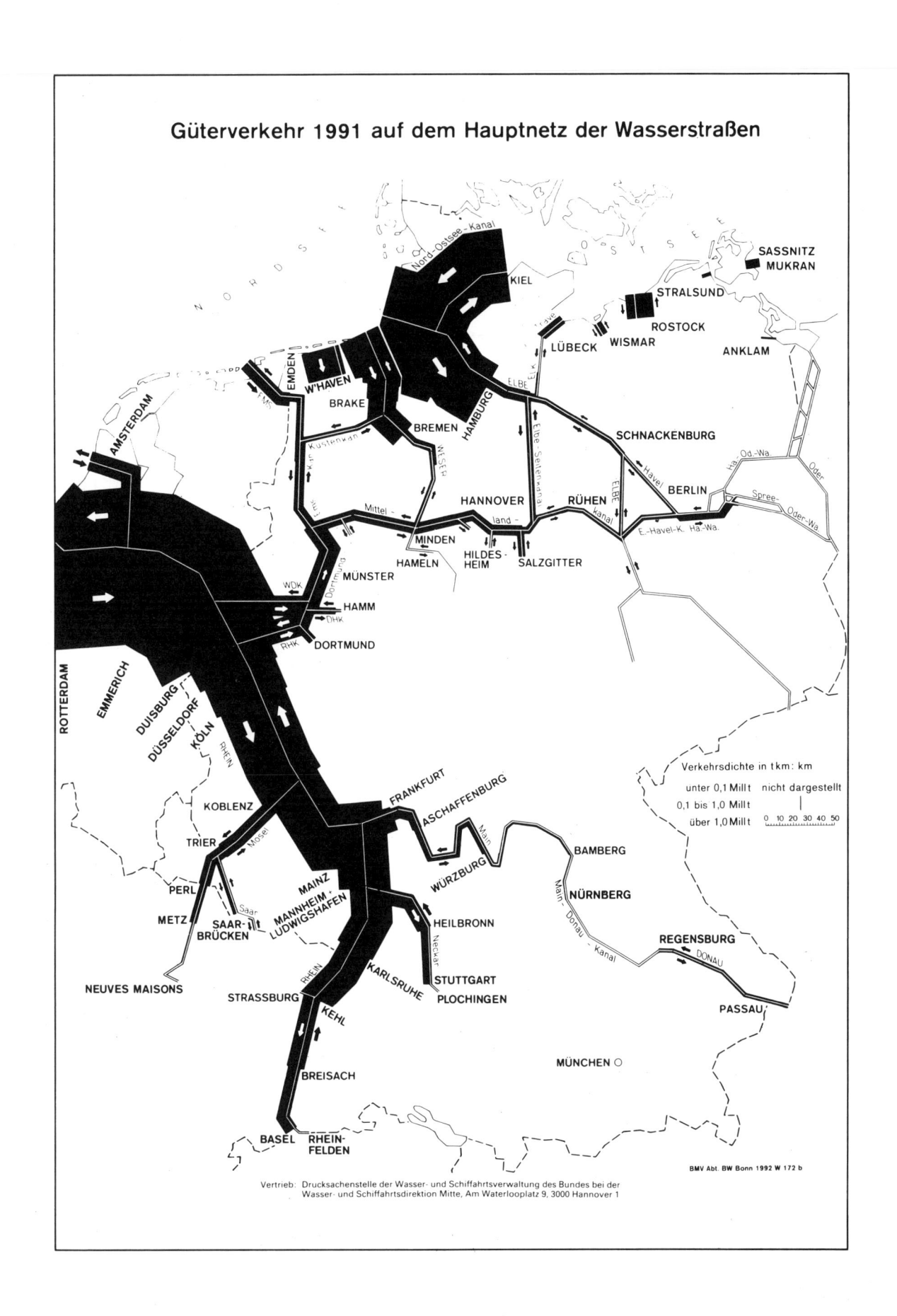

Karte 4: Güterverkehr auf dem Hauptnetz der Wasserstraßen

Quelle: Bundesverband der Deutschen Binnenschiffahrt (Hrsg.): Jahresbericht 1993/1994, a.a.O., S.87.

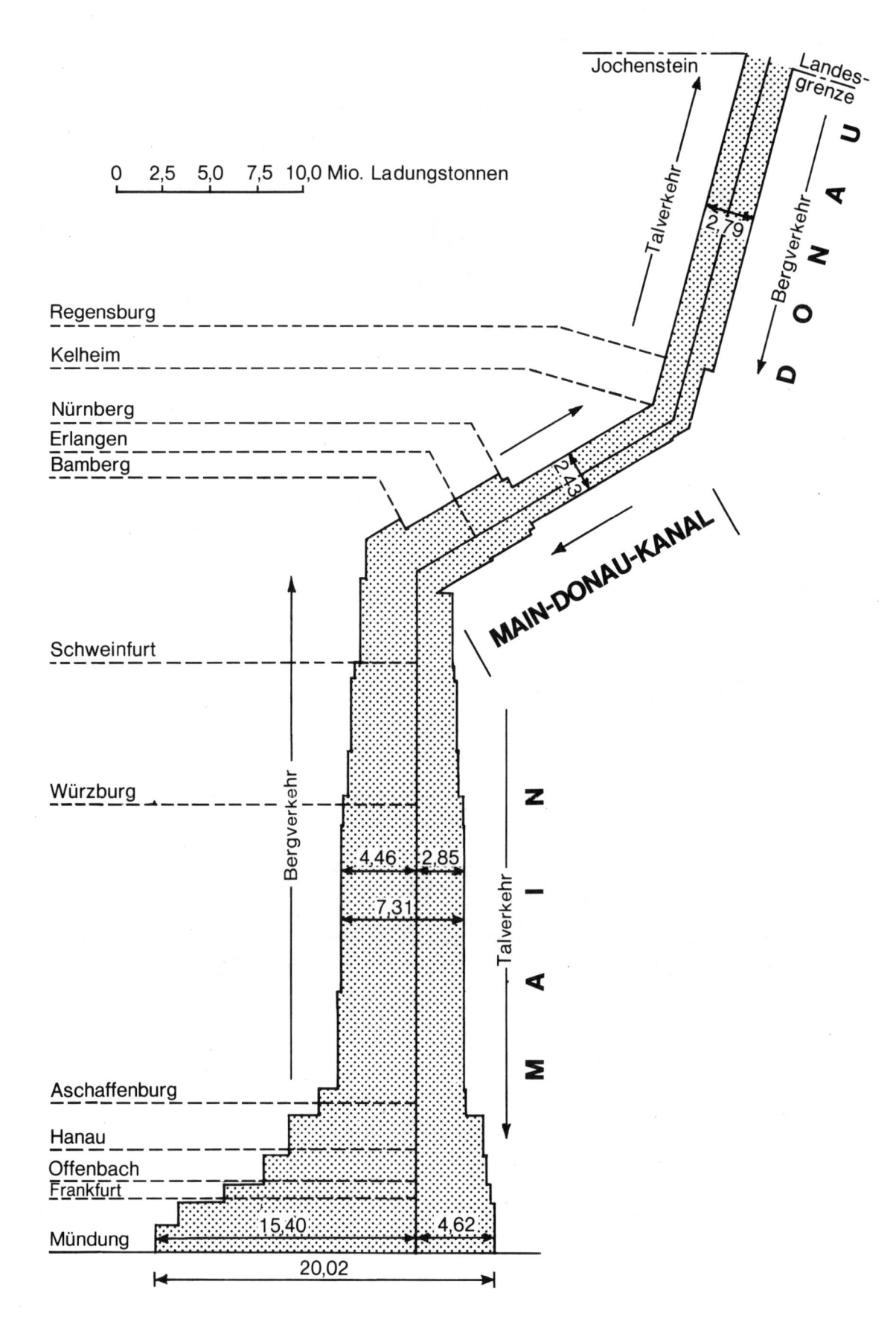

Abbildung 1: Güterverkehr im Jahr 1993 auf Main, Main-Donau-Kanal und Donau.

Quelle: Wasser- und Schiffahrtsdirektion Süd (Hrsg.): Verkehrsspinne 1993. Würzburg 1994, o.S.

Dennoch ist es bei einer differenzierten Charakterisierung der Binnenschiffahrt im Gefüge des deutschen Güterverkehrsmarktes notwendig, von einer ausschließlichen Darstellung des Verkehrsaufkommens mittels des Kriteriums der Güterverkehrsleistung Abstand zu gewinnen. Sinnvolle Ergänzungen bilden sowohl die Darstellung der beförderten Gütermenge als auch die Bezugnahme auf die durchschnittliche Transportentfernung.

Bezüglich der beförderten Gütermenge ergab sich in Betrachtungszeitraum 1960 - 1990 in der Bundesrepublik Deutschland folgendes Bild:
- Mit der Bundesbahn wurden im Jahre 1960 knapp 300 Mio. t befördert, im Jahre 1970 erreichte die beförderte Gütermenge mit 352 Mio. t ihren Zenit und sank bis 1990 auf rund 275 Mio. t ab.
- Beim Lkw ist über den gesamten Betrachtungszeitraum bezüglich der im Fernverkehr beförderten Gütermenge ein erhebliches und ungebrochenes Wachstum zu verzeichnen. Die Gütermenge hat sich in diesem Zeitraum mit einer Steigerung von 99 Mio. t auf 438 Mio. t mehr als vervierfacht.
- Der Rohrleitungsfernverkehr erfuhr, bezogen auf die beförderte Gütermenge, seine Wachstumsphase in den Jahren von 1960 bis 1979 von 13 auf 96 Mio. t, fiel dann ab und bewegt sich seitdem bei knapp 70 Mio. t pro Jahr.
- Die von der Binnenschiffahrt beförderte Gütermenge belief sich im Jahre 1960 auf 171 Mio. t, steigerte sich kontinuierlich bis auf einen kurzen rezessionsbedingten Einbruch in der ersten Hälfte der 70er Jahre und beförderte im Jahre 1979 mit 247 Mio. t die größte Gütermenge in der Geschichte der deutschen Binnenschiffahrt. Gegenwärtig liegt der Wert bei rund 232 Mio. t pro Jahr, was etwa auch einen Mittelwert für die vergangenen 2 Dekaden darstellt.[1] Mit anderen Worten: Seit 1970 vollzogen sich bei der von der Binnenschiffahrt in der Bundesrepublik transportierten Gütermenge nur geringfügige Veränderungen. Von Wachstum kann in den vergangenen 2 Jahrzehnten nicht die Rede sein.

Die Differenz zwischen den Anteilen von Bahn, Binnenschiff, Lkw und Rohrleitung an der beförderten Güterverkehrsmenge und der Verkehrsleistung resultiert aus den Unterschieden in den durchschnittlichen Transportentfernungen, die in der Binnenschiffahrt 244 km, in Straßengüterfernverkehr 287 km, bei der Bahn 191 km beträgt.[2] Bei der Binnenschiffahrt ist bezüglich der mittleren Transportweiten auf erhebliche regionale Disparitäten zu verweisen. Die Abteilung für Binnenwasserstraßen des Bundesverkehrsministeriums schätzte die mittlere Transportweite (innerhalb des Bundesgebietes) von Schiffen, die den Main-Donau-Kanal frequentieren auf 600 - 800 km.[3] Als klassischer Massenguttransporteur mit niedrigen Transportkosten, aber vergleichsweise hohen Umschlagkosten erweisen sich für die Binnenschiffahrt Transporte über weite Distanzen gegenüber Kurzstrecken als ökonomisch vorteilhaft.

2) Wechselt man den Blickwinkel von einer ex-post hin zu einer ex-ante Betrachtung, so bietet der Bundesverkehrswegeplan mit seinen Prognosen zur künftigen Verkehrsentwicklung eine mögliche Orientierungshilfe. Angesichts der deutschen Wiedervereinigung, des Falls des Eisernen Vorhangs und nicht zuletzt des Europäischen Binnenmarktes geht die Bundesregierung von einem verschärften Druck auf die verkehrliche Infrastruktur aus. So geht die Prognose, die dem Bundesverkehrswegeplan 1992 zugrunde liegt, davon aus, daß sich die inländische Güterverkehrsleistung (t/km) vom Basisjahr 1988 zum Jahr 2010
- bei der Eisenbahn um 55%,
- bei der Binnenschiffahrt um 84% und
- bei der Straße (ohne Nahverkehr) um 95% erhöht.[4]
Zusammenfassend läßt sich sagen, daß den Erwartungen des Bundesverkehrsministeriums zufolge die Binnenschiffahrt in einem erheblichen Umfang an der zu erwartenden Güterverkehrslawine partizipieren kann. Dennoch mehren sich kritische Stimmen. So behauptet Aberle, daß eine Renaissance der Binnenschiffahrt nicht erkennbar sei.[5] Es kann nach Czempirek auch nicht angenommen werden, daß die Binnenschiffahrt

---

[1]Bundesverband der Deutschen Binnenschiffahrt e.V., Verein für Binnenschiffahrt und Wasserstraßen e.V. (Hrsg.): Binnenschiffahrt in Zahlen - 1992, a.a.O., S.77.

[2]Bundesverband der Deutschen Binnenschiffahrt e.V. (Hrsg.): Geschäftsbericht des Bundesverbandes der Deutschen Binnenschiffahrt e.V. 1993/1994. Duisburg 1994, S.98.

[3]Auskunft vom 8.12. 1993.

[4]Bundesminister für Verkehr (Hrsg.): Bundesverkehrswegeplan 1992. Bonn 1992, S.14.

[5]Aberle, G.: Binnenschiffahrt - umweltpolitisch gelobt, verkehrswirtschaftlich auf dem Abstieg? In: Internationales Verkehrswesen, Heft 10, 1992, S.363.

ein Allheilmittel zur Entlastung der Straßen darstellt.[1] Begründbar sind diese Thesen insbesondere durch den bereits angesprochenen fehlenden Netzcharakter der Binnenwasserstraßen in Deutschland und die differierenden Transportanforderungen spezifischer Gütergruppen.

Eine realistische verkehrspolitische Zielsetzung kann es also nur sein, einen Teil des zu erwartenden schiffsaffinen Güterverkehrswachstums durch die Binnenschiffahrt aufzufangen. Die Chancen dafür stehen nicht schlecht. So könnten laut Schätzungen des Bundesverbandes der Deutschen Binnenschiffahrt ad hoc auf den Binnenwasserstraßen in den alten Bundesländern aufgrund bestehender Überkapazitäten mindestens 20% mehr Güter befördert werden. In den neuen Bundesländern liegt die Kapazitätsreserve noch darüber.[2] Weit überdurchschnittliche Reserven existieren nach Expertenmeinung auf der Donau. So kann die Donau in den meisten Flußabschnitten - schiffahrttechnisch gesehen - daß 12-fache ihrer gegenwärtigen Leistung erbringen.[3] Während der Güterverkehr auf Straße und Schiene auf vielen Hauptverkehrsrelationen bereits an seine Kapazitäts- und/oder Akzeptanzgrenzen stößt, verfügt die Binnenschiffahrt noch über ein erhebliches Potential.

Charakterisiert man nun nach Press[4] die Vor- und Nachteile des Binnenwasserstraßenverkehrs im Vergleich zu den anderen Verkehrszweigen, so sind
- als Vorteile der Schiffahrt zu bezeichnen:
1. das Fassungsvermögen der Schiffsgefäße ist größer als das anderer Fahrzeuge,
2. das Verhältnis von Nutzlast zu Totlast ist bei Schiffen günstig,
3. der Kraftstoffverbrauch ist gering,
4. auch der Personalaufwand ist, auf die beförderte Gütermenge berechnet, geringer als bei anderen Fahrzeugen;
- nachteilig sind:
1. die Langsamkeit des Verkehrs,
2. die Behinderung durch Niedrigwasser, Hochwasser und Eis,
3. die Weitmaschigkeit des Wasserstraßennetzes.

Die von Press genannten charakteristischen Merkmale der Binnenschiffahrt sind noch um ihre Verkehrssicherheit zu ergänzen. Dieser systemimmanente Vorteil der Binnenschiffahrt bewirkt, daß das Transportaufkommen in der deutschen Binnenschiffahrt zu gut 25% aus Gefahrgut besteht, während der Anteil der gefährlichen Güter am jeweiligen Verkehrsaufkommen sich in den vergangenen 10 Jahren im Eisenbahnverkehr auf rund 11% und im Straßengüterfernverkehr auf etwa 10% belief.[5]

Gliedert man das Transportaufkommen der Binnenschiffahrt nach Hauptgüterarten, so dominieren Massengüter. Anteilig am Gesamtverkehr im Jahr 1990 bildeten mit 27,9% Steine, Erden und Baustoffe die größte Gütergruppe, gefolgt von Erzen und Metallabfällen mit 18,1%, Erdöl, Mineralölerzeugnissen und Gasen zusammen mit 17,5%, Kohle mit rund 10% und chemischen Erzeugnissen mit etwa 7%. Fertigprodukte hingegen spielen bisher nur eine marginale Rolle.[6] Die Güterstruktur der Neuverkehre auf dem Main-Donau-Kanal unterschied sich im ersten Betriebsjahr hingegen erheblich vom Bundesdurchschnitt. Überwiegend wurden im Neuverkehr Erze und Metallabfälle (29%), insbesondere brasilianisches Erz über Rotterdam zu den Hochöfen der Voest-Alpine in Linz und Düngemittel (17%) sowie Nahrungs- und Futtermittel (ohne landwirtschaftlich Erzeugnisse) mit ebenfalls 17% transportiert.[7] Im zweiten Betriebsjahr setzte sich diese Entwicklung tendenziell fort, wobei aber eine gewisse Verschiebung zugunsten der

---

[1]Czempirek, K.: Der künftige Güterumschlag an der Österreichischen Donau. In: Österreich und der Main-Donau-Kanal. Hrsg. vom Österreichischen Wasserstraßen- und Schiffahrtsverein, Wien 1992, S.55.

[2]Kühl, K.H., Thomas, R.F.: Binnenschiffahrt verkraftet 50 Mio t mehr aus dem Stand. In: Binnenschiffahrt - Zeitschrift für Binnenschiffahrt und Wasserstraßen, Nr.5 1991, S.166.

[3]Schuh, G.v.: Verlagerungspotentiale - Binnenschiffahrt als Helfer gegen den drohenden Verkehrsinfarkt. In: Binnenschiffahrt - Zeitschrift für Binnenschiffahrt und Wasserstraßen Nr.15/16, 1993, S.8.

[4]Press, H.: Binnenwasserstraßen und Binnenhäfen, Berlin 1956, S.4.

[5]Bundesverband für Binnenschiffahrt (Hrsg.): Binnenschiffahrt in Zahlen 1992, a.a.O., S.86.

[6]Bundesverband der Deutschen Binnenschiffahrt (Hrsg.): Geschäftsbericht 1992/1993, S.108.

[7] Wasser- und Schiffahrtsdirektion Süd (Hrsg.): Nach einem Jahr Betrieb, A6 - 999.1/2, VzA:A6\Seif\1, Würzburg 15.9.1993, o.S.

Futtermitteltransporte und zu Lasten der Erzlieferungen erfolgte.[1] Folglich kann man zu dem Ergebnis gelangen, daß die quantitativ von der Rheinschiffahrt dominierte Binnenschiffahrtsstatistik zumindest in den ersten beiden Betriebsjahren des Kanals bezüglich der Güterstruktur keineswegs für den Main-Donau-Kanal repräsentativ ist. Regionale Besonderheiten, insbesondere die Versorgungsfunktion des Kanals für die Linzer Voest-Alpine, prägen gegenwärtig die Güterstruktur. Hier muß die Frage anknüpfen, ob die Güterstruktur der ersten beiden Betriebsjahre eine repräsentative Basis darstellen kann oder es sich nur um ein Spezifikum der Anlaufphase eines nun durchgängig möglichen Binnenschiffahrtsverkehr auf der Rhein-Main-Donau-Relation handelt.

Erstens gilt es zu bedenken, ob der Erzbedarf des Linzer Werkes, auch vor dem Hintergrund einer erheblichen Strukturkrise in der Montanindustrie - verschärft durch den EU-Beitritt Österreichs - mittel- oder langfristig nicht in einem bedeutenden Maße abnehmen wird. Zweitens gilt es, falls sich diese Annahme mittelfristig als falsch erweist, die Frage zu erörtern, ob das Erz nach Aufhebung der Transportbeschränkungen auf der Donau nicht größtenteils über die Ukraine bezogen wird.[2] Die niedrigen Rohstoffpreise und die, verglichen mit dem brasilianischen Eisenerz bedeutend kürzeren Transportentfernungen lassen diese Möglichkeit realistisch erscheinen. Für das Güterverkehrsaufkommen auf dem Main-Donau-Kanal hätte dies entscheidende Konsequenzen, da die bisher auf dem Kanal dominierende Gütergruppe durch eine veränderte Gesamtsituation stark reduziert würde. Die Versorgung der Voest-Alpine mit Eisenerz würde in diesem Szenario donauaufwärts und nicht mehr wie bisher donauabwärts erfolgen.

3) Wendet man sich nach diesem Exkurs wieder dem allgemeinen Leistungsprofil des Verkehrszweiges Binnenschiffahrt zu, so kristallisieren sich aus ökonomischer Sicht die Einflußgrößen Energieverbrauch, Frachtsätze und externe Kosten als zentrale Bewertungskriterien heraus.

Greift man exemplarisch den Kraftstoffverbrauch auf, so liegt der Primär-Energieverbrauch pro transportierter Einheit ausweislich des Berichts der Verkehrskommission Bundesbahn im Verhältnis der Verkehrsmittel Binnenschiff, Schiene, Lastkraftwagen bei 1:1,3:3,15.[3] Dementsprechend gering ist die Abgasemission durch die Binnenschiffahrt. Bedingt durch den Auftrieb des Schiffskörpers im Wasser und dessen vergleichsweise geringen Widerstand vermag die Zugkraft einer Pferdestärke auf der stauregelten Wasserstraße rund 4000 kg fortzubewegen, auf der Schiene hingegen 500 kg und auf der Straße nur rund 150 kg.[4]

In Verbindung mit weiteren Einflußgrößen, wie vergleichsweise geringer Personalkostenanteile, der Befreiung der Binnenschiffahrt von der Mineralölsteuer und Unterschieden bei der Deckung der Wegekosten ergibt sich im Transportkostenvergleich eine noch bedeutendere Diskrepanz zwischen den Verkehrsträgern. So belaufen sich die durchschnittlichen Frachtpreise für die Beförderung einer Tonne über einen Kilometer beim Lkw auf 25 Pfennig, bei der Bahn auf 24 Pfennig und beim Binnenschiff auf 4 Pfennig.[5] Es ist jedoch zu betonen, daß es sich bei diesen Angaben um Durchschnittspreise handelt. Bei einer Bezugnahme auf die Main-Donau-Wasserstraße beispielsweise gilt es, drei Sonderfaktoren in die Betrachtung mit einfließen zu lassen. Zum einen sind Main und Main-Donau-Kanal als nationale Wasserstraßen für die Binnenschiffahrt gebührenpflichtig, zum anderen arbeitet die in Substitutionskonkurrenz zur Binnenschiffahrt stehende Deutsche Bahn AG auf Bahnlinien, die parallel zu Wasserstraßen führen, mit - oftmals nicht kostendeckenden - Ausnahmetarifen und drittens ist die Bahnstrecke zwischen Aschaffenburg und

---

[1] Wasser- und Schiffahrtsdirektion Süd (Hrsg.): Schiffs- und Güterverkehr an der Schleuse Kelheim, gegliedert nach Gütergruppen, vom 12.9.1994, Würzburg 1994, o.S.

[2] Trotz der UNO-Sanktionen und des völkerrechtswidrigen serbischen Donaumauts trafen Mitte August 1994 wieder mit Erz beladene ukrainische Schubverbände aus Kiew, über den Dnjepr und das Schwarze Meer kommend, im Hafen der Linzer Voest Alpine ein. Vergleiche dazu: O.V.: Erztransporte Kiew-Linz. In: Verkehr, Nr.34/94 vom 26.8.1994, S.10.

[3] Haus, G. v.: Öffentliche Anhörung zum Thema "Nachfrageentwicklung und Angebotsentwicklung im Verkehr" der Enquete-Kommission "Schutz der Erdatmosphäre". Bonn 29. Juni 1992, o.S.

[4] Deutscher Kanal- und Schiffahrtsverein Rhein-Main-Donau e.V.: Rhein-Main-Donau-Großschiffahrtsstrasse. Bedeutung und Bauwürdigkeit der Kanalstrecke Bamberg-Nürnberg. Nürnberg 1960, Anlage 2.

[5] Lang, A.R.: 4 Pfennige gegen 12 und 25 - Ein preisgünstiger Verkehrsträger ist entstanden. In: Main-Donau-Kanal, Sonderveröffentlichung der Süddeutschen Zeitung Nr.222/25.9.1992, S.38.

Passau, insbesondere aufgrund des kurvenreichen Verlaufes des Mains, um rund 250 km kürzer als der Verlauf der Main-Donau-Wasserstraße zwischen den genannten Orten. Daß aber das Arbeiten mit Durchschnittswerten zur Vermittlung unterschiedlicher Größenordnungen, als Hintergrund zur Einschätzung und Bewertung des Leistungsprofils der jeweiligen Verkehrsträger, sehr hilfreich sein kann, zeigt mit Parallelen zum zuvor genannten Beispiel ein Versuch der Beratungsfirma Planco, die externen Kosten der einzelnen Verkehrszweige zu quantifizieren. Die Binnenschiffahrt verursacht je 100 geleisteter Tonnenkilometer nur etwa 7% der externen Kosten, die bei einem vergleichbaren Straßentransport auftreten würden, beziehungsweise nur etwa 30% der externen Kosten eines Bahntransportes.[1] Zu betonen ist in diesem Zusammenhang aber, daß die monetäre Bewertung externer Effekte und die Festlegung von Belastungsgrenzen bei verkehrsbedingten Einflüssen auf Mensch oder Natur höchst schwierig ist. "Erschwerend kommt hinzu, daß externe Effekte nicht einem Verursacher zurechenbar sind. Sie werden vielmehr von mehreren Verursachern gemeinsam erzeugt."[2] Trotz der gegebenen Schwierigkeiten bei der Abgrenzung externer Effekte häuft sich in neueren Veröffentlichungen auch seitens der Raumforschung die Forderung, daß externe Kosten dem Verkehrssektor angelastet werden müssen.[3] Die durch den Primärenergie verursachte Luftverschmutzung stellt dabei zwar den bedeutendsten, keineswegs aber einzigen negativen externen Effekt des Güterverkehrs dar. Daneben sind auch externalisierte Unfallkosten, Boden- und Wasserbelastungen, Lärmschäden, die Trennwirkung der Verkehrsträger sowie Flächenbeeinträchtigungen zu nennen.[4]

Der Präsident des Bundesverbandes der Deutschen Binnenschiffahrt Gerd W. Hulsman resümiert in diesem Zusammenhang äußerst realistisch: "Das Wissen um die umweltverträgliche Güterbeförderung mit Binnenschiffen habe der Schiffahrt bisher keine zusätzliche Ladung beschert. Der Preis allein entscheide darüber, welcher Verkehrsträger sich im Kampf um die Gunst des Verladers durchsetzt."[5]

Aus Sicht des bundesdeutschen Binnenschiffahrtsgewerbes hingegen sind Preisnachlässe umstritten, da die schlechte Ertragslage des Gewerbes kurzfristig noch verstärkt würde. Hofmann[6] macht für die schwierige wirtschaftliche Situation auf dem Binnenschiffahrtsmarkt primär fünf Gründe verantwortlich, die in den Besonderheiten der Binnenschiffahrt zu begründen sind. Es handelt sich hierbei um:
- den großen Fixkostenblock (so kostet beispielsweise ein modernes Binnenschiff mit einer Tragfähigkeit von 2000 Tonnen, was der größten auf dem Main-Donau-Kanal zugelassenen Klasse entspricht, gegenwärtig 4-5 Mio. DM). Starke Überkapazitäten an Frachtraum zwingen die Gewerbetreibenden oftmals dazu, Frachtnachlässe innerhalb des Spektrums der variablen Kosten zu gewähren, um zumindest die Fixkosten decken zu können;
- die Langlebigkeit des Produktionsmittels Binnenschiff (Nutzungsdauer in der Regel etwa 60 Jahre)
- die mehrheitlich mittelständische Gewerbestruktur mit hohen Marktaustrittsbarrieren. Zwei Aspekte stehen hier im Vordergrund: Zum einen der drohende Verlust der Selbständigkeit, zum anderen der quantitativ sehr begrenzte Absatzmarkt für ältere Schiffe;
- die geringe Möglichkeit des Ausweichens auf andere Märkte und der Produktionsdifferenzierung;
- die Unfähigkeit, auf Lager zu produzieren.

Dennoch ist davon auszugehen, daß sich in den kommenden Jahren die Wettbewerbssituation im deutschen Binnenschiffahrtsgewerbe weiterhin verschärfen wird. Mit dem ersatzlosen Wegfall des innerdeutschen Frachtensystems und der Aufhebung des Kabotageverbots zum 1.1. 1995 kommt es zu einem verstärkten

---

[1] Hulsman, G.W.: Externe Kosten im Güterverkehr. In: Binnenschiffahrtsreport, Nr.1/1992, S.7.

[2] Mertel, R., Künzer, L., Seidelmann, C.: Verkehrspolitische Bedeutung des kombinierten Verkehrs Straße/Schiene. Hrsg.: Studiengesellschaft für den kombinierten Verkehr e.V. Schriftenreihe Transportkette Bd.41. Frankfurt a.M. 1988, S.108.

[3] o.V.: Verkehrsentwicklung und Raumstruktur. In: ARL-Nachrichten, Nr.52, 1992, S.7.

[4] PLANCO Consulting GmbH (Hrsg.): Externe Kosten des Verkehrs - Schiffe, Straße, Binnenschiffahrt. Gutachten im Auftrag der Deutschen Bundesbahn, Essen 1990, S.11ff. Die externen Effekte des Flächenverbrauchs wurden im genannten Gutachten anhand der Kosten ökologischer Ausgleichsmaßnahmen geschätzt.

[5] Hulsman, G.W.: Gute Zusammenarbeit zwischen Binnenschiffahrt und Häfen. In: Binnenschiffahrtsreport, Nr.2/Juni 1993, S.8.

[6] Hofmann, H.: Die deutsche Binnenschiffahrt im europäischen Markt im Hinblick auf die Eröffnung des Main-Donau-Kanals. In: ZfB, Nr.17 - September 1992, S.917.

Eindringen von Schiffen aus EU-Ländern in den innerdeutschen Markt. Bedingt durch das zum Jahreswechsel in Kraft getretene Tarifaufhebungsgesetz erfolgte im ersten Quartal 1994 ein Frachtpreisverfall bis zu 60%.[1] Da Preiskämpfe dieser Intensität wirtschaftlich schwächere Betriebe vom Markt drängen verstärkt sich das Engagement niederländischer Reedereien in Deutschland. Entspechend dieser Entwicklung prognostiziert der Hauptgeschäftsführer des Bundesverbandes der Deutschen Binnenschiffahrt ein weiteres Absinken des Marktanteils der deutschen Flotte in Deutschland unter die bisherigen 40%.[2] Auch der Verkehr auf dem Main-Donau-Kanal ist von dieser Entwicklung nicht ausgenommen. Bereits im Frühjahr 1993 übertraf die Zahl der niederländischen Güterschiffe, die den Main-Donau-Kanal frequentierten, die Anzahl der deutschen Schiffe auf dieser Relation.

Zusammenfassend läßt sich von einem gegenwärtig dramatischen Preiswettbewerb bei den Frachtraten sprechen. Diese für das Binnenschiffahrtsgewerbe in Deutschland sehr schwierige Situation kommt den Verladern durch sinkende Transportkosten zugute. Eine mögliche und wünschenswerte Konsequenz wäre, daß die niedrigeren Frachten nachhaltig als Stimulus für die Nachfrage nach Binnenschiffahrtsleistungen wirken können.

4) Einen direkten Stimulus erfährt das Binnenschiffahrtgewerbe gegenwärtig bereits durch den vermehrten Einsatz von neuen Transporttechnologien. Im Vordergrund stehen hierbei insbesondere Container- und Ro/Ro-Verkehre, die eine bessere Integration der Wasserstaße in multimodale Transportketten ermöglichen. Rehmann[3] rückt den Container, obwohl in der Regel Transportgefäß für Stückgüter als homogene und robuste Ladeeinheit, bezüglich der Transportanforderungen in die Nähe der schiffsaffinen Massengüter. Im Rheinverkehr verzeichnete die Containerschiffahrt im letzten Jahrzehnt enorme Wachstumsraten. Bereits zu Beginn des Jahres 1993 wurde der erste RMD-Container-Liniendienst etabliert, der im wöctlichen Liniendienst zwischen den Niederlanden und Österreich verkehrt. Eine ähnliche Entwicklung wie der Containerdienst auf dem Rhein erfährt der Ro-Ro-Verkehr auf der Donau. So entwickelte sich der Umschlag von LKW-Trailern auf dem Ro-Ro-Terminal Passau/Schalding vom Projektbeginn im Juni 1982 bis Juni 1992 aus dem Stand auf rund 90 000 t jährlich.[4]

Notwendige Voraussetzung für die Durchführung ist die Errichtung von Güterverkehrszentren an Verkehrsknotenpunkten, "... die sich vor allem dadurch auszeichnen, daß sie mit ihrer Infrastruktur an einem verkehrsoptimalen Standort rasche, zuverlässige und wirtschaftliche Abwicklung von Verkehrsleistungen ermöglichen. Sie bieten aufgrund ihrer Infrastrukturen an Umschlags- und Ladeeinrichtungen die rasche Kombination der einzelnen Verkehrsträger und bieten durch ein breites Lager- und Logistikangebot die Voraussetzung zum Sammeln, Sortieren und Verteilen verschiedenster Güter."[5]

Zusammenfassend läßt sich darstellen, daß die Binnenschiffahrt in der Bundesrepublik Deutschland mit erheblichen strukturellen Problemen belastet ist, ihr Leistungsprofil - in Verbindung mit den zunehmenden Engpässen im Straßen- und Schienengüterverkehr - aber respektable Zukunftsperspektiven bietet. An dieses Resümee schließt sich aus wirtschaftsgeographischer Sicht die Fragestellung an, welche Wirkungen von Wasserstraßen auf das Raumgefüge ausgehen.

---

[1] Bundesverband der Deutschen Binnenschiffahrt e.V (Hrsg.): Voreilige Frachtfreigabe. In: Binnenschiffahrts-Report, April 1994, S.2.

[2] o.V.: Frachtpreisverfall bei Binnenschiffahrt. In: Verkehr Nr.2/94 vom 14.1.1994.

[3] Rehmann, D.: Rationalität, Effizienz und Effektivität der staatlichen Förderungspolitik zugunsten des kombinierten Ladungsverkehrs. Schriftenreihe des Instituts für Verkehrswissenschaft an der Universität Münster, Bd.113. Göttingen 1988, S.118.

[4] Hendrich, W.: 10 Jahre Ro/Ro-Verkehre auf der Donau. In: Binnenschiffahrt - Zeitschrift für Binnenschiffahrt und Wasserstraßen Nr.20 Oktober 1992, S.1127.

[5] Mierka, H.: Güterverkehrszentren und Binnenhäfen. In: Verkehrsströme in Europa - Horizont 2000 plus. Schriftenreihe der Deutschen Verkehrswirtschaftlichen Gesellschaft e.V., Reihe B, Kurs III. Nürnberg 1992, S.104f.

## 3.2. Einflüsse von Binnenwasserstraßen auf Raumstrukturen

"Große Zentren des Handels und des Verkehrs haben sich vor allem an Orten entwickelt, denen die Gunst des Wassertransports zu Verfügung stand. Noch heute legt die Geographie der Städte von der wirtschaftsbildenden Kraft des Wassers Zeugnis ab."[1]

Aufgabe dieses Kapitels ist es, die Einflüsse von Binnenwasserstraßen auf das Umland zu diskutieren und die funktionalen Wirkungen, die mit den wassergebundenen verkehrlichen Aktivitäten in Zusammenhang stehen, auf die Raumstrukturen darzustellen. Im historischen Kontext ist der Schiffbarkeit von Flüssen große verkehrswirtschaftliche und somit oftmals siedlungspolitische Bedeutung beizumessen. Von alters her dienten Wasserstraßen als Transportwege, die naturgegeben und in früherer Zeit im Gegensatz zu Straßen meist frei von baulichen Maßnahmen und von Unterhalt Transportmöglichkeiten boten. Bedeutende Punkte des Handels, aber auch Zentren von strategischem bzw. militärischem Interesse erwuchsen an Flußläufen.

Einen Zusammenhang zwischen Wasserstraßen und Siedlungsgeschichte unterstellt auch Ellmers, der darauf verweist, daß die frühen Städte Europas nördlich der Alpen in überwiegender Mehrzahl an schiffbaren Gewässern liegen und deshalb ein enger Zusammenhang zwischen Stadtentwicklung und Schiffahrt von vornherein vermutet werden muß.[2] Beispielhaft wären dabei die Städte Köln, Mainz, Würzburg und Regensburg zu nennen. Einer ähnlichen These bedient sich auch Förster. "Die Wasserstraßen sind für die Siedlungsgeschichte Deutschlands entscheidend gewesen. Sie haben das Bild Deutschlands in wichtigen Zügen geformt und stellen auch heute noch eine Grundlage des Wirtschaftslebens dar."[3]

Sich den Einfüssen von Wasserstraßen auf die Raumstrukturen sehr wohl bewußt, determinierte von Thünen bereits 1826 eine elementare Voraussetzung für sein modelltheoretisches Konzept des Isolierten Staates. Erörtert wurde dabei die Frage, welche ökonomischen Kriterien die Verteilung agrarischer Produktion im Raum bestimmen. Grundlage bildet die Annahme, daß dieses Modellsystem isoliert, das heißt unbeeinflußt von äußeren Wirkungen ist. Über die Voraussetzungen für die Gestaltung des isolierten Staates schreibt von Thünen: "... man denke sich eine sehr große Stadt in der Mitte einer fruchtbaren Ebene gelegen, die von keinem schiffbaren Flusse oder Kanal durchströmt wird."[4] Diese Vorgabe ist eine grundlegende Bedingung für die räumliche Ordnung der landwirtschaftlichen Produktion in konzentrischen Kreisen um den Absatzmarkt. Die Existenz einer Wasserstraße führt hingegen zu dem Flußverlauf parallel folgenden Bändern, die sich mit zunehmender Entfernung von der Stadt verengen. Aufgrund der geringeren Transportkosten zu Wasser als zu Lande gestaltet sich der räumliche Einzugsbereich der an der Wasserstraße gelegenen Stadt bedeutend größer als dies ohne Fluß der Fall wäre.

Bögel hebt in seiner historisch später angesetzten Betrachtung die Bedeutung der Wasserstraßen "... während des industriewirtschaftlichen Entwicklungsprozesses für die Verteilung der wirtschaftlichen Aktivitäten im Raum ..."[5] besonders hervor. Förster stellt mit Blick auf das europäische Festland fest, "daß sich die dort bestehenden Bänder transportintensiver Industrien hauptsächlich im Bereich von Wasserstraßen entfaltet haben und sich auch längs der Wasserstraßen weiterentwickeln."[6] Dennoch gilt es davor zu warnen, dem funktionalen Teilaspekt von Flüssen als Verkehrsträgern eine zu große Bedeutung beizumessen. In bezug auf die Standortwahl von Industrien verweist Schmitt darauf, daß vielfach "...

---

[1] Predöhl, A.: Verkehrspolitik, a.a.O., S.16.

[2] Ellmers, D.: Die Rolle der Binnenschiffahrt für die Entstehung der mittelalterlichen Städte. In : Frühgeschichte der europäischen Stadt, Schriften zur Ur- und Frühgeschichte des Zentralinstituts für alte Geschichte und Archäologie Berlin, Bd.44, 1991, S.137.

[3] Förster, K.: Wasserstraßen und Raumplanung. Erschienen in der Schriftenreihe des Zentral-Vereins für deutsche Binnenschiffahrt e.V. Heft 66, Duisburg 1954, S.82.

[4] Thünen, J.H. v.: Der isolierte Staat in Beziehung auf Landwirtschaft und Nationalökonomie. Nachdruck Stuttgart 1966, S.11.

[5] Bögel gen. Stratmann, H.D.:Raumordnung und Verkehr unter besonderer Berücksichtigung der Bedeutung von Binnenwasserstraßen und Binnenhäfen für die industrielle Standortbildung und die rämliche Ordnung der Wirtschaft, Köln 1968, S.115.

[6] Förster, K.: Der Europakanal und seine Wirkungen auf die südosteuropäischen Donauländer. In: Zukunftsperspektiven der Donauschiffahrt nach 1980. Südosteuropa-Studien Nr.21, München 1973, S.57.

die Industrieansiedlung am Wasser mehr dem Wasser als Element, denn dem Wasser als Verkehrsweg zu verdanken ..."[1] ist. Geprägt durch die raumwirksamen Aktivitäten "arbeiten" und "sich versorgen" läßt sich in einer historischen Betrachtung die Bildung von verorteten Siedlungsmustern an Flüssen ebenfalls im Schmittschen Sinne darstellen. Entsprechend aber gilt es zu betonen, daß diese historisch gewachsenen Raumstrukturen immerzu Veränderungen unterworfen sind. Technischer Fortschritt, fortschreitender Wandel der industriellen Strukturen, neue Transportanforderungen, aber auch ein Wandel der gesellschaftlichen Werte und Leitbilder ermöglichen es in der heutigen Zeit kaum mehr, monokausale Erklärungsansätze für Einflüsse von Binnenwasserstraßen auf Raumstrukturen zu finden.

Darüberhinaus gilt es, bei einer Analyse der engen Beziehung zwischen Gestalt und Ausprägung des Verkehrssystems Binnenschiffahrt und den natürlichen Bedingungen des Raumes sowohl die Abhängigkeiten des Verkehrs von den von der Natur vorgezeichneten Gegebenheiten als auch die vom Verkehr ausgehenden Einflüsse auf die strukturelle und prozessuale Raumgestalt mit zu berücksichtigen. Raumabhängige und raumgestaltende Faktoren müssen folglich einerseits isoliert, andererseits in ihrem Wechselspiel Betrachtung finden.[2] Insbesondere bei der Untersuchung von Kanalbauten ist, auch im historischen Kontext, den raumabhängigen Faktoren eine gewisse Bedeutung beizumessen. Die zentrale Frage nach der Notwendigkeit des Baus eines Kanals wurde oftmals auch von raumabhängigen Einflußgrößen determiniert. Als Beispiel läßt sich in diesem Zusammenhang der Rhein-Herne-Kanal nennen, dessen Trassenführung sich bewußt an der Lage bereits existierender Kohlezechen orientierte.[3]

Otremba ordnet Binnenwasserstraßen die Funktion zu, die im Landesinneren waltenden "... wirtschaftlichen Kräfte aufzuschließen und sie mit den Küsten und den überseeischen Wirtschaftsräumen in verkehrsgünstige Verbindung zu bringen ... ."[4] Eine ähnliche Einordnung erfahren Binnenwasserstraßen auch bei Wirth, der die Funktion moderner Wasserstraßen mit der Aufgabe umschreibt, wirtschaftsstarke Ballungsräume des Binnenlandes mit anderen flußabwärts gelegenen Ballungsräumen sowie mit den im Bereich von Flußmündungen liegenden Industriegebieten und den Überseehäfen zu verbinden.[5] Einschränkend bemerkt Wirth, daß der Ausbau von Flüssen zu leistungsfähigen Wasserstraßen auf Grund der eben angesprochenen Erschließungsfunktion zu bejahen ist, die Überwindung von Wasserscheiden hingegen seit der Entwicklung einer leistungsstarken Eisenbahn abzulehnen sei.[6] Kritisch letzterer These Wirths anzumerken ist, daß die Schaffung von Ergänzungsbeziehungen zwischen Binnenschiffahrt und Eisenbahn verkehrspolitisch wünschenswert ist. Erweist sich die Überwindung einer Wasserscheide, wie im Falle des Main-Donau-Kanals, als realisierbar, so müssen die Möglichkeiten genutzt werden. Entsprechend erscheint es nicht zielführend, beispielsweise den Transport von Gütern zwischen Frankfurt und Wien einzig dem LKW und der Bahn zu überlassen.

Seitens der Fachwissenschaft besteht weitgehend Einigkeit darüber, daß von Binnenwasserstraßen raumwirksame Impulse ausgehen. So schreiben beispielsweise Reske[7], Lauth[8] sowie die Industrie- und

---

[1] Schmitt, H.: Binnenwasserstraßen und Hafenstandorte Süddeutschlands, a.a.O., S.49.

[2] Bögel gen. Stratmann, H.D.: Raumordnung und Verkehr unter besonderer Berücksichtigung der Bedeutung von Binnenwasserstraßen und Binnenhäfen für die industrielle Standortbildung und die räumliche Ordnung der Wirtschaft, a.a.O., S.117.

[3] Achilles, F.W.: Hafenstandorte und Hafenfunktionen im Rhein-Ruhrgebiet. Bochumer Geographische Arbeiten, Heft 2. Paderborn 1967, S.30.

[4] Otremba, E.: Die geographischen Grundlagen der deutschen Binnenschiffahrt. In: Most,O.: Die Deutsche Binnenschiffahrt, a.a.O., S.29.

[5] Wirth, E.: Die Ohnmacht der Vernunft. In: Weier, H.: Der Rhein-Main-Donau-Kanal, München 1983, S.51, sowie Wirth, E.: Die wirtschaftlichen Aspekte des Europa-Kanals. In: Brix, M.: Main-Donau-Kanal, Ersatzlandschaft im Altmühltal, München 1988, S.69.

[6] ebd., S.51f. sowie S.69.

[7] Reske, D.: Der Rhein-Rhone-Kanal aus regionaler und überregionaler Sicht, a.a.O., S.29.

[8] Lauth, W.: Die Standort- und geographische Leistungsstruktur der Unternehmensformen in der Binnenschiffahrt in der BRD und ihre Abhängigkeiten von den verkehrsgeographischen Gegebenheiten des bundesdeutschen Wasserstraßennetzes, a.a.O., S.14.

Handelskammern von Amsterdam und Rotterdam[1] Binnenwasserstraßen eine standortbildende Kraft zu. Schroiff[2] und die Wirtschaftskommision für Europa[3] ordnen Wasserstraßen raumerschließende, raumgestaltende und raumfüllende Wirkungen bei. Im Zusammenhang mit dem Main-Donau-Kanal postuliert Pieseky sogar eine industrie- und verkehrspolitische Katalysatorwirkung, die von Wasserstraßen ausgeht.[4] Auch Praktiker, wie Wolfgang Kalcker aus der Abteilung Zentrale Logistik der Bayer AG, unterstreichen die Bedeutung von Wasserstraßen für die Standortwahl von Industrieunternehmen. Die Verlegung der Farbenfabriken Bayer seit den 90er Jahren des vorigen Jahrhunderts nach Leverkusen und damit unmittelbar an den Rhein erfolgte nicht zuletzt aus Gründen der Transportverbilligung der Rohstoffmaterialien, insbesondere von Kohle, Schwefelkies, Chromerz, Salz, und anderseits wegen der hervorragenden logistischen Bedingungen für den Export der eigenen Güter über die Rheinmündungshäfen.[5]

Schroiff[6] merkt jedoch kritisch an, daß ein und dieselbe Verkehrslinie, wie beispielsweise eine Eisenbahnstrecke, Wasserstraße oder Autobahn, in bestimmten von ihr berührten Teilräumen Industrie- bzw. Bündelungseffekte auslösen, in anderen Teilräumen aber im gleichen Prozeßablauf zu Entleerungsgebieten führen und in wieder anderen Räumen die Entwicklungschancen indifferent lassen kann.

Regionale Differenzierungen bei der Beurteilung der Einflüsse von Binnenwasserstraßen auf den Raum sind insbesondere bei der von Pieseky angesprochenen industriepolitischen Katalysatorwirkung von entscheidender Bedeutung. So lassen sich unter Bezugnahme auf das deutsche Wasserstraßennetz exemplarisch Streckenabschnitte an der Mittelweser, der Mosel, dem unteren Dortmund-Ems-Kanal und dem Main-Donau-Kanal nennen, die keinerlei Industrialisierung aufweisen. Am Main-Donau-Kanal sticht diesbezüglich der Streckenabschnitt zwischen den Schleusen Leerstetten und Berching hervor.

Diese relative Einigkeit der Fachvertreter in der Diskussion bezüglich der Raumwirksamkeit von Binnenwasserstraßen verliert sich aber, sobald es darum geht, eben jene Einflüsse und Wirkungen zu konkretisieren. Gegenstand der Diskussion ist dabei insbesondere die Frage, ob von Binnenwasserstraßen eine zentralisierende oder dezentralisierende Wirkung auf den Raum ausgeht. Legt man der nachfolgenden Argumentation die These Försters zu Grunde, daß die raumfüllende Kraft von Kanälen und kanalisierten Flüssen von gleicher Intensität sei wie die raumfüllende Kraft von naturnahen Flüssen, die als Großschiffahrtsstraßen genutzt werden[7], so sind trotz des hohen Abstraktionsgrades direkte Bezugnahmen auf den Main-Donau-Kanal möglich. Exemplarisch sollen einige der sich polarisierenden Meinungen und Argumente gegenübergestellt werden.

Schroiff geht trotz der Tatsache, daß durch leistungsfähige Wasserstraßen erschlossene Räume im allgemeinen dichter besiedelt sind als die übrigen Landschaften und daß es in Form von Großhäfen zu allgemeinen Knotenbildungen kommt, von einer dezentralisierenden Wirkung von Binnenwasserstraßen als wesentlichem Kriterium räumlicher Ordnung aus. Zentrales Argument ist hierbei, daß, bedingt durch die wirtschaftsfördernde Kraft von Wasserstraßen abseits der großen industriellen Kerngebiete, neue Industriegebiete entstehen, die in enger Verbindung miteinander, aber auch zu den industriellen Agglomerationsräumen bleiben. An künstlichen Wasserstraßen und kanalisierten Flüssen entstehen außerhalb der Großhäfen neue kleinere Umschlagplätze mit entsprechend dezentralisierender Wirkung.[8] Auch Förster geht davon aus, daß Wasserstraßen "... einen erheblichen Beitrag zum teilweisen Ausgleich der

---

[1]Industrie- und Handelskammern von Amsterdam und Rotterdam (Hrsg.): Die Rhein-Main-Donau Verbindung. O.O., 1974, S.22.

[2]Schroiff, F.J.: Die Bedutung der Binnenwasserstraßen für die räumliche Entwicklung, a.a.O., S.7.

[3]Wirtschaftskommission für Europa: Die wirtschaftliche Bedeutung der Rhein-Main-Donau-Verbindung. Dokument Nr.w/Trans/WP 34/62, Kurzfassung, München 1970, S.4.

[4]Piseky, F.: Die Rhein-Main-Donau-Verbindung und deren Bedeutung für die Wirtschaft in Österreich. Schriftenreihe Verkehrswirtschaft der Hochschule der Bundeswehr München, Heft 2, Neubiberg 1984, S.35.

[5]Kackler, W.: Die Bedeutung der Binnenschiffahrt für ein Unternehmen der Chemischen Industrie. In: ZfB Nr.5 März 1993, S.6.

[6]Schroiff, F.J.: Das Binnenschiffahrt-Verkehrssystem, a.a.O., S.8.

[7]Förster, K.: Die volkswirtschaftliche Leistung der Binnenschiffahrt. In: Most, O.: Die Deutsche Binnenschiffahrt, a.a.O., S.199.

[8]Schroiff, F.J.: Das Binnenschiffahrts-Verkehrssystem, a.a.O., S.94.

einseitigen Ballungen in den großen Industriegebieten leisten, also dezentralisierend wirken ... ."[1] Voigt verweist darauf, daß sich an den meisten schiffbaren Flüssen und den wichtigsten Eisenbahnlinien Industriestandorte, oft eng aneinandergereiht, unabhängig von Verwaltungsgrenzen und ähnlichen wirtschaftlichen und sozialen Strukturen formen. Wenige Kilometer vom Verkehrsweg entfernt beginnt oft ein rein landwirtschaftlich geprägtes Gebiet.[2]

Als Gegenpol in dieser Diskussion wurden exemplarisch Predöhl und Frohner ausgewählt. Predöhl als Vertreter der These, daß Wasserstraßen Konzentrationen im Raum fördern, argumentiert mit der - verglichen mit den Verkehrsträgern Straße und Schiene - geringen Netzbildungsfähigkeit von Wasserstraßen und daraus resultierend schwachen Verteilungsfunktionen.[3] Frohner rückt hingegen den Umstand, daß Häfen in der Regel die Tendenz haben Industrien anzuziehen, in den Mittelpunkt seiner These zugunsten einer zentralisierenden Wirkung von Binnenwasserstraßen im Raum.[4] Unterzieht man die Thesen von Predöhl und Frohner einer kritischen Bewertung, so gilt es anzumerken, daß
a) vor dem Hintergrund multimodaler Transportketten der geringen Netzbildungsfähigkeit von Wasserstraßen und der daraus resultierenden schwachen Verteilungsfunktion der Binnenschiffahrt eine abnehmende Bedeutung beizumessen ist und
b) durch die Eröffnung neuer Binnenhäfen, wie dies an der bayerischen Donau im Jahre 1978 in Kelheim und 1982 in Passau-Schalding geschehen ist sowie in Straubing-Sand 1996 bevorsteht, vermeidbaren räumlichen Konzentrationen[5] entgegengewirkt werden kann.

Läßt man nun die Diskussion bezüglich Zentralisations- oder Dezentralisationswirkung beiseite und wendet sich wieder der seitens der Literatur bisher mehrheitlich als unstritig eingestuften These einer regional wirtschaftsbelebenden und standortbildenden Kraft von Wasserstraßen zu, so stellt sich die Frage, welche Wirtschaftsbereiche davon profitieren können. Als entscheidendes Kriterium bildet sich dabei, vor dem Hintergrund der Funktion der Wasserstraße als Güterverkehrsträger, eine starke sektorale Transportkostenabhängigkeit heraus. Stark transportkostenabhängig sind folgende Sektoren: Bergbau, Chemie, eisenschaffende Industrie, Eisen- und Stahlgießereien, Feinkeramik, Futtermittelindustrie, Glasindustrie, Mineralölverarbeitung, NE-Metallindustrie, Sägewerke und Holzverarbeitung, Steine und Erden, Zellstoff- und Papiererzeugung, Zementindustrie, Ziehereien und Kaltwalzwerke.[6]

Zusammenfassend bilden folglich die Unternehmen die größte Nachfrage nach Transportleistungen durch die Binnenschiffahrt, die auf den Empfang sowie Versand von Massengütern angewiesen sind oder solchen, die Güter von besonderem Gewicht oder mit besonders großen Abmessungen transportieren müssen.[7] Die durch den Schiffstransport verursachten niedrigeren Transportkosten können als Primäreffekte Neuansiedlungen, Betriebserweiterungen oder eine verbesserte Position der jeweiligen Unternehmen im nationalen und internationalen Wettbewerbsgefüge nach sich ziehen. Sekundäreffekte für zuliefernde Betriebe und Impulse für die örtliche Wirtschaft wären bei einer Zunahme der Beschäftigungszahlen insbesondere an den Hafenstandorten möglich.[8] Lolagar[9] ordnet Verkehrsnetzen sogar einen Produktivcharakter zu, da die regionale Standortqualität durch produktivitätsorientierte Verkehrs-

---

[1] Förster, K.: Die Rhein-Main-Donau-Großschiffahrtsstraße in der Raumplanung. In: Zeitschrift für Raumforschung und Raumordnung, Heft 4 1963 S.200.
[2] Voigt, F.: Verkehr - Die Theorie der Verkehrswirtschaft, Berlin 1973, S.681.
[3] Predöhl, A.: Verkehrspolitik, a.a.O., S.312.
[4] Frohner, K.: Der Rhein-Main-Donau-Kanal und die Auswirkungen seiner Fertigstellung auf die Wirtschaft Österreichs. Eine wirtschafts- und verkehrsgeographische Untersuchung. Wien 1958, S.43.
[5] Im Vordergrund stand dabei die Überlegung zum Staatshafen Regensburg Alternativen zu schaffen und somit die regionalwirtschaftlichen Vorteile von Binnenhäfen auch anderen Regionen zugänglich zu machen.
[6] Allenmeyer, W.: Verkehrsinfrastruktur als Standortdeterminante. In: Raumordnung, Industrieansiedlung und Verkehr, Beiträge aus dem Institut für Verkehrswissenschaft an der Universität Münster, Heft 76, Göttingen 1974, S.128.
[7] Lang, A.R.: Der Main-Donau-Kanal - was bringt er für Bayern? a.a.O. S.8.
[8] ebd., S.9.
[9] Lolagar, R.: Möglichkeiten und Grenzen einer Binnenschiffahrtspolitik. Schriftenreihe des Instituts für Industrie- und Verkehrspolitik der Universität Bonn, Bd. 30, Berlin 1977, S.156.

investitionen, wie bespielsweise durch den Ausbau des Wasserstraßennetzes mit dem Oberziel eines günstigen Gütertransportes, erheblich verbessert werden kann.

In diesem Zusammenhang gilt es aber vor pauschalen Thesen über Standortwahl und Standortverlagerung von Unternehmen in Abhängigkeit von Verkehrswegen zu warnen. Das individuelle Produkt- und Kostengerüst sowie das Nachfrageprofil nach Verkehrsleistungen von Unternehmen, vor allem in Verbindung mit juristischen und sozioökonomischen Gegebenheiten, gestalten diese Fragen so spezifisch, daß allgemeine Aussagen nur schwer möglich sind. Eine verstärkte regionale Bezugnahme und Unternehmensbefragungen können hier Hilfestellung bieten, obwohl auch sie in Abhängigkeit sich wandelnder konjunktureller und rechtlicher Einflüsse oftmals nur Momentaufnahmen liefern. Ein Schritt in diese Richtung wird mit konkreter regionaler Bezugnahme auf den Main-Donau-Kanal im Kapitel 6 dieser Arbeit mittels der Gegenüberstellung von Expertenmeinungen vollzogen.

### 3.3. Einzugsbereiche von Binnenwasserstraßen

Für die Raumstrukturentwicklung ist es notwendig, Einzugsbereiche von Binnenwasserstraßen in ihrer räumlichen Erstreckung zu definieren. Hierzu werden Stellungnahmen aus der Literatur aufgegriffen, diskutiert und bewertet, wobei aber der räumliche Bezug zum Main-Donau-Kanal erhalten bleibt. Der Terminus Einzugsbereich ist dabei, im Gegensatz zu dem in anderen Arbeiten verwendeten Begriff Umlandbeziehung, bewußt gewählt worden, um die spezifische Frage, wie weit eine Wasserstraße auf ihr Hinterland wirkt, zu unterstreichen.

Das Spektrum der in der Literatur zu dieser Thematik anzutreffenden Meinungen ist breit. Auf der einen Seite stehen Befürworter der These, daß es möglich sei, den Einzugsbereich von Wasserstraßen quasi wie ein Band entlang der Wasserstraße darzustellen. Dieser modellhaften Vorstellung bedienten sich beispielsweise von Graßmann, Bauer, Förster, das IFO-Institut und das Bayerische Staatsministerium für Wirtschaft und Verkehr. Von Graßmann (1925) nennt in diesem Zusammenhang eine Entfernung von rund 200 km zu beiden Seiten der Wasserstraße.[1] Ebenso argumentiert Bauer[2] im Jahre 1938, der jedoch diesen Wert durch die Äußerung relativiert, daß der Einzugsbereich in Abhängigkeit des Einflusses konkurrierender Verkehrsträger durchaus variieren kann. 1970 wurde in einem Gutachten des IFO-Institutes, das vom Bayerischen Staatsministerium für Wirtschaft und Verkehr in Auftrag gegeben wurde, der Einzugsbereich als jene Zone beschrieben, "...die sich auf einer Breite von rund 50 km zu beiden Seiten der Wasserstraße erstreckt."[3] Ein Wert wohlgemerkt, der auch in aktuellen Publikationen des Staatsministeriums beibehalten wurde. Der der Main-Donau-Wasserstraße insgesamt zuzurechnende Einzugsbereich umfaßt unter Zugrundelegung dieses Modells rund die Hälfte der Fläche des Freistaates Bayern.[4]

Rutz, der sich 1960 mit den Umlandbeziehungen von Wasserstraßen befaßte, bediente sich bei der Darstellung des Einzugsbereiches von Wasserstraßen der Methode des Frachtenvergleiches. Die dabei vollzogene Differenzierung nach einem inneren und einem äußeren Einzugsbereich der Wasserstraße bezieht nicht nur den Frachtenvergleich mit konkurrierenden Verkehrsträgern (innerer Einzugsbereich), sondern auch den Frachtenvergleich mit anderen Wasserstraßen (äußerer Einzugsbereich) mit in die Berechnungen ein.[5] Am Beispiel von Getreideimporten weist Rutz nach, daß es sich bei dem Einzugsbe-

---

[1] Graßmann v.: Die Verbindung Rhein-Main-Donau. In: Bayerische Industrie- und Handelszeitung - Bayerisches Zentralwirtschaftsorgan für Handel, Industrie, Bergbau und Gewerbe vom 17. Februar 1925, 56.Jahrgang, Heft 7, S.3/115.

[2] Bauer, H.: Der Rhein-Main-Donau-Kanal. Köln 1938, S.72f.

[3] Bayerisches Staatsministerium für Wirtschaft und Verkehr (Hrsg.): Die internationale Bedeutung der fertiggestellten Rhein-Main-Donau-Großschiffahrtsstraße. Eine Untersuchung des IFO-Institutes für Wirtschaftsforschung. München 1970, S.18.

[4] Lang, A.R.: Der Main-Donau-Kanal - was bringt er für Bayern? Reihe Dokumentation Nr.2/92 des Bayerischen Staatsministeriums für Wirtschaft und Verkehr. München 1992, S.8.

[5] Rutz, W.: Umlandbeziehungen von Wasserstraßen, erläutert am Beispiel der Oberweser. Göttinger Geographische Abhandlungen, Heft 25, Göttingen 1960, S.15.

reich einer Wasserstraße keineswegs um einen immer statischen Faktor handeln muß. In Abhängigkeit raumspezifischer Gegebenheiten und der Konkurrenzsituation gegenüber der Bahn variiert der innere Einzugsbereich der Oberweser zwischen 27 km und 60 km an beiden Uferseiten.[1]

Rutz betont jedoch, daß die theoretisch abgeleiteten Grenzen der Einzugsbereiche fließend sind, d.h. daß nicht von absoluten Grenzen, sondern eher von Grenzräumen auszugehen ist. Diese Feststellung markiert den Übergang hin zu einem anderen Teil des Meinungsspektrums bezüglich der räumlichen Erstreckung der Einzugsbereiche von Wasserstraßen. Dabei löst man sich von der modellhaften Vorstellung eines oftmals gleichförmigen Bandes entlang der Wasserstraße, begründet durch die Kritik, daß diese Darstellungsform den individuellen Gegebenheiten des Raumes nur unzureichend entspricht.

Eine im Jahre 1919 vom Tarifamt der Bayerischen Staatseisenbahnen rechts des Rheins veröffentlichte Untersuchung über die verkehrswirtschaftliche Bedeutung des Main-Donau-Kanals kam zu dem Schluß, daß das Einzugsgebiet einer Wasserstraße für jedes Gut mittels Frachtenvergleich zum Verkehrsträger Schiene individuell berechnet werden muß. Ohne Einbeziehung von Güterart und Transportentfernung in die Frachtenvergleichsrechnung sei die Darstellung von Einzugsbereichen nicht zulässig.[2]

Nicht nur Änderungen der Raumstrukturen gestalten es somit schwierig, Einzugsbereiche von Wasserstraßen pauschal abzugrenzen, sondern auch Aspekte wie die Größe des einzelnen Transportauftrages, Konzernverflechtungen sowie Absatz- und Lagerdispositionen der einzelnen Unternehmen spielen gemäß Maushardt[3] eine bedeutende Rolle. Er kommt in seiner Untersuchung über die Neckarkanalisierung und ihre raumwirtschaftlichen Auswirkungen zu dem Schluß, daß es kaum möglich ist, das Einflußgebiet von Wasserstraßen genau festzulegen.

Isoliert man aus dem Funktionsbündel von Wasserstraßen die verkehrsfunktionalen Aspekte, so gilt es, von der bildhaften Darstellung eines Einzugsbereiches in Form eines entfernungsmäßig fix definierten Bandes auf beiden Seiten der Wasserstraße grundsätzlich Abstand zu nehmen. Entscheidend dafür ist, daß die jeweilige Bedeutung von Häfen höchst unterschiedlich sein kann. Schmitt formuliert dazu sehr deutlich, daß die Verkehrsbedeutung der Verkehrswege ohne ihre Stationen gleich Null sei. Was nützte einer am Fluß gelegenen Stadt ein vorbeifahrendes Frachtschiff oder ein sie durcheilender Güter- oder Lastzug?[4] Für den Güterverkehr als einem zentralem Forschungsgegenstand dieser Arbeit sind damit Art und Umfang der Güterströme von der Kaimauer eines Hafens zu den Betrieben im Hafen, in der Hafenstadt, im Umland der Hafenstadt oder an weiter entfernte Orte relevant.

Somit bildet sich anhand der Wirkungen von Hafenstandorten auf ihr Umland eine weitere Möglichkeit, den Einzugsbereich einer Wasserstraße zu definieren. Schmitt errechnete mit Hilfe einer Frachtenvergleichsmethode zwischen Bahn und Binnenschiff einen durchschnittlichen Einzugs- und Ausstrahlungsbereich von maximal 75 km um den Hafenstandort.[5] Das Bayerische Staatsministerium für Wirtschaft und Verkehr legt für den Einflußbereich von Binnenhäfen einen Radius von 50 bis 100 km zu Grunde.[6] Diese Größenordnung wird in etwa auch durch ein Gutachten des Münchner IFO-Institutes aus dem Jahre 1989 bestätigt. Dabei wird in einer Untersuchung über die wirtschaftlichen Impulse der Rhein-Main-Donau-Wasserstraße auf die niederbayerischen Regionen Donau-Wald und Landshut von einem

---

[1] ebd., S.103.

[2] Tarifamt der Bayerischen Staatseisenbahnen rechts des Rheins in München (Hrsg.): Untersuchung über die verkehrswirtschaftliche Bedeutung eines Main-Donau-Kanals. München 1919, S.12.

[3] Maushardt, V.: Die Neckarkanalisierung und ihre raumwirtschaftlichen Auswirkungen. Buchreihe des Instituts für Verkehrswissenschaft an der Universität zu Köln, Nr.20, Düsseldorf 1966, S.47.

[4] Schmitt, H.L.: Die Binnenwasserstraßen und Hafenstandorte Süddeutschlands - Typologie und regionalwirtschaftliche Bedeutung. Frankfurter Wirtschafts- und Sozialgeographische Schriften, Heft 34, Frankfurt am Main 1980, S.46.

[5] Schmitt, H.L.: Die Binnenwasserstraßen und Hafenstandorte Süddeutschlands - Typologie und regionalwirtschaftliche Bedeutung, a.a.O., S.71.

[6] Bayerisches Staatsministerium für Wirtschaft und Verkehr: Binnenhäfen in Bayern - Angebot und Leistung. München 1976, S.1.

Radius von 50 km um die einzelnen Häfen ausgegangen.[1] Auch Bögel verwendet diesen Wert als Basis seiner Berechnungen, in dem er den gewichteten Durchschnitt für die Reichweite der Binnenhäfen von der Hafenmauer im Zu- und Abtransport mit Landverkehrsmittel auf circa 50 km schätzt.[2]

Aufgrund differierender ökonomischer Strukturen im Hafenumland, verschiedener infrastruktureller Anbindung und Ausstattung der Hafenstandorte und unterschiedlicher Umschlagsmengen, die die individuelle Verkehrsbedeutung der jeweiligen Häfen widerspiegeln, ist aber zu unterstellen, daß eine pauschale Definition von Einzugsbereichen den spezifischen Gegebenheiten im Raum nicht gerecht werden kann. Entsprechend läßt sich resümieren, daß die Definition des räumlichen Einzugsbereiches einer Wasserstraße quasi wie ein Band von konstanter Breite entlang der Wasserstraße bestenfalls modelltheoretischen Charakter haben kann. Der Wirklichkeit zweifellos näher kommt die These, daß die Einzugsbereiche der Hafenstandorte die Grundlage für die Festlegung der Einzugsbereiche von Binnenwasserstraßen bilden müssen. Kumuliert man die Einzugsbereiche der Hafenstandorte entlang der Wasserstraße, so ergibt sich daraus der güterverkehrliche Einzugsbereich der Wasserstraße selbst.

Zusätzlich anzumerken ist hierbei aber, daß ebenso wie bei der These eines fixen Bandes zu beiden Seiten der Wasserstraße, auch bei dem Einzugsbereich von Hafenstandorten nicht von einem einheitlichen Wert auszugehen ist. Vielmehr müssen, differenziert nach Hauptgütergruppen anhand der landseitigen Transportverflechtungen, die individuellen Einzugsbereiche der jeweiligen Hafenstandorte gesondert erfaßt werden. Dies kann mittels Befragungen der Hafenverwaltungen, der Wasser- und Schiffahrtsämter und der Hafenansiedler geschehen. Im 6. Kapitel der vorliegenden Arbeit wird diese These aufgegriffen, um die landseitigen Einzugsbereiche der öffentlichen Binnenhäfen in Bayern zu ermitteln.

### 3.4. Substitutionalität und Komplementarität anderer Verkehrszweige mit der Binnenschiffahrt

Der Güterverkehr stellt ein sehr stark gegliedertes komplexes System dar. Ein solches System kann beschrieben werden als eine Menge von Elementen, die untereinander in einer funktionalen Beziehung stehen. Dabei kann das Gesamtsystem Güterverkehr in verschiedene Subsysteme unterteilt werden, wie z.B. in die Binnenschiffahrt, Schienen- und Straßenverkehr. Andererseits ist das System Güterverkehr in ein übergeordnetes Makrosystem eingeordnet, nämlich in das der gesamten Volkswirtschaft.[3]

Diese Subsysteme stehen in vielfältiger Ergänzungs- und Konkurrenzbeziehung zueinander. Bezüglich Verkehrsleistung und Güterstruktur stellt die Bahn den Hauptkonkurrenten zur Binnenschiffahrt dar. Legt man für den Güterverkehr ein verkehrspolitisches Leitbild zu Grunde, welches von der Überzeugung geprägt ist, daß eine sinnvolle Arbeitsteilung im Verkehr auf den Systemstärken der Verkehrsträger beruhen muß, so ist die Umsetzung eines solchen Leitbildes dann relativ unproblematisch, wenn die Systemstärken überwiegend in unterschiedlichen Bereichen liegen, wie etwa bei Rohrleitung und Straße. Schwieriger wird die Situation, wenn die Systemstärken der Verkehrsträger sich mehrheitlich überschneiden, wie dies bei Wasserstraße und Schiene der Fall ist. Neben ökologischen Vorbehalten wurde vor allem die Konkurrenzbeziehung zwischen Bahn und Binnenschiffahrt, in den inbesondere zwischen den Jahren 1976 und 1982 aufflammenden Diskussionen bezüglich der Bauwürdigkeit des Main-Donau-Kanals als Gegenargument genannt. Das bestimmende Argument dabei war, daß durch den mehrheitlich vom Bund finanzierten Kanal dem Staatsunternehmen Bundesbahn erhebliche Frachtmengen entzogen werden oder

---

[1]IFO-Institut für Wirtschaftsforschung e.V. München: Wirtschaftliche Impulse einer künftig durchgehend befahrbaren Rhein-Main-Donau-Wasserstraße und die mögliche Entwicklung des Güterumschlags der Binnenschiffahrt in den niederbayerischen Regionen Donau-Wald und Landshut. Erstellt im Auftrag des Bayerischen Staatsministeriums für Landesentwicklung und Umweltfragen. Ifo-Studien zur Verkehrswirtschaft, Bd. 18, München 1989, S.136.
[2]Bögel gen. Stratmann, H.D.: Raumordnung und Verkehr unter besonderer Berücksichtigung der Bedeutung von Binnenwasserstraßen und Binnenhäfen für die industrielle Standortbildung und die räumliche Ordnung der Wirtschaft, a.a.O., S.134.
[3]Durgeloh, H.: Die Binnenschiffahrt zwischen wirtschaftlicher und sozialer Verantwortung, a.a.O., S.74.

diese zumindest zu erheblichen Senkungen der Frachttarife gezwungen sei. Die Deutsche Bundesbahn schätzte rund ein Jahr vor der Kanaleröffnung die Gütermenge, die
- im Rheinvorlauf - Landbrückentransport per Bahn - Donaunachlauf
- im Schienenvorlauf, insbesondere ab Hamburg und Bremen, sowie Antwerpen, Rotterdam und Amsterdam (ARA-Häfen) - Donaunachlauf und
- Rheinvorlauf - Schienennachlauf

durch den Main-Donau-Kanal, d.h. durch die Binnenschiffahrt substituiert werden können, auf 1,3 Mio. t jährlich.[1]

In der Praxis konnten diese Schätzungen bisher keine Bestätigung finden. Bis zum Jahresende 1993 hat die Deutsche Bundesbahn in der Massengutbeförderung ihre Tarife entlang von Main und Donau im Wettbewerb mit der Binnenschiffahrt nicht weiter abgesenkt, sondern in Kauf genommen, daß ungefähr 0,5 Mio. t Fracht jährlich von der Schiene auf die Wasserstraße abgewandert sind. Anzumerken hierzu aber ist, daß die Bahn dort, wo sie mit der Binnenschiffahrt beim Transport von Massengütern im Wettbewerb steht, traditionell mit Preisermäßigungen in Gestalt von Ausnahmetarifen und Sonderabmachungen in einer Größenordnung von oftmals über 50% gegenüber den Regeltarifen arbeitet.[2] Mit der Privatisierung der Deutschen Bahn zum 1.1. 1994 setzten aber teilweise erhebliche Preissenkungen ein. Aufgrund der unternehmenspolitischen Veränderungen ist aber gegenwärtig noch kein klares preispolitisches Konzept der Deutschen Bahn AG erkennbar.

Am Beispiel des für die Linzer Voest-Alpine bestimmten brasilianischen Eisenerzes, welches gegenwärtig das auf dem Main-Donau-Kanal dominierende Transportgut darstellt, läßt sich dieses Verlagerungspotential von der Bahn hin zum Binnenschiff besonders deutlich aufzeigen. Während in der Zeit vor der Eröffnung des Main-Donau-Kanals der Transportweg des aus Brasilien kommenden Erzes mehrheitlich vom Hamburger Hafen mit der Bundesbahn nach Regensburg verlief, um von dort per Binnenschiff zum Werkshafen der Voest-Alpine befördert zu werden, erfolgt der Transport nun primär via Rotterdam und von dort per Binnenschiff über die Rhein-Main-Donau-Wasserstraße nach Linz: Eine Verlagerung, die zweifellos zuungunsten der Bahn erfolgt, deren Vorteile aber die Bundesbahn selbst
- im Wegfall von Umschlagsvorgängen und entsprechender Kostenersparnis
- in kürzeren umladebedingten Liegezeiten und
- den generell niedrigeren Frachten für den Transport mit dem Binnenschiff sieht.[3]

Rein rechnerisch betrachtet ist das Transportvolumen, um das die Binnenschiffahrt mit Straße und Schiene konkurriert, noch erheblich größer als die genannten 0,5 beziehungsweise 1,3 Mio. t. Nur um eine Größenordnung zu verdeutlichen, sei angemerkt, daß parallel zu den aufkommenstärksten Schiffahrtsrelationen, also der Rheinschiene, der Relation Rhein/Ruhr - Berlin und der deutschen Donau hin zu den Donauländern mit der Bahn rund 80 Mio. t pro Jahr und per Lkw rund 40 Mio. t jährlich transportiert werden. Modelltheoretisch ergibt sich hier ein erhebliches Potential für die Verlagerung von Transportgütern zwischen den Verkehrsträgern.[4] Selbst bei derartigen Gedankenspielen ist es aber von erheblicher Bedeutung darauf zu verweisen, daß sich die meisten der denkbaren Substitutionsbeziehungen innerhalb multimodaler Transportketten abspielen. Eine Verlagerung der Güterströme auf andere Verkehrszweige bedeutet somit nicht automatisch den Verzicht auf den zuvor genutzten Verkehrsträger, sondern nur eine - auf räumlich klar begrenzbare Abschnitte von Verkehrsrelationen begrenzte - Substitution innerhalb einer Transportkette.

Seitens der Bahn AG wird bezüglich des Wettbewerbs zwischen Schiene und Wasserstraße eine fehlende Chancengleichheit bei der Anrechnung der Wegekosten kritisiert. "Während die Schiene die Fahrwegkosten voll abgelten muß, sind beim Kanal nur die Schleusungskosten und die Kosten für die Fahrweg-

---

[1] Schneider, J./Seufert, C.: Binnenschiffahrt und Bundesbahn: Kooperation oder Konfrontation. In: Die Bundesbahn 7/8 1991, S.778.
[2] Bayerisches Staatsministerium für Wirtschaft und Verkehr (Hrsg.): Informationen zum Main-Donau-Kanal. München 1987, S.6.
[3] Schneider, J./Seufert, C.: Binnenschiffahrt und Bundesbahn, a.a.O., S.779.
[4] Schuh, G.v.: Verlagerungspotentiale - Binnenschiffahrt als Helfer im Kampf gegen den drohenden Verkehrsinfarkt. Binnenschiffahrt - Zeitschrift für Binnenschiffahrt und Wasserstraßen, Nr.15/16 - August 1993, S.6f.

steuerung in Ansatz gebracht. Hieraus ergibt sich ungefähr ein Wettbewerbsvorteil von 40%. Er wird um ca. die Hälfte gemindert durch Niedrigwassertage, Beladungseinschränkungen und Fahrwasserbreiten für Schwerguttransporte. Es verbleibt aber ein absolut ungerechtfertigter Wettbewerbsvorteil von mindestens 20%."[1]

Kritisch anzumerken ist, daß eine wesentliche Voraussetzung für eine mögliche Verlagerung von Bahntransporten auf die Wasserstraße die geographische Lage der Verkehrsrelation ist. Es muß sich um Transporte handeln, die als Quell- und Zielgebiete im Einzugsbereich eines Hafenplatzes liegen (sogenannte nasse Verkehrsbezirke). Zusammenfassend sind folglich Parallelverkehre insbesondere von Massengütern entlang von Wasserstraßen Gegenstand von Substitutionsbemühungen seitens der Binnenschiffahrt zu Lasten der Bundesbahn. Dennoch ist zu betonen, daß sich nach wie vor über 50% der gesamten Tonnage der Bahn aus dem Montangüterbereich rekrutiert; so bildet selbst dieser von erheblichen strukturellen Krisen heimgesuchte Sektor beträchtliche Substitutionspotentiale seitens der Binnenschiffahrt.

Als das wohl entscheidende Kriterium für mögliche Verkehrsverlagerungen sind die Transportpreise zu nennen. Im Zuge der von der Europäischen Gemeinschaft forcierten Liberalisierung der Verkehrsmärkte verabschiedeten Bundestag und Bundesrat das Tarifaufhebungsgesetz zur Abschaffung administrativer Frachtpreise im innerdeutschen Binnenschiffahrtsverkehr. Ab dem 1.1.1994 sanken aufgrund dieser völlig veränderten Wettbewerbssituation die Binnenfrachten deutlich ab.[2] In der Praxis gehen viele Verlader davon aus, daß die Einführung von Marktpreisen im Binnenverkehr zu ähnlichen Umorientierungen der Verkehrsströme führen wird, wie dies bereits durch Liberalisierungsmaßnahmen im grenzüberschreitenden Schiffsverkehr geschehen ist.[3] So hat eine Umfrage in der deutschen Stahlwirtschaft ergeben, daß auf der Basis von Marktpreisen Verlagerungspotentiale zugunsten der Binnenschiffahrt in einer Größenordnung von 4,5 bis 5 Mio. t jährlich im ausgehenden Verkehr vorhanden sind. Dies hätte eine Steigerung des gegenwärtigen Frachtaufkommens in der Binnenschiffahrt um circa 60 % zur Folge.[4]

Seitens des Bundesverkehrsministeriums wird das Tarifaufhebungsgesetz, mit dem am 1.1.1994 eine 60-jährige Ära staatlich regulierter Preise zu Ende ging, im wesentlichen mit folgenden Argumenten begründet:
- Europa hat sich in der Europäischen Union für die Regeln des freien Marktes entschieden;
- Die reine Transportleistung entwickelt sich zu einer Gesamtdienstleistung Verkehr;
- Die alte Marktordnung hat zu einer problematischen Aufblähung des Werksverkehrs geführt. So erreichte beispielsweise der Werksverkehr 1991 einen Anteil von rund 45% am gesamten Straßengüterfernverkehr.
- Die deutsche Marktordnung konnte den ihr zugedachten Flankenschutz für die Eisenbahnen nicht erfüllen.[5]

Der ambivalente Charakter dieser Entwicklung ist jedoch keineswegs unumstritten. Die Aufhebung administrativer Preise hat innerhalb des Binnenschiffahrtsgewerbes eine erheblich verstärkte Konkurrenzsituation zur Folge. Insbesondere Partikuliere werden im Wettbewerb mit entweder finanzstärkeren oder mit einer anderen Kostenstruktur arbeitenden in- und ausländischen Konkurrenten zunehmend vom Markt gedrängt. Profitieren hingegen werden die Verlader, die ihre Waren günstiger als in den Jahren zuvor per Binnenschiff transportieren können. Längerfristig ist es aber durchaus wahrscheinlich, daß diese Wir-

---

[1] Thiel, E.: Statement zum Thema: Neue Verkehrsbezüge für Ostbayern durch die Rhein-Main-Donau-Wasserstraße. Nürnberg, 18.6.1993, S.1.

[2] Auf persönliche Anfrage vom 2.5.1994 gab die Geschäftsführung des Bundesverbandes der Deutschen Binnenschiffahrt bekannt, daß die Freigabe der innerdeutschen Tarife innerhalb der ersten vier Monate dieses Jahres zu einem Frachtpreisverfall von bis zu 60% geführt hat.

[3] vgl. dazu auch Kapitel 3.1. Nach der erfolgten Freigabe der grenzüberschreitenden Frachten und der Aufhebung der innerdeutschen Frachtenbindung erfolgt zum 1.1.1995 mit der Abschaffung des Kabotageverbotes auch in der deutschen Binnenschiffahrt die letzte Phase der Deregulierung.

[4] Schuh, G.v.: Verlagerungspotentiale - Binnenschiffahrt als Helfer im Kampf gegen den drohenden Verkehrsinfarkt, a.a.O., S.8.

[5] Krause, N.: Stellung und Bedeutung der Binnenwasserstraßen im deutschen Güterverkehr. In: Binnenschiffahrt - Zeitschrift für Binnenschiffahrt und Wasserstraßen, Nr. 1/2, Januar 1994, S.6.

kungskette, die in der Deregulierung der Tarife ihren Anfang, hatte über einen verschärften Wettbewerb Rationalisierungserfolge bewirkt und später in ein, insbesondere gegenüber der Bahn AG effizienteres und flexibleres Binnenschiffahrtsgewerbe mündet.

In Expertengesprächen, die im Rahmen dieser Arbeit geführt wurden, kristallisierte sich überwiegend heraus, daß der Konkurrenz von Schiff und Eisenbahn für den zukünftigen Modal-Split keine zentrale Bedeutung zugeordnet wurde. Im Vordergrund stand vielmehr zumeist die Forderung, in einem dicht besiedelten und von erheblichen Nutzungskonflikten geprägten Land wie der Bundesrepublik Deutschland, Synergieeffekte und Ergänzungsbeziehungen zwischen den einzelnen Verkehrsträgern erheblich besser zu nutzen, als dies bisher geschehen ist.

Zwei Gründe lassen der Konkurrenzbeziehung zwischen den Verkehrsträgern eine geringere verkehrswirtschaftliche Bedeutung zukommen als den Ergänzungsbeziehungen und Ergänzungsbedarfen. Zum einen ist dies der verkehrspolitische Anspruch, durch eine systematische Vernetzung der einzelnen Verkehrsträger "...sich mit marktkonformen Mitteln von einseitigem Wachstum, das sich auf Straße und Luft konzentriert hat, zu lösen."[1] Zum anderen gilt es, durch den betriebswirtschaftlichen Anspruch von Verladern und Spediteuren in Zeiten eines im Transportwesen zunehmend schärfer werdenden internationalen Wettbewerbs mögliche Kostenvorteile von Transportketten kalkulatorisch zu erkennen und zu nutzen. Günstigere Frachtraten und eine Reduzierung des Leerfahrtenanteils sind zumeist die Folge.

Parallel dazu verstärkt der Wandel der industriellen Struktur in den ökonomischen Kerngebieten der Europäischen Gemeinschaft den Zwang zur Kooperation der Verkehrssysteme. Mit einer verringerten Fertigungstiefe, dem Abbau der Lagerhaltung, kleineren Losgrößen und der Zunahme kundenbezogener Auftragsproduktionen werden die Güter- und Transportstruktureffekte des vergangenen Jahrzehnts fortgesetzt. Die Folge ist, daß der Anteil kleinerer, hochwertigerer Sendungen mit größerer Sendehäufigkeit steigt, der Anteil klassischer Massenguttransporte - vor allem aufgrund des schrumpfenden Montanbereiches - langfristig sinkt.[2] Veränderte Güterstrukturen führen zu veränderten Transportformen, wie sie sich beispielsweise in der zunehmenden Verbreitung von Containertransporten niederschlagen. Die Binnenschiffahrt kann von dieser Entwicklung erheblich profitieren.

Wurden beispielsweise 1977 auf dem Rhein noch weniger als 50 000 TEU (Transport Equity Unit = 20 Fuß-Container) befördert, so hat sich diese Zahl innerhalb von 15 Jahren mehr als verachtfacht.[3] Der Containertransport auf dem Binnenschiff bildet dabei zumeist nur einen Teil der Transportkette. Vor- und/oder Nachlauf können mit Bahn, LKW oder Seeschiff erfolgen. Das IFO-Institut geht davon aus, daß sich der Containerverkehr vor dem Hintergrund von Kostendegressionsvorteilen bei Langstreckentransporten und der expansiven Entwicklung von Containertransporten auch in der bayerischen Binnenschiffahrt durchsetzen wird. Anspruch und Wirklichkeit sind auch bei dieser Thematik einander kritisch gegenüberzustellen. So geht das IFO-Institut davon aus, daß sich diese zumeist zeitempfindlichen Spezialverkehre durch die flußlaufbedingten Umwege und zahlreiche Schleusenaufenthalte auf dem Main und im Main-Donau-Kanal wesentlich bescheidener entwickeln werden als auf dem Rhein.[4] Ein weiterer Aspekt, der vor zu großem Optimismus bezüglich der Containerschiffahrt auf bayerischen Binnenwasserstraßen warnt, ist laut Aussage des Vorstandsmitgliedes des Vereins für Binnenschiffahrt und Wasserstraßen e.V. von Haus das betriebswirtschaftliche Kalkül, daß ein wirtschaftlicher Einsatz der Binnenschiffahrt bei Containertransporten in der Regel davon abhängig ist, daß mindestens drei Lagen Container gestapelt werden können, was wiederum eine Brückendurchfahrtshöhe von 7 m voraussetzt.[5] Durchgängig sind diese Voraussetzungen bisher nur am Rhein gegeben.

---

[1] Bundesminister für Verkehr (Hrsg.): Bundesverkehrswegeplan 1992, a.a.O., S.54.
[2] Schneider, J./Seufert, C.: Binnenschiffahrt und Bundesbahn. Kooperation und Konfrontation, a.a.O., S.777.
[3] o.V.: Container auf dem Rhein. In: Binnenschiffahrtsnachrichten Nr.9/Mai 1990, S.230, in Verbindung mit: Haus, G.v.: Die Bedeutung der Binnenschiffahrt in der Bundesrepublik Deutschland, a.a.O., S.70.
Emipirische Untersuchungen des Vorstandsvorsitzenden der Versuchsanstalt für Binnenschiffahrtsbau e.V. in Duisburg Prof. Heuser ergaben ein mittleres Ladungsgewicht von 9,3 t je TEU. Vgl. Heuser, H.H.: Binnenschiffahrt heute und morgen, a.a.O., S.884.
[4] IFO-Institut (Hrsg.): Verkehrsprognose Bayern 2005, a.a.O., S.368.
[5] v. Haus, G.: Die Bedeutung der Binnenschiffahrt in der Bundesrepublik Deutschland, a.a.O., S.71.

Ergänzungsbeziehungen in Transportketten ergeben sich darüberhinaus auch im Ro/Ro-Verkehr sowie bei Gefahr- und Schwerguttransporten. Insbesondere dem kombinierten Verkehr unter Einbeziehung der Binnenwasserstraße wird auf Grund der erheblichen Kapazitätsreserven der Binnenschiffahrt von Seiten der Bundesregierung besondere Bedeutung beigemessen.[1] Sowohl auf nationaler als auch auf supranationaler Ebene wird die schwimmende Landstraße - die sich sukzessive auch auf dem Rhein etabliert - verkehrspolitisch verstärkt gefördert. Seit dem 1.1. 1992 erfolgt auf Basis von EG-Richtlinien die Liberalisierung des Straßenvor- und nachlaufs im Umkreis von 150 km Luftlinie um den Binnenwasserstraßenumschlagsplatz. Ebenso gelten seit Januar 1992 folgende Verbesserungen für den grenzüberschreitenden Verkehr: - Freigabe der Huckepackkabotage im kombinierten Verkehr zwischen Mitgliedsländern - Befreiung des Straßenvor- und Nachlaufs auf der Straße von der Tarifpflicht im Güterkraftfahrtgewerbe - sowie die Erleichterung des Zugangs des Werksverkehrs zum kombinierten Verkehr. Darüberhinaus werden die schon bisher geltenden Förderungen des kombinierten Verkehrs, wie die Befreiung der im Vor- und Nachlauf zum/vom Hafen eingesetzten Fahrzeuge von der Kfz-Steuer und das auf 44 t erhöhte zulässige Gesamtgewicht beibehalten.[2]

Eine wesentliche Rolle für die Forcierung des wassergebundenen Kombi-Verkehrs spielt die Tatsache, daß die Entwicklung des kombinierten Verkehrs Straße/Schiene auf einigen Relationen bereits an ihre Kapazitätsgrenze stößt. "Engpässe bestehen auf den wichtigen Eisenbahnhauptstrecken, das bedeutet, daß kaum zusätzliche Züge für den kombinerten Verkehr in das Netz der Bahn eingespeist werden können."[3] Bereits im Juni 1982 wurde zwischen dem bei Donaukilometer 2233,4 liegenden Hafen Passau-Schalding und dem bulgarischen Hafen Vidin (Donau-km 790) erstmals in Europa ein Linienverkehr mit speziellen Ro/Ro-Schiffen (Katamarane mit einer Länge von 114 und einer Breite von 22,8 m) eingerichtet. Während der Terminal Passau-Schalding den Lkw-Verkehr von und nach Mittel- und Westeuropa aufnimmt, ist der Hafen Vidin Ausgangs- und Sammelpunkt für Lkw-Verkehre mit und von Bulgarien und Rumänien, dem Nahen, aber auch dem Mittleren Osten. Die Verkehrszahlen des Hafens Passau-Schalding spiegeln über die Jahre hinweg die politischen und zum Teil auch kriegerischen Veränderungen im Nahen Osten und im ehemaligen Jugoslawien wider.[4] Im Jahre 1991 wurden mit den 4 Katamaranen dieser Linie, die über eine Ladekapazität von je 49 Lkw-Trailern verfügen, in Passau-Schalding 83 949 t umgeschlagen.[5] Neben der deutsch-bulgarischen Gesellschaft DLM (Donau-Lloyd Mat GmbH, einer gemeinsamen Tochter der zur Rhenus-Gruppe gehörenden Bayerischen Lloyd AG und der bulgarischen Transportgesellschaft Somat) haben sich in jüngster Zeit drei weitere Gesellschaften gebildet (deutsch-ungarisch, deutsch-bulgarisch, deutsch-ukrainisch), welche mit Ro/Ro-Leichtern operieren, die auf Grund ihrer Breite von nur 11,4 m kanalgängig sind und den Staatshafen Nürnberg anfahren.[6] Seit dem 25.4. 1994 erfolgt auf der Donau von Regensburg bis Wien durch die deutsche Menke Holding im Linienverkehr eine Neuwagenverschiffung auf dem zur Donau-Dampfschiffahrt-Gesellschaft (DDSG) gehörenden Ro/Ro-Schiff "Melk".

Auf dem Rhein wurde am 31.5. 1985 durch die deutsch-niederländische Rhine Ro-Ro Service B.V., eine Tochtergesellschaft der Unternehmen Nedlloyd Rijn en Binnenvaart B.V., Interijn B.V. und Rhenania Schiffahrtsgesellschaft, das erste Ro/Ro-Schiff für den Transport von Lkw-Aufliegern in Dienst genommen. Im Oktober des gleichen Jahres folgte die MS Dynamica. Seither verkehren die beiden Schiffe mit einer Stellplatzkapazität von jeweils 72 Trailern in einem regelmäßigen Liniendienst mit zwei Abfahrten

---

[1] Briefe zur Verkehrspolitik, Nr. 35/36 vom 7.11.1991, S.6.

[2] o.V.: Kombinierter Verkehr auf Wasserstraßen. In: Briefe zur Verkehrspolitik, Nr. 35/36 vom 7.11.1992, S.7.

[3] Scharl, K.: Die Auswirkungen des Kanals auf den Güterverkehr - Infrastrukturelle Desiderate und transportunternehmerische Perspektiven. In: Main-Donau-Kanal - Zukunftsdimensionen einer europäischen Wasserstraße. Erschienen in der Schriftenreihe Politische Studien der Hanns Seidel Stiftung e.V. Nr.325, München 1992, S.28.

[4] Deutsch R./Lechner, W.H.: Der Main-Donau-Kanal und die bayerischen Staatshäfen. In: Bau intern - Zeitschrift der Bayerischen Staatsbauverwaltung, Heft 10/1992, S.235f.

[5] o.V.: 10 Jahre Ro/Ro-Verkehre auf der Donau. In: Binnenschiffahrt - Zeitschrift für Binnenschiffahrt und Wasserstraßen, Nr.20/1992, S.1127.

[6] Deutsch, R./Lechner, W.H.: Der Main-Donau-Kanal und die bayerischen Staatshäfen - Bedeutung für Handel und Verkehr, a.a.O., S.236.

pro Woche zwischen Rotterdam, Antwerpen und den Oberrheinhäfen Mainz, Mannheim und Karlsruhe.[1] Gütergruppen, die innerhalb von Transportketten eine erhebliche Schiffsaffinität aufweisen, sind Gefahrguttransporte sowie Schwerstgüter oder Güter mit extremen Abmessungen. Auf Grund der hohen Verkehrssicherheit in der Binnenschiffahrt bilden Gefahrguttransporte auf dem Rhein etwa 30% des gesamten Transportaufkommens. Auf dem Main und der Donau hingegen wird der Sicherheitsvorteil der Wasserstraße gegenüber Schiene und Straße nur in geringerem Umfang genutzt. Nur etwa 10% beziehungsweise 6% des dortigen Frachtaufkommens bilden gefährliche Güter.[2]

Um Verkehrsbehinderungen, insbesondere im Straßenverkehr, zu verringern, bilden Binnenwasserstraßen für Schwerstguttransporte eine wichtige Ergänzung zu Straße und Schiene. Die zur SPG Schwergutpartnerschaft AG, Basel gehörende MS Ro/Ro Simmental beispielsweise kann Güter bis zu einem Stückgewicht von 1000 t - ohne Zuhilfenahme von Kränen durch Überrollen von Land an Bord - laden. Aufwendige Maßnahmen zur Transportsicherung für Ladungsgut mit Überbreite auf Autobahnen, Umbaumaßnahmen an Straßenkurven, Brückenumfahrungen und mitunter langfristige Behinderungen anderer Verkehrsteilnehmer bleiben nur noch auf den Straßenvor- und nachlauf beschränkt.[3]

So wie die Binnenschiffahrt Ergänzungsmöglichkeiten zu Straße und Schiene bietet, so verfügt sie selbst unter gewissen Konditionen auch über Ergänzungsbedarfe ihres eigenen Verkehrssystems. Die Vereisung des Fahrwassers sowie Hoch-, insbesondere aber Niedrigwasser, können die Binnenschiffahrt erheblich einschränken oder gar zum Erliegen bringen. An betroffen Teilstücken muß dann, falls die Frachtvereinbarungen keine Verzögerungen zulassen, die Ladung auf Landverkehrsträger umgeschlagen werden. Als Beispiel in diesem Zusammenhang läßt sich die ungewöhnlich starke Frostperiode zum Jahreswechsel 1992/1993 nennen, die den Schiffsverkehr auf dem Main-Donau-Kanal vorübergehend zum Erliegen brachte. Hierbei gilt es darauf zu verweisen, daß Kanäle und staugeregelte Flußabschnitte ein erheblich größeres Vereisungsrisiko aufweisen als freifließende Flüsse.

Kapazitätsstarke und verkehrswirtschaftlich sorgfältig lozierte Umschlags- bzw. Schnittstellen zwischen den landgebundenen Verkehrsträgern und der Wasserstraße sind jedoch in jedem Falle erforderlich. Güterverkehrszentren an Wasserstraßen bzw. der multimodale Umbau von geeigneten Hafenanlagen würden diese Voraussetzung erfüllen. Theoretisch braucht sich die Errichtung einer intermodalen Schnittstelle lediglich an den Verkehrsnetzen und deren Bedeutungsgrad zu orientieren. Da ein Güterverkehrszentrum auch regionale Lager- und Distributionsaufgaben für Industrie und Handel übernimmt, die sich in Ballungsräumen konzentrieren, ist der geeignete Standort primär in der Nähe großer Absatzmärkte zu suchen.[4] Die Bayerische Staatsregierung definiert die Voraussetzungen für multimodale Umschlagstellen, die über die gesamte Leistungspalette von Güterverkehrszentren verfügen, anhand dreier Kriterien. Entsprechend ministerialer Vorgaben bedarf es eines Mindestumschlags von 350 000 bis 400 000 t jährlich, einer Fläche von 25-30 ha und eines Bahnanschlusses für den kombinierten Verkehr. Als Standorte in Bayern kommen gemäß dem Landesentwicklungsprogramm insbesondere die Städte München, Nürnberg, Regensburg, Neu-Ulm/Ulm sowie Augsburg mit ihrem Umland in Betracht. Für die Versorgung Unterfrankens empfiehlt sich ein Standort im Raum Würzburg/Schweinfurt, für Oberfranken im Raum Bayreuth.[5] Von den sieben zur Diskussion stehenden Standorten verfügen folglich drei über die Nähe zur Rhein-Main-Donau-Wasserstraße.

---

[1]Hendrich, W.: Die Zukunft liegt auf dem Wasser. Ro/Ro- und Schwergutverkehre auf Binnenwasserstraßen. In: Binnenschiffahrt - Zeitschrift für Binnenschiffahrt und Wasserstraßen, Nr. 6/1991, S.223f.
[2]Piseky, F.: Österreich und der Main-Donau-Kanal. In Schiffahrt und Strom, Folge 141/1992, S.5, sowie Wasser- und Schiffahrtsdirektion Süd: Ausbau der Fahrrinne des Mains von Aschaffenburg bis Bamberg, Anschreiben vom 15.9.1993, S.1.
[3]Hendrich, W.: Die Zukunft liegt auf dem Wasser - Ro/Ro und Schwerstgutverkehre auf Binnenwasserstraßen, a.a.O., S.223f.
[4]Höltgen, D.: Güterverkehrszentren - Knotenpunkte des Kombinierten Verkehrs im europäischen Binnenmarkt. In: Geographische Rundschau 12/1992, S.711.
[5]Bayerisches Staatsministerium für Landesentwicklung und Umweltfragen (Hrsg.): Landesentwicklungsprogramm Bayern, München 1994, S.506.

Neben den Konzept des Bayerischen Staatsministeriums für Landesentwicklung und Umweltfragen existieren seitens der Deutschen Bahn AG und des Bundesverkehrsministeriums weitere Lösungsvorschläge für die Lozierung von Güterverkehrszentren. Im "Masterplan GVZ" der Deutschen Bahn AG werden 25 Standorte im ganzen Bundesgebiet ausgewiesen. Mit München-Ost, Regensburg-Ost und Nürnberg befinden sich nur drei davon in Bayern. Der Bundesverkehrswegeplan 1992 hingegen weist 44 Standorte aus, acht davon im Freistaat.[1] Konzeptionell ist dabei bezüglich der Standortwahl eine deutliche Parallele mit dem Landesentwicklungsprogramm erkennbar. Tendenziell findet diese Planung auch seitens des Bundesverkehrsministeriums Unterstützung. Bezüglich der Finanzierung dieser Projekte werden, nach dem Willen des Bundesverkehrsministers, nunmehr private Investoren präferiert. In Ergänzung zur angestrebten privaten Finanzierung werde der Bund aber bis zum Jahre 2012 immerhin 4,1 Mrd. DM für den Ausbau der Umschlagplätze zur Verfügung stellen.[2]

Zielführend verweist in diesem Zusammenhang der Verband Deutscher Verkehrsunternehmen (VDV) in seinem Thesenpapier zur Regionalisierung des Güterverkehrs auf die Standortvorteile von Binnenhäfen als Güterverkehrszentren. Zentrales Argument dabei sind die ausgesprochen guten Ausgangsbedingungen der Binnenhäfen, die vielfach bereits als multifunktionale logistische Dienstleistungszentren fungieren. Greift man exemplarisch die öffentlichen Binnenhäfen in Deutschland heraus, so weist die Branchenstruktur rund 4000 Industriebetriebe und etwa 2600 Dienstleistungsbetriebe auf. Zu ihnen gehören 2000 Betriebe aus dem Speditionsgewerbe, der Lagerei, des Umschlags und des Handels.[3] Die daraus abzuleitende Folgerung ist, daß es in vielen Fällen unnötig erscheint, primär Güterverkehrszentren auf der "grünen Wiese" entstehen zu lassen, sondern statt dessen zu versuchen, Binnenhäfen stärker als bisher in die Standortwahl mit einzubeziehen.

Daß diese sinnvolle Forderung bisher zu wenig Beachtung findet, beweist die Lozierung des Güterverkehrszentrums Regensburg in einer Entfernung von rund 3 km vom Hafen. Die Notwendigkeit von Zwischentransporten und die Kosten für zusätzlich Umladevorgänge werden dabei die konkurrenzfähige Integration der Wasserstraße in eine multimodale Transportkette zukünftig in Frage stellen. Trotz der kleinräumigen Dimension dient dieses aktuelle Beispiel hervorragend dazu, die Konsequenzen fehlgeleitete Standortpolitik zu verdeutlichen.

Im Spannungsfeld eines ständig wachsenden Verkehrsaufkommens einerseits und eines gestiegenen Umweltverträglichkeitsanspruches in weiten Teilen von Gesellschaft, Wirtschaft und Politik andererseits bieten Transportketten im kombinierten Verkehr einen Baustein zur Konfliktlösung. Dennoch existiert in Deutschland nach wie vor ein Widerspruch zwischen der verkehrspolitischen Zielsetzung, mehr Güter vom Lkw auf Bahn oder Schiff zu laden und andererseits der verkehrlichen Realität, in der der Trend weiterhin ungebremst zum Lkw geht.

---

[1] Bundesminister für Verkehr: Bundesverkehrswegeplan 1992, a.a.O., S.58.
[2] o.V: Private Finanzierung für Kombiverkehr-Terminals. In: Südddeutsche Zeitung vom 1.8.1994, Nr.175, S.17.
[3] Hecke, R.: Chancen, Voraussetzungen und notwendige Anpassungen für den kombinierten Ladungsverkehr im Standort Binnenhafen. In: Binnenschiffahrt - Zeitschrift für Binnenschiffahrt und Wasserstraßen, Nr.3/94, S.15f.

## 4. Der Main-Donau-Kanal

Aufgabe des Kapitel 4 ist es, bisher oftmals nur isoliert publizierte Teilaspekte des Forschungsobjektes Main-Donau-Kanal aus wirtschaftsgeographischer Sichtweise zu systematisieren. Zu diesem Zwecke wurde eine Gliederung in sechs Themenkreise gewählt.

Es werden dabei zentrale Aspekte der Raumplanung bei der Wahl und Gestaltung der Kanaltrasse (Kap. 4.1.), die Bau-, Betriebs- und Unterhaltskosten des Kanals (Kap. 4.2.) sowie die Prognosen über das zukünftige Frachtaufkommen des Main-Donau-Kanals im Wandel der Zeit (Kap.4.3.) herausgearbeitet und diskutiert. Anschließend werden in Kapitel 4.4. die eng mit den Einflußgrößen Baukosten und Frachtaufkommen in Bezug stehenden Nutzen/Kosten-Analysen für das Teilstück zwischen Nürnberg und Kelheim sowie die sich im Laufe dieses Jahrhunderts erheblich ändernden Motive für den Bau einer Großschifffahrtstraße zwischen Main und Donau (Kap. 4.5.) dargestellt. Den Abschluß des Kapitels 4 bildet die - in den vergangenen zwei Jahrzehnten zunehmend an Gewicht gewinnende - außerverkehrliche Bewertung des Kanals (Kap. 4.6.). Im Vordergrund stehen dabei die Funktion der Südrampe des Kanals innerhalb eines überregionalen Wasserüberleitungsprojektes und die Bedeutung des Kanals und des Neuen Fränkischen Seenlandes für die Daseinsgrundfunktion Freizeitverhalten.

### 4.1. Raumplanerische Aspekte des Kanals

Aufbauend auf die Untersuchungen in Kapitel 2.3 werden nachfolgend anhand von fünf Themenkreisen ausgewählte raumplanerische Aspekte des Main-Donau-Kanals eingehend dargestellt und diskutiert. Im Vordergrund stehen dabei die Trassenführung des Kanals, seine Abmessungen, seine Schleusen- und Brückenbauwerke, der technische Umfang der Baumaßnahmen sowie die landschaftsplanerischen Grundsätze des Kanalbaus.

Nachdem Ende der 50er Jahre die erste Phase des Mainausbaus abgeschlossen war, wurde 1960 mit dem Bau des Main-Donau-Kanals begonnen. Bei der Trassenführung mußten angesichts der topographischen Besonderheiten des Geländes, durch das der Kanal führen sollte mehrere Alternativen diskutiert und geprüft werden. Moosbrugger beschreibt, unter Bezugnahme auf den Karlsgraben und den Ludwig-Donau-Main-Kanal, diese Suche nach der optimalen Trasse für die Verbindung vom Rhein zur Donau als eine die Kanalidee über mehr als ein Jahrtausend begleitende Aufgabe.[1] Erst 1963 einigte man sich beim Main-Donau-Kanal verbindlich auf die nunmehr verwirklichte Trasse.

---

[1] Moosbrugger, P.: Linienführung und Querschnitt des Main-Donau-Kanals. In: Wasserwirtschaft Nr.12/1988, S.528.

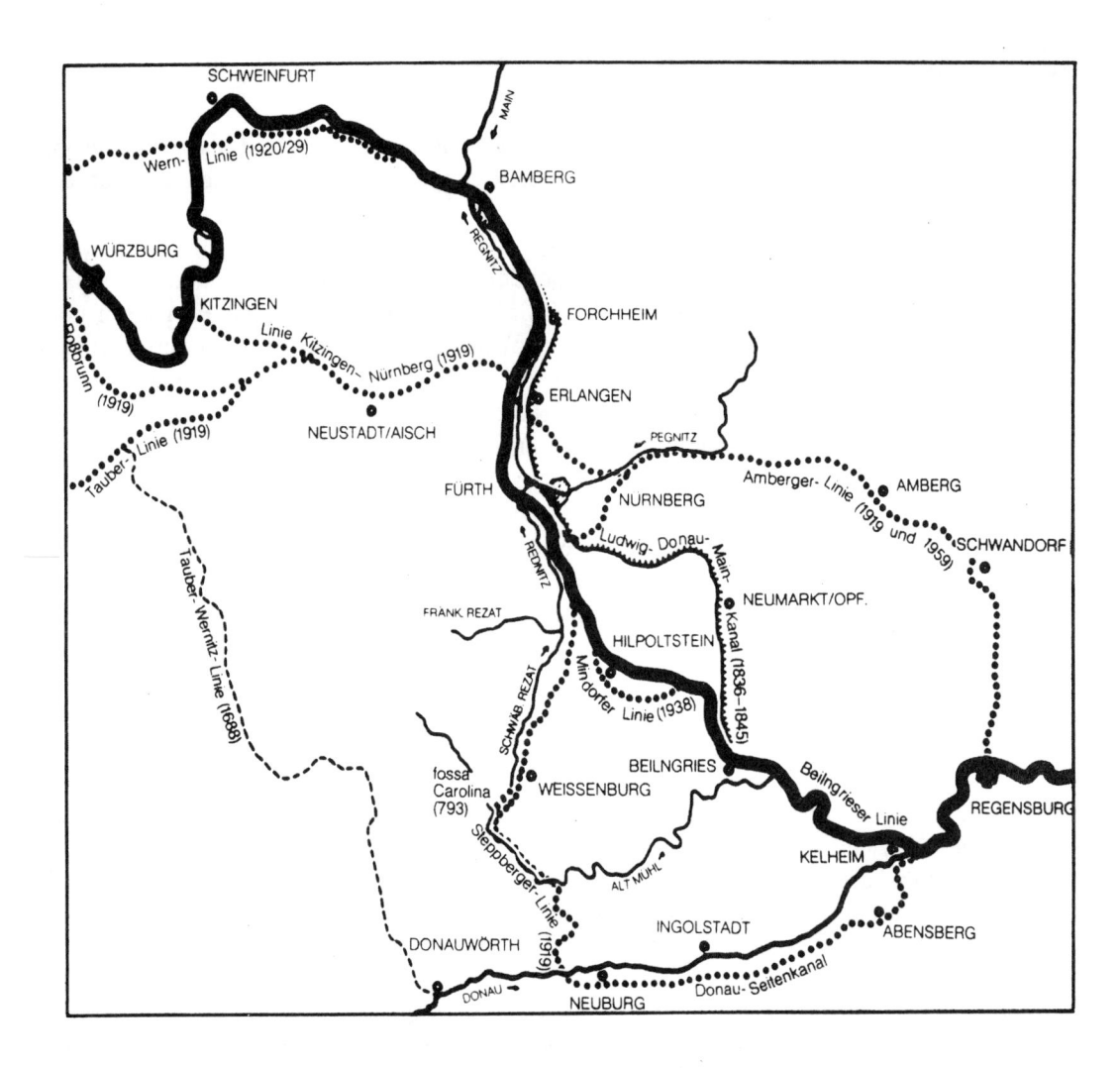

Karte 5: Trassenverlauf des Main-Donau-Kanals

Quelle: Otto, G.: Eigentlich heißt der Kanal "Regnitz-Altmühl". In: Sonderbeilage der Mittelbayerischen Zeitung vom 24.9.1992, o.S.

Der Weg von Bamberg nach Nürnberg war durch das Regnitztal vorgegeben. Eine umfangreiche Kanalisierung der Regnitz hätte jedoch den Bau vieler Staustufen erfordert, die mit den notwendigen Schleusungsvorgängen den Verkehrsfluß der Binnenschiffe in zu großem Maße gebremst hätten. Man entschied sich für den Ausbau der Regnitz bis zum südlichen Stadtrand von Bamberg; von dort führt die Wasserstraße in einem Regnitz-Seitenkanal über Erlangen und Fürth bis zum Hafen von Nürnberg. Für den Streckenabschnitt von Nürnberg bis zur Donau bei Kelheim erwies sich die sogenannte Beilngrieser Linie am günstigsten, da dieser Weg, betrachtet man ihn aus südlicher Richtung, geradezu von den topographischen Gegebenheiten der Region vorgezeichnet ist. Das Altmühltal, das Ottmaringer Trockental und das Sulztal haben so tiefe Furchen in den Jura geschnitten, daß keine bessere Trasse gefunden werden konnte.[1]

Allerdings muß jede Trasse den Fränkischen Jura überwinden, der in dieser Region die europäische Hauptwasserscheide bildet. Ausgehend von Bamberg (230 m üNN) und Kelheim (338 m üNN) erreicht der Kanal an der Scheitelhaltung bei Hilpoltstein mit 406 m über dem Meeresspiegel seinen höchsten Punkt, der zugleich der höchste Punkt des deutschen, aber auch des europäischen Wasserstraßensystems ist. Angesichts dieser gewaltigen Höhenunterschiede mußten Lösungen gefunden werden, die finanziell vertretbar waren, die zudem Zeitverluste der Binnenschiffe durch Schleusungen auf ein Minimum reduzieren und sich bestmöglich in das Landschaftsbild integrieren.

---

[1]Weckerle, K.: Wirtschaftsraum Europa ist näher zusammengewachsen. In: DVZ Nr.114/24.9.1992, S.43.

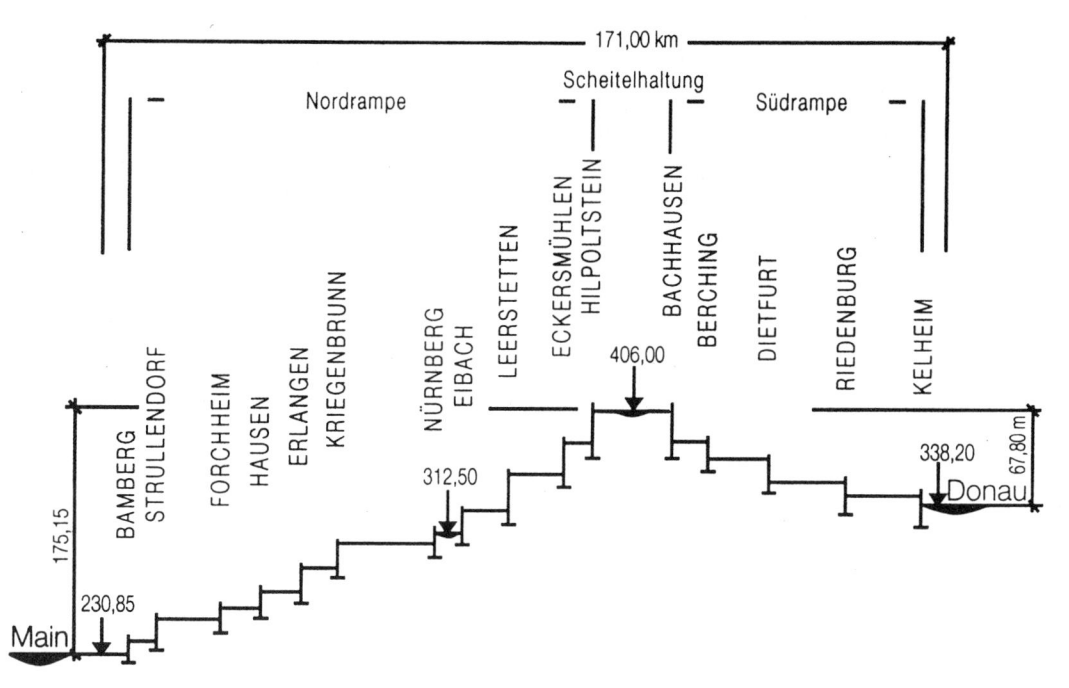

Abb. 2: Höhenplan der Main-Donau-Wasserstraße

Quelle: Rhein-Main-Donau AG

Für den 171 km langen Kanal wurden insgesamt 16 Schleusen errichtet. Den ersten 72 km langen Teil der Nordrampe zwischen Bamberg und Nürnberg mit seinem Höhenunterschied von 81,7 m helfen 7 Schleusen zu überwinden. In der anschließenden Kanalstrecke zwischen Nürnberg und der Scheitelhaltung bei Hilpoltstein beträgt der Höhenunterschied 93,5 m auf nur 27 km Länge. In diesem Streckenabschnitt gibt es neben der 19,5 m hohen Schleuse Eibach drei höhengleiche Schleusen (Leerstetten, Eckersmühlen und Hilpoltstein), die mit ihrer Hubhöhe von jeweils 25 m zugleich die höchsten jemals in Deutschland gebauten Schleusen sind. Zwischen der Scheitelhaltung und der Altmühl wurden die drei baugleichen Schleusen Bachhausen, Berching und Dietfurt mit einer Hubhöhe von jeweils 17 m errichtet. In der 34 km langen Altmühlstrecke zwischen Dietfurt und Kelheim beträgt der zu überwindende Höhenunterschied nur noch 16,8 m. Bei Riedenburg und Kelheim wurde dieser Höhenunterschied mit zwei jeweils 8,4 m hohen Schleusen ausgeglichen. Die Innenabmessungen aller 16 Schleusen betragen 12 m in der Breite und 190 m in der Länge, so daß beispielsweise zwei Gütermotorschiffe von 90 m Länge und 1500 t Tragfähigkeit oder ein zweigliedriger Schubverband mit einer Länge von 185 m und einer Tragfähigkeit von 3300 t geschleust werden können. Um den Bedarf an Betriebswasser möglichst niedrig zu halten, wurden die Schleusen, mit Ausnahme der drei Flußschleusen, als Sparschleusen mit bis zu drei terrassenförmig angeordneten - neben den Schleusen plazierten - Sparbecken ausgeführt.[1] Gegenüber konventionellen Schleusen verringert sich die bei einem Schleusungsvorgang ablaufende Wassermenge um rund 60%. Grund für diese Maßnahme ist, daß der Kanal zwischen der Abzweigung aus der Regnitz bei Hausen und der Einmündung in die Altmühl bei Dietfurt über keine nennenswerten natürlichen Zuflüsse verfügt. Deshalb muß das gesamte Betriebswasser für die Schleusungsvorgänge mit Hilfe von Pumpwerken von der Donau zur Scheitelhaltung befördert werden.[2]

Ein positiver Effekt dieser Konstruktion ist auch in der Kürze des Schleusungsvorgangs zu sehen. Innerhalb von 16 Minuten werden, aufgrund der raschen Zuführung des Betriebswassers, die maximalen 25 m Höhendifferenz überwunden. Das Kanalbett wurde mit einem Trapezquerschnitt von 55 m Wasserspiegelbreite, einer Sohlenbreite von 31 m, 4 m Wassertiefe und einer im Verhältnis 1:3 geneigten Böschung konstruiert. Dieser Querschnitt wurde in den 50er Jahren mittels Modellversuchen von der Hamburger Schiffbau-Versuchsanstalt ermittelt. Die Forschungsergebnisse zeigten hierbei, daß ein Querschnitt von rund fünffacher Größe gegenüber dem Querschnitt eines vollbeladenen Regelschiffes mit

---

[1] Rhein-Main-Donau AG: Informationen zum Main-Donau-Kanal. München 1992, o.S.
[2] Seidel, H.P.: Zur Inbetriebnahme des Main-Donau-Kanals. In: ZfB Nr.17/September 1992, S.895.

9,5 m Breite und 2,5 m Tauchtiefe in Bezug auf die Rückstromgeschwindigkeit optimal wäre. Begründet liegt dieser Umstand in der physikalischen Gegebenheit, wonach das während der Fahrt durch das Schiff verdrängte Wasser auf beiden Seiten des Schiffskörpers und unterhalb des Schiffes zurückströmen. Je kleiner nun das "Wasserpolster" ist, welches das Schiff umgibt, desto höhere Rückstromgeschwindigkeiten treten bei der Fahrt auf. Diese führen verstärkt zu Beschädigungen der Sohle durch den Schraubenstrahl, verursachen aufgrund der entstehenden Wellen Erosionsschäden an den Uferbefestigungen, bremsen die Fahrt des Schiffes und erhöhen den Energieaufwand.[1]

Die Vermeidung von Schäden an der Uferböschung ist auch ein wesentlicher Grund für die Fahrgeschwindigkeitsbeschränkungen auf dem Main-Donau-Kanal. Gemäß der Schiffahrtspolizeilichen Verordnung gilt für Schiffe, die bis zu einer Tiefe von 1,30 m abgeladen sind, eine Geschwindigkeitsbeschränkung von 13 km/h, bei Schiffen mit einer Abladetiefe von mehr als 1,30 m eine Begrenzung auf 11 km/h.[2] Neben den zeitraubenden 16 Schleusungsvorgängen wirkt sich dieses zweifellos notwendige Tempolimit zusätzlich negativ auf die Transportdauer aus. Vergleicht man Bahn und Binnenschiff auf der Strecke Aschaffenburg - Passau, so ergibt sich nach raum/zeitlichen Kriterien folgende Relation:
Während ein Güterzug für die Bewältigung der 412 km langen Bahnstrecke zwischen den beiden Städten rund einen Tag benötigt[3], braucht ein Binnenschiff auf der 677 km langen Wasserstraße rund fünf Tage, um Passau von Aschaffenburg aus zu erreichen.
Überall dort, wo der Wasserspiegel des Kanals auf Geländehöhe oder darüber liegt, wurde, aufbauend auf den Erfahrungen mit dem Dammbruch in Katzwang bei Nürnberg im Jahre 1979, der Dichtung des Kanalbetts große Bedeutung beigemessen. Südlich von Bamberg wurde zunächst eine Hydratondichtung, im folgenden zumeist Asphalt zur Dichtung des Kanalbetts verwendet. Mit Rücksicht auf das Landschaftsbild im Sulztal wurde in den Haltungen Berching und Dietfurt - dort wo es technisch und finanziell vertretbar war - auf eine Auskleidung des Kanals mit Asphaltbeton verzichtet und der Kanal gegen den Untergrund mit Schmalwänden abgesichert.[4] Eine Teilstrecke der Schleusenhaltung Kelheim, die durch verkarstete Schichten führt und bei der eine unkontrollierte Versickerung befürchtet werden mußte, wurde mit einer in höchsten Maße wasserundurchlässigen Heimodichtung ausgekleidet.

122 Brückenbauwerke wurden während des Kanalbaus errichtet. Drei dieser Kanalbrücken nehmen dabei eine herausragende Stellung ein, da sich diese nicht über den Kanal spannen, sondern die Wasserstraße selbst mittels Brücken die Täler von Zenn, Rednitz und Schwarzach überquert.[5] "Ein natürlicher Wasserweg ist meist bestimmend für die Entwicklung von Siedlungs- und Verkehrsstrukturen. Umgekehrt ist es beim Bau einer künstlichen Wasserstraße. Das angetroffene Wegenetz muß in seiner Funktion erhalten bleiben. So kann selbst für die Bewirtschaftung von Feldern, die durch die Kanaltrasse vom Hof getrennt werden oder zur Erhaltung einer anders nicht ersetzbaren Fußwegverbindung, der Bau einer Brücke notwendig werden."[6]

Während die große Zahl an Brücken den Interessen der Anwohner sehr entgegenkommt, wurde deren Bau seitens des Binnenschiffahrtsgewerbes mit großer Skepsis betrachtet. Der Grund dafür ist, daß die Brücken zum Zwecke einer guten ästhetischen Integration in das Landschaftsbild mit niedrigen Rampen und somit mit einer geringen lichten Durchfahrtshöhe von mehrheitlich 6 m versehen sind. Dies hat aber zur Folge, daß auf dem Main-Donau-Kanal Containertransporte mit mehr als zwei Lagen wegen der lichten Höhe der Brücken im allgemeinen nicht möglich sind.

In diesem Zusammenhang ist gemäß den Ausführungen von Kapitel 3.4. daran zu erinnern, daß vor dem Hintergrund des im Binnenschiffahrtsgewerbe üblichen Erfahrungswertes, daß Containertransporte zumeist erst ab drei Lagen (dies setzt eine Durchfahrtshöhe von 7 m voraus) gewinnbringend durchgeführt werden können, den Durchfahrtshöhen der Brücken aus ökonomischer Sicht erhebliche Bedeutung beizumessen

---

[1]Seidel, H.P.: Zur Inbetriebnahme des Main-Donau-Kanals, a.a.O., S.897.
[2]Bundesminister für Verkehr (Hrsg.): Verkehrsblatt, Heft 20/1992, Bonn 1992, S.574.
[3]Angaben durch die Kundenbetreuung Güterverkehr der Bahn AG vom 5.1.1994. Ansprechpartner: Herr Rosenberger.
[4]Seidel, H.P.: Strukturelle Bedeutung des Main-Donau-Kanals. In: Wasserwirtschaft Nr.12/1988, S.531f.
[5]Seidel, H.P.: Zur Inbetriebnahme des Main-Donau-Kanals, a.a.O., S.897.
[6]Reinhold, E.: Brücken am Main-Donau-Kanal. In: Wasserwirtschaft Nr.12/1988, S.550.

ist. Es zeigt sich in der Praxis, daß die divergierenden Interessen von Landschaftsplanern und Binnenschiffern in diesem Punkt nicht zusammengeführt werden konnten. In Bezug auf die Durchfahrtshöhe der Brückenbauwerke stehen Ästhetik und Funktionalität in einem bisher ungelösten Widerspruch zueinander. Dennoch kann man hier einschränkend anmerken, daß sich auch die lichten Höhen einiger Main- und Donaubrücken in dieser Größenordnung bewegen. So beträgt, beim höchsten schiffbaren Wasserstand, die Durchfahrtshöhe der niedrigsten Mainbrücke, der südlich von Hanau gelegenen Straßenbrücke Auheim, nur 4,39 m.[1] Hierbei ist zu betonen, daß der Wasserstand von Main und Donau erheblichen Schwankungen unterworfen ist. Der Wasserstand des Main-Donau-Kanals hingegen ist eine konstante Größe.

Als extremstes Beispiel an der Donau ist in diesem Zusammenhang die Eisenbahnbrücke Deggendorf (lichte Höhe beim höchsten schiffbaren Wasserstand/HSW) mit 4,73 m zu nennen.[2] Auch die Eisenbahnbrücke Bogen, östlich von Straubing unterscheidet sich mit einer bestehenden Durchfahrtshöhe von 5,02 m beim höchsten schiffbaren Wasserstand erheblich von dem in den Ausbaugrundsätzen für die bayerische Donau bis Regensburg festgeschriebenen Maß von 8,0 m über HSW. Die Schiffahrt fordert deshalb seit langem eine Anhebung beider Brücken, die noch über eine Restnutzungsdauer bis zum Jahre 2002 verfügen. Die Wasser- und Schiffahrtsdirektion Süd erstellte aus diesem Grunde eine Nutzen/Kosten-Analyse für die Abwägung der Vorteile, die der Binnenschiffahrt durch die Beseitigung dieser Hindernisse erwachsen und den Kosten für neue höhere Brückenbauwerke. Die Berechnungen ergaben dabei einen Nutzen/Kosten-Faktor von 0,25, der deutlich unter der Rentabilitätsschwelle liegt.[3] Vor dem Hintergrund dieses Ergebnisses ist somit die Folgerung zulässig, daß die Brückendurchfahrtshöhen am Main-Donau-Kanal, zumindest bis zur Beseitigung der gravierenderen Engpässe an Main und Donau, noch keine entscheidungsrelevante Einschränkung für die Schiffahrt darstellen.

Bei einem Versuch, die gewaltige bauliche Dimension des Main-Donau-Kanals darzustellen, kristallisieren sich folgende Fakten heraus: Insgesamt waren für den Kanal-, Schleusen-, Pump- und Kraftwerksbau auf der Strecke zwischen Bamberg und Kelheim Erdbewegungen in der Größenordnung von rund 93 Mio. Kubikmetern erforderlich, allein 16 Mio. Kubikmeter für die Haltung Hilpoltstein. In die Schleusen und Haltungen wurden rund 2,6 Mio. Kubikmeter Beton eingebaut, und der für Bewehrungsstahl, Schleusenverschlüsse und Stahlbrücken verbaute Stahl akkumulierte sich auf 189 000 t. Während der über 30-jährigen Bauzeit waren nahezu 1000 Firmen mit Bauleistungen oder Zulieferätigkeit am Kanalbau beteiligt. Pro Jahr arbeiteten durchschnittlich zwischen 3 000 und 4 000 Menschen am Kanal. Durch bevorzugte Auftragsvergabe an Betriebe aus strukturschwachen Regionen wurde arbeits- und strukturpolitischen Zielsetzungen entsprochen.[4]

Daß ein Großprojekt von der gewaltigen Dimension des Main-Donau-Kanals nachhaltige Eingriffe in Natur und Landschaft mit sich bringt, ist unvermeidbar. Naturnahe und landschaftlich besonders reizvolle Räume, wie das Ottmaringer-, Sulz- und Altmühltal wurden nachhaltig verändert. Zwangsläufig sind damit nachteilige Auswirkungen auf bedeutende Lebensräume für seltene, vom Aussterben bedrohte Pflanzen- und Tierarten verbunden. Ihnen wurde durch eine umweltverträgliche Planung entgegengewirkt, die dafür Sorge trug, daß vermeidbare Beeinträchtigungen von Natur und Landschaft unterlassen und unvermeidliche Eingriffe durch umfangreiche landschaftspflegerische Maßnahmen ausgeglichen werden konnten.[5] Exemplarisch sollen die landschaftsplanerischen Bemühungen des Bauträgers am überaus umstrittenen Teilstück des Kanals durch das Altmühltal dargestellt werden. Bereits im Raumordnungsverfahren für die Strecke Nürnberg-Kelheim in den Jahren 1963 bis 1966 spielten Fragen der landschaftlichen Einbindung eine bedeutende Rolle. Auch von behördlicher Seite wurde gefordert, die 34 km lange Kanal-

---

[1] Wasser- und Schiffahrtsamt Regensburg (Hrsg.): Benutzungsbedingungen für den Main-Donau-Kanal. Schriftstück Nr. 3-312.4/0 vom 13.11.1992, Regensburg 1992, S.4.

[2] Binnenschiffahrts-Verlag (Hrsg.): Schiffahrtskarte Main-Donau-Wasserstraße. Duisburg-Ruhrort, o.J.

[3] Busch, E.: Beseitigung noch vorhandener Engstellen an der Donau. In: ZfB Nr.17/1992, S.900.

[4] Gespräch mit dem Leiter der Abteilung für Öffentlichkeitsarbeit der Rhein-Main-Donau AG Christoph Schmidt am 14.1. 1993.

[5] Bayerisches Staatsministerium für Landesentwicklung und Umweltfragen (Hrsg.): Main-Donau-Wasserstraße - Landschaftsgestaltung. München 1986, S.13.

trasse durch das Altmühltal mit besonderer Sorgfalt zu planen.[1] Etwa zur gleichen Zeit veröffentlichte Alwin Seifert, der als langjähriger Berater der Rhein-Main-Donau AG in Fragen der Landschaftsgestaltung von Main und Donau fungierte, erste Vorschläge zur Einbindung der Wasserstraße in das Altmühltal. Unter Leitung von Reinhard Grebe wurde dann 1974, also noch vor Inkrafttreten der Naturschutzgesetze des Freistaates Bayern und des Bundes, der Landschaftsplan Altmühltal veröffentlicht.[2]

Die grundsätzlichen Ziele des Landschaftsplan lassen sich wie folgt zusammenfassen:
1. Vermeidung von Parallelen im Altmühltal, insbesondere bei der Ufergestaltung und Straßenführung;
2. Ständiger Wechsel der Gestaltungselemente (unterschiedliche Böschungsneigungen, wechselnde Bepflanzung u.ä.);
3. Erhaltung bestehender und Schaffung neuer Altwasserflächen;
4. Weitgehende Vermeidung von Aufschüttungen im Talraum. Dies hatte zur Folge, daß erheblich mehr Grundfläche erworben werden mußte, als es bei der Realisierung eines nur auf die technischen Bedürfnisse abgestellten Projekts notwendig gewesen wäre;
5. Schaffung von Feuchtstandorten und Inseln zwischen der Wasserstraße und bestehenden oder neu geschaffenen Altwässern sowie im Bereich überstauter, tieferliegender Flächen.[3]

Bezogen auf die Planungs- und Bautätigkeit läßt sich feststellen, daß die Rhein-Main-Donau AG unter dem Druck der öffentlichen Meinung bemüht war, die künstliche Wasserstraße so naturnah wie möglich erscheinen zu lassen. Diese Bemühungen waren mit einem erheblichen finanziellen Aufwand verbunden. So kamen beispielsweise rund 15% der gesamten Bausumme des zuvor diskutierten Kanalteilstücks durch das Altmühltal umweltschutzrelevanten Vorhaben zugute.[4]

## 4.2. Bau- und Betriebskosten des Kanals

Um den Main-Donau-Kanal vom betriebswirtschaftlichen Standpunkt detaillierter beurteilen zu können, sollen in diesem Kapitel die Kosten für den Bau, Betrieb und Unterhalt des Kanals aufgegriffen und den Einnahmen aus der Erhebung von Nutzungsentgelten der Kanaltrasse gegenübergestellt werden.

Die Gesamtkosten des Main-Donau-Kanals zwischen den Städten Bamberg und Kelheim betragen gemäß den Verlautbarungen der Rhein-Main-Donau AG rund 4,7 Mrd. DM. Bezogen auf die Länge der Kanaltrasse ergibt sich dadurch ein durchschnittlicher Kostenanteil von etwa 27,5 Mio. DM pro Kanalkilometer.[5] Um eine bessere Einordnung von Beträgen dieser Größenordnung zu ermöglichen, erscheint es sinnvoll, dieser Zahl Referenzwerte anderer Infrastrukturinvestitionen gegenüberzustellen. In Abhängigkeit vom Gelände und vom Boden belaufen sich die Kosten für den Bau einer 6-spurigen Autobahn gegen-

---

[1] Die Linienführung des Kanals durchläuft auf einer 53 km langen Strecke den heutigen Naturpark "Altmühltal, südliche Frankenalb". Rein flächenmäßig gesehen beansprucht der Main-Donau-Kanal damit etwa 2,5 Promille des gesamten Naturparks. Vgl. dazu: Rhein-Main-Donau AG: Informationen zum Main-Donau-Kanal, a.a.O., S.2f.

[2] Seidel, H.P.: Landschaftsgestaltung und Ökologie beim Main-Donau-Kanal. In: Wasserwirtschaft Nr.12 1988, S.556.

[3] Rhein-Main-Donau AG (Hrsg.): Landschaftsplan Altmühl Main-Donau-Kanal Strecke Dietfurt - Kelheim, München 1974, sowie Seidel, H.P.: Landschaftsgestaltung und Ökologie beim Main-Donau-Kanal, a.a.O., S.557.

[4] Im Landschaftsplan Altmühltal wurde 1974 demgegenüber ein Anteil von 5% der gesamten Bausumme für derartige Ausgaben vorgesehen.

[5] Rhein-Main-Donau AG (Hrsg.): Informationen zum Main-Donau-Kanal, a.a.O., S.5. Die Kostenangabe von 4,7 Mrd. DM bezieht sich dabei auf das Kanalbett, die Schleusen, die Brückenbauwerke, Unterführungen und Düker, die Anpassungsmaßnahmen an anderen Verkehrswegen, die Aufwendungen für Landschaftsgestaltung und ökologische Ausgleichsmaßnahmen, für betriebliche Ausgaben wie Bauhof, Betriebszentrale, Wohngebäude, Fernmeldeeinrichtungen u.ä., den gesamten Grunderwerb und die Ausgaben für Planung, Bau und Bauüberwachung. Nicht enthalten sind die Kosten für den Kraftwerksbau, für das Wasserüberleitungssystem und für den Ausbau von Main und Donau.

wärtig auf 10 bis 20 Mio. DM pro km. Die Kosten der Bundesbahnneubaustrecke Würzburg-Hannover lagen sogar bei durchschnittlich 35,7 Mio. DM pro Streckenkilometer, wobei hier anzumerken ist, daß die topographischen Gegebenheiten der Mittelgebirgsstrecke in Verbindung mit der angestrebten Hochgeschwindigkeitstauglichkeit stark verteuernd wirkten.[1] So war in diesem Falle - um Steigungen möglichst gering, Kurvenradien aber möglichst groß zu halten - der Bau vieler Tunnels und Brücken notwendig. Ergänzt werden müssen die bereits angefallenen Baukosten um die jährlichen Kosten für Betrieb und Unterhalt des Kanals. Das Bundesverkehrsministerium beziffert diese auf 160 000 DM je km und Jahr.[2] Hochgerechnet auf den 171 km langen Main-Donau-Kanal ergäbe dies pro Jahr Ausgaben in der Höhe von etwa 27 Mio. DM.

Demgegenüber stehen die Einnahmen aus Kanalgebühren, die der Wasser- und Schiffahrtsdirektion Süd mit Sitz in Würzburg und ihren Wasser- und Schiffahrtsämtern für die Benutzung des Kanals durch die Schiffahrt zufließen. Anzumerken ist in diesem Zusammenhang, daß in Deutschland die meisten staugeregelten Flüsse sowie die Kanäle abgabepflichtig sind. Der Rhein hingegen, die Donau[3], die Elbe, die Oder sowie die Mündungsstrecken von Weser und Ems sind abgabefrei.[4] Bevor aber nun die zur Deckung der Betriebs- und Unterhaltskosten des Main-Donau-Kanals so entscheidenden Einnahmen aus Kanalgebühren differenzierter dargestellt werden, erscheint es zielführend, vorab die Hintergründe in der langjährigen Diskussion zur Gebührenpflicht auf dem Kanal näher zu beleuchten.

Die juristische Grundlage für die Erhebung von Gebühren bei der Benutzung des Main-Donau-Kanals liegt dabei im Status des Kanals als nationale Wasserstraße begründet. Dabei begleitete die Diskussion um den völkerrechtlichen Status des Main-Donau-Kanals diesen Jahrzehnte hindurch. Während beispielsweise im Versailler Vertrag vom 28.6. 1919 in den Artikeln 331 und 353 eine Internationalisierung des Main-Donau-Kanals nach seiner Fertigstellung vereinbart wurde, setzte sich nach Ende des II. Weltkrieges zunehmend der Grundsatz durch, daß Main und Main-Donau-Kanal nationalen Bestimmungen unterlägen. Völkerrechtlich fundiert wurde diese Auffassung durch eine Untersuchung von Günther Jaenicke aus dem Jahre 1973, die in das Ergebnis mündete, daß es keinen juristischen Grundsatz gäbe, "der einen Staat verpflichtet, eine ausschließlich seiner Territorialhoheit unterliegende Wasserstraße, die zwei internationale Flußsysteme verbindet, einem bestimmten internationalen Regime zu unterstellen."[5] Dies hatte zur Folge, daß seit dem Zeitpunkt der Veröffentlichung des Jaenicke-Gutachtens die künstliche Wasserstraße als Main-Donau-Kanal und nicht mehr wie zuvor als Rhein-Main-Donau-Kanal bezeichnet wird.

Während die Schiffahrt auf Donau und Rhein gebührenfrei ist, betragen die Abgaben am Main und am Main-Donau-Kanal, je nach Art der Warengattung zwischen 0,4 und 1,98 Pf/t-km.[6] Für ein vollbeladenes Motorgüterschiff mit einer Tragfähigkeit von 1500 t ist also für die gesamte 171 km lange Kanalstrecke zwischen 1020 DM bei einer Ladung von Kies und Eisenerz und 5079 DM beim Transport von Mineralöl zu entrichten.[7] Entscheidend dabei ist, daß bei der Frachtschiffahrt die Abgaben ausschließlich für die

---

[1] Seidel, H.P.: Zur Inbetriebnahme des Main-Donau-Kanals, a.a.O., S.895.
[2] Hettler, F.H.: Von der Nordsee zum Schwarzmeer, a.a.O., S.4.
[3] Zur Förderung des Binnenschiffsverkehrs auf der Donau wurde diese Wasserstraße, beginnend mit dem Jahr 1992, vom Bundesverkehrsministerium von der Verpflichtung zur Entrichtung von Schiffahrtsabgaben befreit.
[4] Bundesminister für Verkehr (Hrsg.): Binnenschiffahrt und Bundeswasserstraßen Jahresbericht 1992, a.a.O., S.15.
[5] Jaenicke, G.: Die neue Großschiffahrtstraße Rhein-Main-Donau. Eine völkerrechtliche Untersuchung über den rechtlichen Status der künftigen Rhein-Main-Donau-Großschiffahrtstraße. Schriftenreihe Völkerrecht und Außenpolitik, Bd.21, Frankfurt 1973, S.108.
[6] Die Abgabenbelastung für das im September 1992 neu eröffnete südliche Teilstück des Kanals ist identisch mit den bereits zuvor erhobenen Abgabesätzen an Main und Main-Donau-Kanal.
[7] Straßner, H.: Der Main-Donau-Kanal in seiner Bedeutung für Österreich und Europa. Vortrag vor der Österreichischen Geographischen Gesellschaft am 13.1. 1993, Ms. S.6.
Da das Personal auf Binnenschiffen an der ersten zu durchfahrenden Schleuse auf dem Main bzw. Main-Donau-Kanal (bei Transitverkehren folglich Kostheim oder Kelheim) die Abgabenerklärungen auszufüllen hat, ist es weder der Abrechnungstelle bei der Bundesanstalt für Wasserbau in Karlsruhe noch der Abrechnungstelle der Wasser- und Schiffahrtsdirektion Südwest in Mainz als zuständige Dienststellen möglich, exakt zwischen den
(Fortsetzung...)

beförderte Ladung erhoben wird. Die Schiffe selbst unterliegen keiner Abgabepflicht.[1] Dies hat zur Folge, daß bei Leerfahrten keine Gebühren anfallen. Vor dem Hintergrund der verkehrspolitisch so wichtigen Bemühungen um eine Reduzierung des Leerfahrtenanteils auf Straße, Schiene und Wasserweg erscheint diese Vorgehensweise kontraproduktiv. Bei Fahrgastschiffen wird demgegenüber zur Ermittlung der Befahrungsabgabe der entsprechende Tarifsatz mit den jeweils zugelassenen Fahrgast- oder Bettenplätzen und den zurückgelegten Kilometern multipliziert.

In diesem Zusammenhang ist daran zu erinnern, daß auch die Benutzung des Ludwig-Donau-Main-Kanals für die Schiffahrt mit 1 Pf/t-km unabhängig von der Güterart[2] gebührenpflichtig war. Die Höhe der Benutzungsgebühren des Ludwig-Donau-Main-Kanals und des Main-Donau-Kanals erscheinen damit auf den ersten Blick durchaus vergleichbar.[3] Dennoch ergab sich vor dem Hintergrund des sich wandelnden Geldwertes ehedem auf dem Ludwig-Kanal eine faktisch bei weitem größere Gebührenlast als gegenwärtig auf dem Main-Donau-Kanal.

Zusammenfassend läßt sich sagen, das die Einnahmen aus den Kanalgebühren die Kosten für Betrieb und Unterhalt des Kanals bei weiten nicht decken können. Folglich können auch keine Überschüsse zur möglichen Amortisation der originären Baukosten des Kanals erwirtschaftet werden. Als kritische Würdigung ist aber anzumerken, daß Infrastrukturprojekte als Vorhaltungsinvestitionen zu interpretieren sind. Eine unmittelbare Amortisation des Investitionsvolumens durch die Erhebung von Nutzungsgebühren kann, ähnlich wie bisher im Straßenverkehr, nicht erwartet werden. Von entscheidender Bedeutung ist in diesem Zusammenhang auch der Umstand, daß eine Anhebung der Kanalgebühren, unter dem Postulat der Deckung von Betriebs- und Unterhaltskosten, die Frachtpreise für Transporte auf der Main-Donau-Wasserstraße erhöhen würde. Das Preisgefüge zwischen den Verkehrszweigen Binnenschiffahrt, Bahn und LKW würde zu Ungunsten der Binnenschiffahrt verschoben. Dies würde der verkehrspolitischen Forderung, den Güterverkehr auf Binnenwasserstraßen zu stärken, zuwider laufen.

Dabei ist zu beachten, daß für die Höhe der den Betriebs- und Unterhaltskosten gegenüberstehenden Einnahmen aus den Kanalgebühren primär die Art und Menge der zu transportierenden Güter entscheidend sind. Letztere war sowohl in der Vergangenheit als auch in der Gegenwart Gegenstand von Prognosen, Spekulationen und nicht zuletzt auch ein Instrument zur politischen und ökonomischen Meinungsbildung über das Kanalprojekt.

---

[7](...Fortsetzung)
Einnahmen aus den Schiffahrtsabgaben auf dem Main und dem Main-Donau-Kanal zu differenzieren. Entsprechend ist nur eine kumulierte Darstellung der Einnahmen aus den Schiffahrtsabgaben auf dem Main und dem Main-Donau-Kanal aussagekräftig. Für den Betrachtungszeitraum des Kalenderjahres 1993 beliefen sich diese Einnahmen auf 25 214 263 DM. Vgl. dazu: Abrechnungstelle für Schiffahrtsabgaben bei der Wasser- und Schiffahrtsdirektion Südwest (Hrsg.): Einnahmen aus Schiffsabgaben auf den süddeutschen Bundeswasserstraßen; Schriftstück A6-323.3-SCH/5 - EA2A6-1804, Mainz 1994, o.S.

[1] Wasser- und Schiffahrtsamt Regensburg (Hrsg.): Benutzungsbedingungen für den Main-Donau-Kanal, a.a.O., S.3.

[2] Steller, G.: Der wirthschaftliche Werth einer Bayerischen Grosschiffahrtstrasse, a.a.O., S.156.

[3] Unter Zugrundelegung der Streckenlänge des Kanals verdeutlichen die Ergebnisse von Hochrechnungen - mit einer Benutzungsgebühr von 1 Pf/t-km sowie einer Orientierung an der Nutzlast moderner Binnenschiffe - nominal eine nahezu identische Gebührenbelastung der Schiffahrt auf dem Main-Donau-Kanal und dem Ludwig-Donau-Main-Kanal.

## 4.3. Prognosen des Frachtaufkommens im Wandel

Bezüglich der Prognosen über das Güterverkehrsaufkommen auf dem Kanal ergab sich in den vergangenen Jahrzehnten ein wechselvolles Bild. Einige Prognosen im Wandel der Zeit werden beispielhaft herausgegriffen, um an ihnen differierende Positionen und Erwartungen gegenüber diesem Projekt unter sich verändernden Rahmenbedingungen zu illustrieren.

Bereits im Jahre 1917 wagte der königliche Kommerzienrat Friedrich Carl Zahn im Auftrag der Handelskammer Nürnberg eine Schätzung von einem Anfangsverkehr, bei einem damals noch unmöglich festzulegenden Zeitpunkt der Fertigstellung, von rund 5 Mio. t per anno.[1] Das Tarifamt der Bayerischen Staatseisenbahnen rechts des Rheines mit Sitz in München prognostizierte 1919 ebenfalls eine jährliche Gütermenge von 5 Mio. t in der Anlaufphase und eine mögliche Verdoppelung auf rund 10 Mio. t nach einem Zeitraum von 10 Jahren.[2] Im Jahre 1920 erfolgte dann eine Prognose des Main-Donau-Stromverbandes, die eine Vollendung des Kanals im Jahre 1930 unterstellte. Nach den Schätzungen des Stromverbandes hätte sich der Kanalverkehr in den ersten 25 Betriebsjahren wie folgt entwickelt:

1930 ............ 1 300 000 t
1935 ............ 4 200 000 t
1940 ............ 5 400 000 t
1950 ............ 8 700 000 t
1955 ......rund 10 000 000 t[3]

Diese relative Konstanz bezüglich des Prognoserahmens blieb bis in die 50er Jahre erhalten. Kreeb legt seiner Untersuchung über die Bauwürdigkeit des Main-Donau-Kanals aus dem Jahre 1953 einen jährlichen Schiffsverkehr von 7 Mio. t über die Rhein-Donau-Wasserscheide zugrunde. Dabei differenziert er das Gesamtgüteraufkommen Richtung Donau auf 5 Mio. t und Richtung Rhein auf 2 Mio. t.[4]

Anfang der 70er Jahre begann für etwa 2 Dekaden eine Phase größter Dynamik in Bezug auf das zu schätzende Transportaufkommen über den Kanal. In diesem Zusammenhang ist zu betonen, daß das Transportaufkommen zumeist das zentrale Argument in der politischen und ökonomischen Diskussion über die Bauwürdigkeit dieser Wasserstraßenverbindung bildete. Eine 1970 in deutscher Sprache veröffentlichte Untersuchung der Wirtschaftskommission für Europa über die wirtschaftliche Bedeutung der Rhein-Main-Donau-Verbindung prognostizierte ein Güteraufkommen von 15,5 Mio. t nach einer achtjährigen Anlaufphase.[5] Im gleichen Jahr veröffentlichte das Bayerische Staatsministerium für Wirtschaft und Verkehr eine Untersuchung des Ifo-Institutes mit einem geschätzten jährlichen Transportaufkommen von 20 Mio. t nach einer Anlaufphase von 5 Jahren,[6] wobei kritisch anzumerken ist, daß ein Güterverkehrsaufkommen von 20 Mio. t, durch die von der Schleusengröße vorgegebene Kapazitätsgrenze des Kanals, überhaupt nicht realisierbar ist. Nominell, d.h. bei einer Vollauslastung der Schleusen, liegt die theoretische Kapazitätsgrenze des Main-Donau-Kanals bei 18 Mio. t/p.a.. Faktisch beläuft sie sich auf 14 Mio. t/p.a., da es betriebstechnisch nicht möglich ist, die Schleusen rund um die Uhr auf ihrer ganzen Länge auszulasten.[7]

---

[1] Zahn, F.C.: Der Grosschiffahrtsweg Donau-Main-Rhein. Studie im Auftrag der Handelskammer Nürnberg, Nürnberg 1917, S.22.

[2] Tarifamt der Bayerischen Staatseisenbahnen rechts des Rheins: Untersuchung über die verkehrswirtschaftliche Bedeutung eines Main-Donau-Kanals, a.a.O., S.87.

[3] Main-Donau-Stromverband (Hrsg.): Denkschrift über den Großschiffahrtsweg Rhein-Main-Donau. München 1920, S.25.

[4] Kreeb, H.: Die Rhein-Donau Großschiffahrtstraße. Wie steht es mit ihrer Bauwürdigkeit. Stuttgart/Konstanz 1953, S.155.

[5] ECE-Wirtschaftskommission für Europa (Hrsg.): Die wirtschaftliche Bedeutung der Rhein-Main-Donau-Verbindung. Dokument-Nr.W/TRANS/WP 34/62, München 1970, S.26.

[6] Bayerisches Staatsministerium für Wirtschaft und Verkehr (Hrsg.): Die internationale Bedeutung der fertiggestellten Rhein-Main-Donau-Großschiffahrtstraße. Eine Untersuchung des Ifo-Instituts für Wirtschaftsforschung München. München 1970, S.14.

[7] Gespräch mit Christoph Schmidt, Leiter des Referats für Öffentlichkeitsarbeit der Rhein-Main-Donau AG, vom 2.8.1994.

Gleichsam in einer Amplitude fielen im folgenden Jahrzehnt, nicht zuletzt induziert durch einen ökologischen Leitbildwandel in der Bevölkerung und einer damit erheblich wachsenden Skepsis gegenüber verkehrlichen Großprojekten, einer stärker an den Forderungen der Bundesbahn orientierten Verkehrspolitik und einer konjunkturellen Schwäche Ende der 70er Jahre, die Prognosewerte des Güterverkehrsaufkommens bis auf 2,7 Mio. t p.a. (1981), um sich zum Jahresende 1982 wieder sukzessive zu steigern. Wirth kommentierte die Entwicklung wie folgt: "Zwischen 1970 und 1982 werden nun aber die Schätzungen über das zu erwartende Verkehrsaufkommen nach unten revidiert: Der bayerische Wirtschaftsminister Anton Jaumann rechnete noch 1975 mit 14 Mio. t, 1982 sprachen dann er und sein Kabinettskollege Finanzminister Max Streibl nur noch von 8 bis 10 Mio. t. Im Jahre 1983 schließlich bewegten sich die amtlichen Verlautbarungen dieser beiden Ministerien zwischen 4 und 7 Mio. t Verkehrsaufkommen auf dem Kanal."[1]

Ebenso revidierte das Ifo-Institut die Ergebnisse seiner Studie aus dem Jahr 1970 (20 Mio. t) im Jahre 1982 auf ein geschätztes Verkehrsaufkommen von 5,5 Mio. t.[2] Noch geringer fielen die Schätzungen des Deutschen Instituts für Wirtschaftsforschung aus, das im Auftrag des Bundesverkehrsministeriums 1976 mit 3,7 Mio. t und 1982 mit 2,7-3 Mio. t kalkulierte. Das Schlußlicht bildete 1981 die Essener Planco-Consulting GmbH mit einer prognostizierten Gütermenge von 2,7 Mio. t[3], ein Wert wohlgemerkt, der bereits im Jahre 1987 auf dem damals mit einer Sackgasse vergleichbaren Teilstück Bamberg-Nürnberg tatsächlich erreicht wurde.[4]

Eine Zielsetzung dieser Aufstellung ist es, den Zusammenhang von Studienergebnissen und Auftraggebern vor dem Hintergrund kontroverser politischer Meinungsbildung zu beleuchten. Während 1979 die größte Gütermenge in der Geschichte der deutschen Binnenschiffahrt transportiert wurde[5], wurden gleichzeitig die Prognosewerte für den Main-Donau-Kanal im Wandel verkehrspolitischer Leitbilder minimiert. Die insbesondere zwischen den Jahren 1978 und 1982 intensiv diskutierte Frage bezüglich eines als "qualifizierte Beendigung" titulierten Baustops oder des Weiterbaus des Kanalprojekts polarisierte das Parteienfeld, das sich als Argumentationshilfen nur zu gern der jeweiligen Verkehrsprognosen bediente. Entsprechend notwendig erscheint es, diese Gutachten im politischen Kontext zu interpretieren.

Der Fall des Eisernen Vorhangs führte zu einer erneuten Dynamik in der Prognosetätigkeit bezüglich des zukünftigen Verkehrsaufkommens auf dem Main-Donau-Kanal. Zweifellos wirklichkeitsnah umschrieb der Vorstandsvorsitzende der Rhein-Main-Donau-AG Konrad Weckerle im Frühjahr 1992 auf einer Expertenkonferenz der Südosteuropa-Gesellschaft in Sofia die Schwierigkeiten, die sich bei einer Schätzung des künftigen Transportaufkommens auf dem Kanal ergeben. "Natürlich muß man eingestehen, daß man präzise Voraussagen über das künftige Frachtaufkommen nicht machen kann. Die politischen Umwälzungen in Ost- und Südosteuropa, deren Zeugen wir sind, lassen jedoch eine Belebung der wirtschaftlichen Tätigkeit erwarten. (...) Die Folgen für den Verkehr auf Donau, Kanal, Main und Rhein sind überhaupt noch nicht abzusehen."[6] Trotz der erheblichen Prognoseunsicherheiten, die das gesamte Kanalprojekt schon immer begleiten, unternahmen Institutionen und Einzelpersonen den Versuch, bisherige Prognosen vor dem Hintergrund geänderter Rahmenbedingungen fortzuschreiben. Die Konferenz der Europäischen Verkehrsminister hielt nach ihrer Einschätzung ein Transportvolumen von 5-7 Mio. t

---

[1] Wirth, E.: Die wirtschaftlichen Aspekte des Europa-Kanals. In: Brix, M. (Hrsg.): Main-Donau-Kanal: Ersatzlandschaft im Altmühltal. München 1988, S.74.

[2] Ifo-Institut für Wirtschaftsforschung (Hrsg.): Der Main-Donau-Kanal, Argumentationsstudie einer kontroversen Diskussion. Ifo-Studien zur Verkehrswirtschaft Nr.14, München 1982, S.82.

[3] Wirth, E.: Die wirtschaftlichen Aspekte des Europa-Kanals, a.a.O., S.74.

[4] Seidel, H.P.: Strukturelle Bedeutung des Main-Donau-Kanals, a.a.O., S.526.

[5] Wie in Kapitel 3.1. eingehend geschildert wurde, erreichte die in der Binnenschiffahrt in der Bundesrepublik Deutschland beförderte Gütermenge im Jahre 1979 mit 247 Mio. t ihren Zenit und stagniert seither bei einer jährlichen Transportmenge von etwa 230 Mio. t.

[6] Weckerle, K.: Chancen des Main-Donau-Kanals für Europa und die Donauanliegerstaaten. In: Gumpel, W. (Hrsg.): Integration des bulgarischen Verkehrs in das europäische System. Südosteuropa Aktuell Nr.16, München 1993, S.71.

für realistisch.[1] Das Vorstandsmitglied der Bayerischen Lloyd AG Hans Mayer schätzte im Jahre 1990 die zu erwartende Transportmenge auf 6-8 Mio. t jährlich.[2] Noch optimistischer zeigten sich im Jahre 1991 die Erwartungen des Bayerischen Staatsministeriums für Wirtschaft und Verkehr. "Aus heutiger Sicht wird mit einem Transportaufkommen zwischen 8 und 10 Mio. t pro Jahr gerechnet, sobald die Anfangsschwierigkeiten der Reformen in Osteuropa überwunden sind und sich die Wirtschaft auf den neuen Verkehrsweg eingestellt hat."[3] Heinz Hofmann, Vorstandsmitglied der Main-Schiffahrtsgenossenschaft e.G. geht ebenso davon aus, daß sich das Verkehrsaufkommen auf dem Main-Donau-Kanal zukünftig in einem Tonnagebereich von 8-10 Mio. t einpendeln wird.[4]

Eine deutlich zurückhaltendere Position bezüglich des zu erwartenden Güteraufkommens auf dem Kanal bezog der Geschäftsführer des Bundesverbandes der Deutschen Binnenschiffahrt Gerhard v. Haus noch im September 1992. Er rechnete, angesichts des rezessionsbedingt rückläufigen Transportaufkommens in der Binnenschiffahrt, in den nächsten Jahren mit höchstens 2,5 Mio. t Fracht auf dem Kanal, die im günstigsten Fall zur Jahrtausendwende auf 6-7 Mio. t jährlich steigen könnten.[5]

Faßt man nun exemplarisch einige der Prognosen zusammen, die zum Ziel hatten das künftige Transportaufkommen auf dem Main-Donau-Kanal abzuschätzen, so ergibt sich folgende Chronologie:

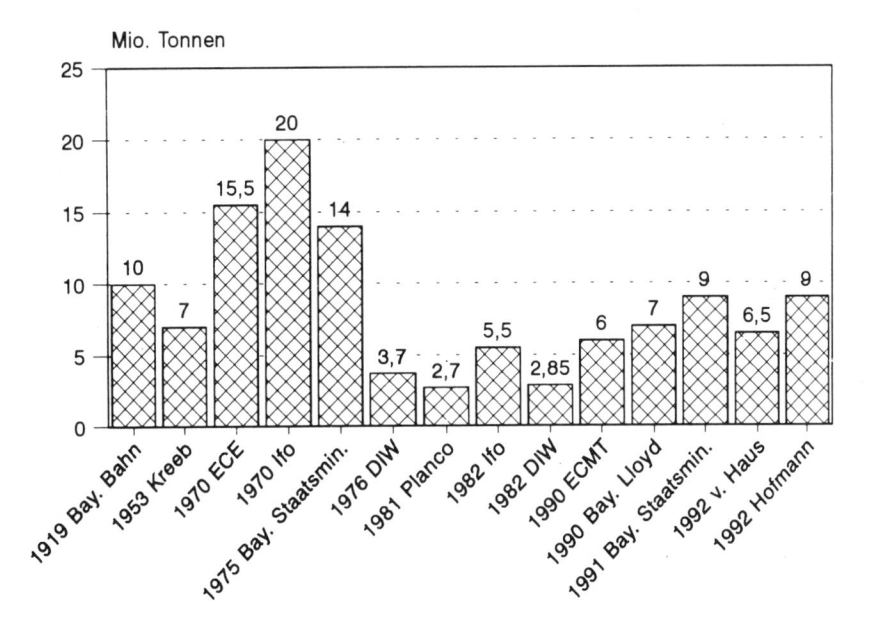

Abb. 3: Prognosen über das Verkehrsaufkommen auf dem Main-Donau-Kanal im Wandel der Zeit

Stellt man nun dieser Vielzahl von Prognosen das gegenwärtige Verkehrsaufkommen gegenüber, so ergeben sich teilweise erhebliche Diskrepanzen zur aktuellen Situation der Anlaufphase. 4,2 Mio. t Güter wurden auf dem Main-Donau-Kanal im ersten Betriebsjahr befördert. 1,8 Mio. t davon sind Neuverkehre, das heißt Transporte auf Relationen, die vor der Kanaleröffnung nicht möglich waren. Beispielhaft wären in diesem Zusammenhang Verkehre zwischen den Niederlanden und Österreich oder zwischen Duisburg

---

[1] European Conference of Ministers of Transport (Hrsg.): Prospects for East-West European transport, Paris 1990, S.481.

[2] Mayer, H.: Main-Donau-Kanal - Chance und Herausforderung für die deutsche Donauschiffahrt. Neue Möglichkeiten für den europäischen Transportmarkt. In: Die Interessen der Anliegerstaaten am Rhein-Main-Donau-Kanal. Südosteuropa Aktuell Nr.8, München 1990, S.20.

[3] Bayerisches Staatsministerium für Wirtschaft und Verkehr: Informationen zum Main-Donau-Kanal. München 1991, S.5.

[4] Hofmann, H.: Die deutsche Binnenschiffahrt im europäischen Markt und im Hinblick auf die Eröffnung des Main-Donau-Kanals. In: ZfB Nr.17 - September 1992, S.919.

[5] Mönninger, M.: Das kontinentale Wasserspiel - Nach zwölfhundert Jahren Vorplanung wird der Rhein-Main-Donau-Kanal eröffnet. In: Frankfurter Allgemeine Zeitung vom 26.9.1992, Sonderbeilage Bilder und Zeiten, o.S.

und Regensburg zu nennen.[1] Auch die Betrachtung des ersten Kalenderjahrs nach Kanaleröffnung dokumentiert diese positive Entwicklung in nachhaltiger Form. Im Jahr 1993 wurden auf dem Main-Donau-Kanal 5 065 Mio. t (Vorjahr 2 954 Mio. t) Güter befördert.

Am nordwestlichen Eingang des Main-Donau-Kanals bei Bamberg (gemessen an der Schleuse Viereth) wurden
3,0 Mio. t in Richtung Süden und
1,8 Mio. t in Richtung Norden,
insgesamt also 4,8 Mio. t gezählt.[2]

Die Schleuse Kelheim passierten im Wechselverkehr mit der Donau 3930 Güterschiffe mit 2,434 Mio t Ladung. Davon wurden
1,430 Mio. t in Richtung Donau und
1,004 Mio. t in Richtung des Rheinstromgebietes verschifft. Die durchschnittliche Auslastung der beladenen Güterschiffe betrug an der Schleuse Kelheim in Richtung Donau 67,3% (Vorjahr 64,5%) sowie in Richtung Rhein 57,8% (Vorjahr 62,2%).[3]

Stellt man das Güterverkehrsaufkommen des Jahres 1993 in graphischer Form den Ergebnissen der Vorjahre gegenüber, so ergibt sich folgende Darstellung:

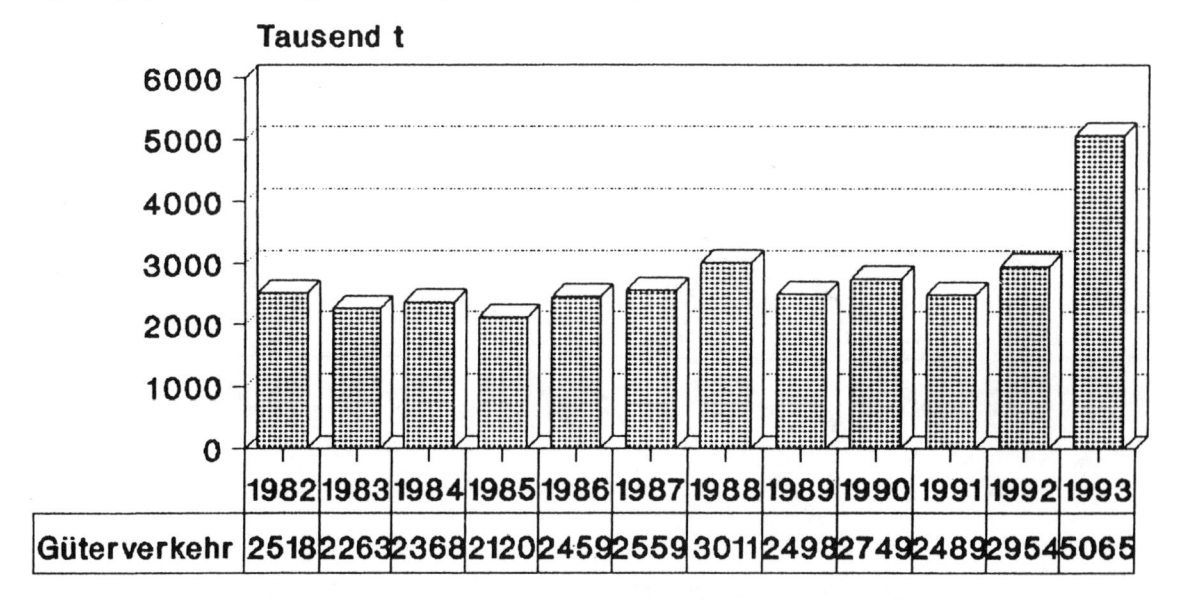

| **Tausend t** | 1982 | 1983 | 1984 | 1985 | 1986 | 1987 | 1988 | 1989 | 1990 | 1991 | 1992 | 1993 |
|---|---|---|---|---|---|---|---|---|---|---|---|---|
| Güterverkehr | 2518 | 2263 | 2368 | 2120 | 2459 | 2559 | 3011 | 2498 | 2749 | 2489 | 2954 | 5065 |

Abb. 4; Entwicklung des Güterverkehrs am Main-Donau-Kanal seit 1982.

Quelle: Wasser- und Schiffahrtsdirektion Süd, Referat A6, Würzburg 1994

Besonders deutlich manifestiert sich die dynamische Entwicklung des Güterdurchgangs auf dem im September 1992 eröffneten Südabschnitt des Kanals in den Ergebnissen des ersten Quartals 1994. Gegenüber dem Vorjahreszeitraum erhöhte sich der Güterdurchgang um 65%.[4] Im Kalenderjahr 1994 wird sich der Güterverkehr auf dem Main-Donau-Kanal, gemäß den Hochrechnungen der Wasser- und Schiffahrtsdirektion Süd vom 15.9.1994, auf ein Tonnage von rund 6 Mio. t steigern.[5] Nach den positiven Erfah-

---

[1] Wasser- und Schiffahrtsdirektion Süd: Nach einem Jahr Betrieb 4,2 Mio. t Güter auf dem Main-Donau-Kanal, a.a.O., S.1.

[2] Paul, W.: Die Verkehrsentwicklung auf dem Main-Donau-Kanal. In: Rhein-Main-Donau AG (Hrsg.): Baubericht 1993. München 1994, S.22.

[3] Wasser- und Schiffahrtsdirektion Süd: Verkehr und Güterumschlag auf den Bundeswasserstraßen Main, Main-Donau-Kanal und Donau im Jahre 1993. Schriftstück A6 -322.5/1 vom 11.4.1994, S.1.

[4] o.V.: Boom auf dem RMD-Kanal. In: Verkehr Nr.18/94 vom 6.5.1994, S.10.

[5] Expertengespräch mit Herrn Wagner von der Wasser- und Schiffahrtsdirektion Süd am 15.9.1994 in Würzburg.

rungen der ersten beiden Betriebsjahre dominieren in der zweiten Hälfte des Jahres 1994 Prognosen für 1995 und 1996 in einer Größenordnung zwischen 6,5 und 8 Mio. t. Nach den Schätzungen der Rhein-Main-Donau AG soll nach dem Ende des Bürgerkrieges im ehemaligen Jugoslawien das jährliche Transportaufkommen auf dem Main-Donau-Kanal schlagartig um weitere 2 bis 3 Mio. t ansteigen.[1]

An dieser Stelle ist thematisch der Bogen von den Prognosewerten über das Verkehrsaufkommen auf dem Kanal hin zu Nutzen/Kosten-Berechnungen über die Südtrasse des Main-Donau-Kanals zu spannen. Dabei ist zu berücksichtigen, daß das prognostizierte Verkehrsaufkommen eine grundlegende Einflußgröße für die zur vergleichenden Bewertung von Infrastrukturprojekten heranzuziehende Nutzen/Kosten-Analyse ist. Folglich ist es nicht weiter verwunderlich, daß die Wirtschaftlichkeitsberechnungen zum Kanalprojekt ähnlich unterschiedliche Ergebnisse erbracht haben wie die Prognosen des Frachtaufkommens.

### 4.4. Nutzen-Kosten-Analysen

Die Errichtung von Verkehrswegen ist mit einer langfristigen Bindung sehr großer Kapitalbedarfe gekoppelt. Nutzen-Kosten Analysen sollen dabei seit 1969, gemäß § 7 (2) der Bundeshaushaltsordnung (BHO)[2], eine Hilfestellung bei der volkswirtschaftlichen Bewertung von Neu- und Erweiterungsinvestitionen, insbesondere bei Infrastrukturprojekten liefern. "Die Vielzahl teilweise dringlicher Investitionsaufgaben legt es - bei der Knappheit an Kapital für eine Anlagetätigkeit im Transportwesen - nahe, eine Rangordnung der Mittelverwendung aufzustellen."[3] Dabei erschwert die außerordentliche Kompliziertheit des gesamten Verkehrsmarktes und der in ihm herrschenden Konkurrenzverhältnisse die Gewinnung objektiver Maßstäbe zur Bewertung der Ausbauwürdigkeit neuer Verkehrskapazitäten.[4] Entsprechend warnen auch einige Fachvertreter vor einer Überbewertung von Nutzen-Kosten-Analysen. Predöhl[5] beispielsweise, sonst ein Verfechter des Grundsatzes der vollen Kostendeckung von Verkehrsträgern, fordert, ein Urteil über die Bauwürdigkeit von Kanälen erst nach Ablauf einer gewissen Entwicklungsspanne zuzulassen. Ex-ante Berechnungen, die für die ökonomische Bewertung von Infrastrukturprojekten bereits während der Planungsphase notwendig sind, lehnt er in diesem spezifischen Falle ab.

In der Praxis kristallisieren sich bei der konkreten Bewertung von Wasserstraßenprojekten drei Einflußfaktoren von übergeordneter Bedeutung heraus:
(1) die prognostizierte Verkehrsmenge auf der zur Diskussion stehenden Wasserstraße;
(2) die bei der Benutzung des Wasserweges erzielbaren Transportkosteneinsparungen gegenüber der Eisenbahn und dem Lkw[6];
(3) der Kalkulation zugrunde gelegte Realzinssatz.

---

[1] o.V.: Die Planzahlen von 1997 wurden bereits erreicht. In: DVZ Nr.15/5.Februar 1994, S.10.

[2] "Für geeignete Maßnahmen von erheblicher finanzieller Bedeutung sind Nutzen-Kosten-Untersuchungen anzustellen." In: Bundesgesetzblatt, Teil 1, Nr.81/1969, S.1284 sowie Paragraph 6 (2) des Gesetzes über die Grundsätze des Haushalts des Bundes und der Länder (HGrG). In: Bundesgesetzblatt, Teil 1, 1969, S.1273.

[3] Bayerisches Staatsministerium für Wirtschaft und Verkehr (Hrsg.): Die internationale Bedeutung der fertiggestellten Rhein-Main-Donau-Großschiffahrtstraße, a.a.O., S.8.

[4] Deischl, E.: Milliarden Steuergelder für sinnlose Kanalbauten. Diskussionsschriften des Studieninstituts für angewandte Haushalts- und Steuerpolitik e.V., Heft 2, München 1973, S.28.

[5] Predöhl, A.: Verkehrspolitik, a.a.O., S.302f.

[6] Bundesverkehrsminsterium Abt. Binnenwasserstraßen: Informationen zur Main-Donau-Wasserstraße. BW 24/10.00.11-S, Bonn 1992, S.5f. In der Literatur wird oftmals auf die Schwierigkeiten bei der Bewertung von Transportkosteneinsparungen hingewiesen. Seidenfus und Meyke beispielsweise kritisieren an der Bestimmung der Transportkostenersparnisse mittels der herrschenden Frachten von Eisenbahn und Binnenschiff zwei methodische Unzulänglichkeiten. Zum einen enthalten die Preise der konkurrierenden Verkehrsträger unterschiedlich hohe Fixkostenanteile, zum anderen können Marktunvollkommenheiten Preisreaktionen hervorrufen, denen monetäre Rententransfers der Verlader, jedoch keine Reallokationsgewinne gegenüberstehen. Vgl. Seidenfus, H.St./Meyke, U.: Nutzen-Kosten-Analyse für Wasserstraßenprojekte. Methodenkritische Untersuchung am Beispiel der Rhein-Main-Donau-Verbindung. Schriftenreihe Vorträge und Studien aus dem Institut für Verkehrswissenschaft an der Universität Münster, Heft 12, Göttingen 1971, S.42.

Die erhebliche Bedeutung, die der prognostizierten Transportmenge auf der Wasserstraße für die Nutzen-Kosten-Analyse beizumessen ist, erklärt zu einem wesentlichen Teil die höchst unterschiedlichen Teilergebnisse der gesamtwirtschaftlichen Untersuchungen bezüglich des verkehrlichen Nutzens der 99 km langen Südstrecke des Main-Donau-Kanals über die europäische Wasserscheide hinweg. Greift man, aufgrund des engen zeitlichen Zusammenhangs, exemplarisch die im Auftrag des Bundesverkehrsministeriums 1981 ausgearbeitete Studie der Essener Planco-Consulting GmbH und die im Auftrag des Deutschen Kanal- und Schiffahrtsvereins Rhein-Main-Donau e.V., Nürnberg, im Jahr 1982 erstellte Untersuchung des Münchner IFO-Instituts heraus, so ergibt sich folgendes Bild: Bei einer isolierten Betrachtung des verkehrlichen Nutzens der Südstrecke, das heißt der wasserwirtschaftliche und beschäftigungspolitische Nutzen wird vorerst unberücksichtigt gelassen, reduziert sich die Nutzen/Kosten-Relation innerhalb der Kalkulation des IFO-Instituts auf 0,32. In den Berechnungen der Planco-Consulting GmbH beläuft sich das Verhältnis des isoliert betrachteten verkehrlichen Nutzens zu den Investitions-, Betriebs- und Unterhaltskosten auf 0,125.[1] Noch einmal nachhaltig zu betonen ist in diesem Zusammenhang aber, daß dem verkehrlichen Nutzen der Wasserstraße innerhalb des gesamten Bewertungskalküls, je nach Gutachter nur ein Anteil von 24 bzw. 33 % am gesamtwirtschaftlichen Nutzen beizumessen ist.

Addiert man zu dem verkehrlichen Nutzen den beschäftigungspolitischen, insbesondere aber den wasserwirtschaftlichen Nutzen des noch vor rund 12 Jahren heftig umstrittenen Teilstückes zwischen Nürnberg und Kelheim, so errechnete die Planco-Consulting GmbH ein Nutzen/Kosten-Verhältnis von 0,52, während die Untersuchungen des Münchner IFO-Instituts bei mathematisch gleicher Vorgehensweise, jedoch modifizierter Kalkulationsgrundlage,[2] eine Nutzen/Kosten-Relation von 0,96 ergaben.[3]

Von der Vorstellung, daß es sich bei der Südtrasse des Kanals um ein volkswirtschaftlich rentables Verkehrsprojekt handelt, nahm der Oberste Bayerische Rechnungshof bereits im Jahre 1966 Abstand.[4] Dennoch argumentiert Schroiff[5], noch vor dem Hintergrund des Eisernen Vorhangs, daß gerade der Rhein-Main-Donau-Kanal nicht nur von der Wirtschaft her zu beurteilen sei, sondern primär von der Politik als ein Baustein für ein Gesamteuropa des Friedens und des wachsenden Wohlstandes. Diese These Schroiffs soll plakativ darstellen, mit welchen Schwierigkeiten die Abgrenzung des Nutzenbegriffs behaftet sein kann. Willeke[6] bezeichnet den Begriff des Nutzens als ein zwar unentbehrliches, zugleich aber oft verwirrendes und wenig praktikables Konzept der Wirtschaftswissenschaft. Die Interpretation des Nutzenbegriffes bzw. die durchaus unterschiedlichen Aspekte des Nutzens, die dem Kanal unterstellt wurden, sind auch in direktem Zusammenhang mit den sich im Laufe der Jahre wandelnden Kanalmotiven zu sehen. Zielsetzung des nachfolgenden Kapitels soll es deshalb sein, die sich wandelnden Motive für den Kanalbau deskripiv darzustellen, nicht zuletzt auch deshalb, um dadurch eine vertiefende Interpretation der Einzelkomponenten der Nutzen/Kosten-Analysen zu ermöglichen.

---

[1]Die notwendigen Berechnungen erfolgten mittels der Vorgaben der Nutzen- und Kostenanalysen von IFO und Planco, vgl. dazu auch: IFO-Institut für Wirtschaftsforschung e.V.: Der Main-Donau-Kanal - Argumentationsstudie einer kontroversen Diskussion. IFO-Studien zur Verkehrswirtschaft Nr. 14, München 1982, S.106. Vgl. dazu auch in Kapitel 4.3. die von den jeweiligen Instituten in den Prognosen unterstellte Gütermenge.

[2]Während im Gutachten der Firma Planco Consulting den Berechnungen ein Realzinssatz von 3,5 % und ein prognostiziertes Verkehrsaufkommen von 2,7 Mio. t zugrunde gelegt wurde, kalkulierte das IFO-Institut mit einem Realzinssatz von 2,8 % und einem Transportaufkommen von 5,5 Mio. t/p.a.

[3]Das Deutsche Institut für Wirtschaftsforschung (DIW) in Berlin berechnete in einer im Jahre 1976 im Auftrag des Bundesverkehrsministerium erstellten Untersuchung eine gesamtwirtschaftliche Nutzen/Kosten-Relation für die Strecke Nürnberg-Regensburg von nur 0,41. Dies würde bedeuten, daß jeder in dieses Trassenstück investierten Mark ein volkswirtschaftlicher Nutzen von nur 41 Pf gegenübersteht. Wie bereits in Kapitel 4.3. dargestellt, erfolgten die Berechnungen unter dem Hintergrund eines geschätzten Transportaufkommen von 3,7 Mio. t p.a.

[4]Bayerischer Oberster Rechnungshof (Hrsg.): Gutachten Rhein-Main-Donau-Kanal. Untersuchungsbericht unter Aktenzeichen AZ VI-625133/95 vom 21.12. 1966, S.38.

[5]Schroiff, F.J.: Das Binnenschiffahrt-Verkehrssystem, a.a.O., S.222f.

[6]Willeke, R.: Nutzen des Verkehrs und der verschiedenen Verkehrsmittel. In: Zeitschrift für Verkehrswissenschaft, Heft 3, 1992, S.138.

## 4.5. Kanalmotive im Wandel

"Der Wandel sozialgeographischer Räume, insbesondere ihrer inneren Strukturen, vollzieht sich meist nicht so schnell wie der Wechsel sozialer Phänomene oder gar gleichphasig mit ihnen."[1] Annähernd über das gesamte 20. Jahrhundert hinweg verlief die Projektion und Realisation des 171 km langen Main-Donau-Kanals. Kaum verwunderlich deshalb, daß sich über die Jahrzehnte hinweg die Kanalmotive, vor dem Hintergrund sich ändernder sozialer, politischer, ökonomischer und technologischer Phänomene, wandelten und umformuliert wurden. Bedeutend dabei ist, daß Menschen ihren Lebensraum einer ständigen Bewertung unterziehen und an gültigen Leitbildern der Lebensgestaltung überprüfen. Nicht zuletzt die Thematik des Kanalbaus im Unteren Altmühltal veranschaulicht diesen seit Mitte der 70er Jahre stark von ökologischen Kriterien bestimmten Bewertungsprozeß.

Während in Friedenszeiten der Ludwig-Donau-Main-Kanal und - in einem erheblich bedeutenderen Maße - die Bayerische Staatseisenbahn den Gütertransportbedarf zwischen Main und Donau deckten, erfolgte mit dem Beginn des I. Weltkrieges eine erste Neubewertung des Kanalgedankens. Sympher schrieb rückblickend im Jahre 1918: "Hätten wir in diesem Kriege einen leistungsfähigen Kanal zur Donau gehabt, so würde damit in der Tat sehr viel gewonnen gewesen sein, sowohl für den Nachschub von Heeresbedürfnissen, wie für die Beförderung von Getreide und Petroleum von Rumänien nach Deutschland."[2]

Einen neuen Impuls erfuhr die Projektion des Main-Donau-Kanals nach dem I. Weltkrieg. Die Reichsverfassung der Weimarer Republik übte dabei einen entscheidenden Einfluß aus. Die neue Verfassung unterstellte alle deutschen Eisenbahnen dem Reich. Folglich mußte Bayern mit dem Staatsvertrag über die Eisenbahnen vom 1.4. 1920 auch die Tarifhoheit an das Deutsche Reich übertragen. Im Zusammenhang damit mußten alle bisher gültigen Sondertarife und Tarifsubventionen abgeschafft werden.[3] Diese Tarifänderungen verschärften - auf Grund der Revierferne der bayerischen Verdichtungsräume - die Standortnachteile der bayerischen Industrie. Aber auch private und öffentliche Haushalte mußten dadurch hohe Transportkosten für Kohle und Koks hinnehmen. Wirth schildert in monokausaler Form den Zusammenhang wie folgt: "Als Ausgleich hierfür erhielt Bayern den Bau des Rhein-Main-Donau-Kanals zugebilligt: die niedrigeren Frachten des Wasserweges sollten wieder eine kostengünstigere Belieferung mit Kohle ermöglichen."[4]

Voigt hingegen verweist auf die beschäftigungspolitischen Motive, die hinter dem Gedanken des Main-Donau-Kanals standen. "In der Wirtschaftsdepression wurde der Weiterbau der neuen Großschiffahrtstraße im Papen- und Reinhardtprogramm sogar zum Zwecke der Arbeitsbeschaffung für die Millionenheere der Arbeitslosen betrieben".[5]
Ein anderes Motiv rückt Josef Bauer im Jahre 1933 in den Vordergrund. Er beschreibt die Rhein-Main-Donau-Großwasserstraße als eine Verkehrsader zu Erschließung des unteren Donauraumes.[6] Ähnlich argumentiert Hans Bauer im Jahre 1938. Zum einen bezeichnet er das Kanalprojekt als ein Glied in der Kette der deutschen Südosteuropapolitik, zum anderen sah er im Kanalprojekt ein Dokument einer sich wandelnden Strukturpolitik. "Man erkannte nun in dem Kanal eines der Mittel, womit die Fehler wieder gutgemacht werden könnten, welche die frühere bayerische Politik beging, indem sie durch den erschwerten Ausbau der Verkehrsmittel bewußt gegen die Industrialisierung Bayerns und für die Erhaltung des landwirtschaftlichen Charakters zum angeblichen Schutze der Bevölkerung vor dem Hineingezogenwerden in industrielle Bahnen gekämpft hat."[7]

---

[1] Maier, J./Paesler, R./Ruppert, K./Schaffer, F.: Sozialgeographie, a.a.O., S.79.
[2] Sympher, L.: Die zukünftige Entwicklung der deutschen Wasserwirtschaft. Vereinsschriften der Deutschen Weltwirtschaftlichen Gesellschaft, Heft 9, Berlin 1918, S.12.
[3] Wirth, E.: Die wirtschaftlichen Aspekte des Europa-Kanals, a.a.O., S.65f.
[4] ebd., S.66.
[5] Voigt, F.: Verkehr, 2.Band, Die Entwicklung des Verkehrssystems, a.a.O., S.330.
[6] Bauer, J.: Das Tarifwesen der deutschen Donau-Wasserstraße, unter besonderer Berücksichtigung des Konkurrenzverhältnisses zwischen Binnenschiffahrt und Eisenbahn. Kallmünz 1933, S.119.
[7] Bauer, H.: Der Rhein-Main-Donau-Kanal, a.a.O., S.76f.

Ein ähnliche Argumentation vollzieht Seidel bei seiner Bewertung der Rhein-Main-Donau-Verbindung. Bayern ist heute "... geradezu der Prototyp eines Industrie-Agrarstaates. Es wird in der Zukunft seinen Charakter immer mehr zugunsten der industriellen Entwicklung verändern müssen. Der einfache Grund für diese Behauptung liegt in der Tatsache, daß es in Westdeutschland seit der Vorkriegszeit den absolut größten Bevölkerungszuwachs aufzuweisen hat, für den die Landwirtschaft nicht aufnahmefähig ist und neue gewerbliche Arbeitsplätze geschaffen werden müssen. (...) Diesem Zwang zur Industrialisierung steht eine Reihe schwerwiegender Nachteile in der bayerischen Wettbewerbslage gegenüber, die sich mit den Stichworten bezeichnen lassen: schmale Rohstoffgrundlage, Revierferne und außerordentliche tarifliche Vorbelastungen. Nachdem sich diese Kostennachteile nicht mehr durch Lohnkostenvorteile ausgleichen lassen, sind gerade wir in Bayern an einer leistungsfähigen Binnenschiffahrt interessiert, die privatwirtschaftlich organisiert - im Wettbewerb mit dem Verkehrsträger Eisenbahn unsere Frachtlage verbessert und damit eine wesentliche Grundlage für die Industrialisierung schafft."[1]

1952 nennt Kaspar ein weiteres Bündel von Motiven für den Bau des Main-Donau-Kanals. Auf Grund der erwarteten Ansiedlung neuer Industrie- und Gewerbeunternehmungen entlang des neu erschlossenen Schiffahrtsweges "... wird die Eingliederung von Flüchtlingen in den Produktionsprozeß gefördert und eine allgemeine Hebung des Lebensstandard erreicht. Die gleichzeitige Errichtung von Wasserkraftwerken fördert diese Entwicklung durch Bereitstellung elektrischer Energie."[2] Wesentliche Aspekte von Kaspars Argumentation sind auch eine Minderung der Konsequenzen der sogenannten Totwinkellage, die der nordbayerischen Industrie viel Sorgen macht, und die positiven beschäftigungspolitischen Effekte der Großbaumaßnahme, die über einen langen Zeitraum für den bayerischen Arbeitsmarkt entlastend wirken.[3]

Diskutiert man die Motive für den Bau des Main-Donau-Kanals, so muß im historischen Kontext auch die Position Österreichs Beachtung finden. Wie sehr sich das österreichische Verkehrsdenken durch die territorialen Veränderungen, die die zwei Weltkriege bedingten, wandelte, beschreibt Frohner 1958: "Sicher stellt der künftige Weg zu den Rheinmündungshäfen für die österreichische Verkehrswirtschaft ein Novum dar. Zur Zeit der Monarchie war das österreichische Verkehrsdenken hauptsächlich nach Süden zur Adria und nach Osten zur Donaumündung hin ausgerichtet. Später gewann der Weg zur Nordsee nach Hamburg und Bremen an Aktualität. Der Rhein-Main-Donau-Kanal wird der österreichischen Wirtschaft einen neuen Weg zum Meer nach Nordwesten eröffnen."[4] Nicht zu vergessen ist in diesem Zusammenhang die bereits in den 30er Jahren propagierte montanindustrielle Verarbeitung von Ruhrkohle und steierischem Eisenerz in Linzer Hochöfen. Verstärkt wurde diese Entwicklung durch die Teilung Europas in zwei politische, militärische und ökonomische Blöcke im Jahre 1945.[5] Auch nach dem Fall des Eisernen Vorhanges ist die Orientierung Österreichs an seinen westlichen Nachbarländern dominierend. Einen zusätzlichen Impuls erhält diese Ausrichtung zweifelsfrei durch den Beitritt Österreichs zur Europäischen Union.

Nach der Eröffnung des Nürnberger Hafens im Jahre 1972, der einen Anschluß der wirtschaftsstarken mittelfränkischen Kernregion an das Wasserstraßensystem von Main und Rhein brachte, erfuhren die Motive für die Vollendung des Kanalprojekts über die europäische Wasserscheide hinweg aus bayerischer Sicht gewisse Modifikationen. Als strukturpolitische Maßnahmen wurde in der Weiterführung des Kanals eine effektive Möglichkeit zur "... wirtschaftlichen Dynamisierung der strukturschwachen Gebiete Ostbayerns ..."[6] postuliert. Neben der ursprünglichen, rein verkehrlichen Funktion, die der Main-Donau-Kanal als Binnenwasserstraße innehat, gewannen zunehmend außerverkehrliche Funktionen für die Gesamtbeurteilung des Projektes an Bedeutung. Im Vordergrund steht dabei insbesondere die Funktion des

---

[1]Seidel, H.: Die Großschiffahrtsstraße Rhein-Main-Donau. Eine wirtschaftliche Idee und ihre Wirklichkeit. München 1960, S.30.

[2]Kaspar, A.: Die Rhein-Main-Donau-Großschiffahrtstraße. Hrsg. vom Deutschen Kanal- und Schiffahrtsverein Rhein-Main-Donau e.V. Nürnberg, Regensburg 1952, S.10.

[3]ebd., S.10.

[4]Frohner, K.: Der Rhein-Main-Donau-Kanal und die Auswirkungen seiner Fertigstellung auf die Wirtschaft Österreichs. Eine wirtschafts- und verkehrsgeographische Untersuchung. Wien 1958, S.59.

[5]Pohl, A.: Österreichs Interesse am Rhein-Main-Donau-Kanal. Hrsg. vom Donaueuropäischen Institut und vom Österreichischen Rhein-Main-Donau-Institut, Wien 1952, S.7.

[6]Schneider, M./Wirth, E.: Binnenschiffahrt in Franken - Vom Karlsgraben bis zur Gegenwart. In: Franken - Planung für eine bessere Zukunft? A.a.O, S.12.

Kanals zur Überleitung von Altmühl- und Donauwasser ins verhältnismäßig niederschlagsarme Regnitz-Main-Gebiet, aber auch freizeitfunktionale Aspekte, die mit dem Kanal und der mit dem Überleitungssystem entstandenen fränkischen Seenplatte in Zusammenhang stehen.[1]

Gegen Ende der 80er Jahre erfolgte dann wieder eine stärkere Betonung der verkehrlichen Funktion des Main-Donau-Kanals. Zwei Einflußgrößen determinierten diesen Bewertungswandel. Zum einen steigerte sich das Güterverkehrsaufkommen in der Europäischen Union bereits dramatisch. Dabei führte das einseitige Wachstum im Straßengüterfernverkehr, speziell in den belasteten Regionen, zu der Forderung, den Güterverkehr auf der Schiene und der Wasserstraße nachhaltig gegenüber der Straße zu stärken. Das Wissen um den freien Binnenmarkt 1992 verstärkte diese Forderung. Die zweite, für die Logistikschiene Rhein-Main-Donau mindestens ebenso entscheidende Veränderung der Bewertungsgrundlage, erfolgte mit dem Fall des Eisernen Vorhangs. Auf Grund der aktuellen politischen und wirtschaftlichen Veränderungen in den Ländern des ehemaligen Ostblocks ist mittelfristig mit einem erheblichen Anwachsen der Verkehrsströme zu rechnen. Die Kenntnis dieser Entwicklungen in Verbindung mit der Tatsache, daß die Binnenschiffahrt gegenüber dem Straßengüterfernverkehr und der Bahn vergleichsweise umweltfreundlich transportiert, erhöhten in jüngster Zeit die Akzeptanz des Main-Donau-Kanals in der Bevölkerung in einem erheblichen Maße. Als ein Zwischenergebnis läßt sich zusammenfassend sagen, daß der Termin der Fertigstellung dieses in Projektion, Planung und Realisierung so ungeheuer langfristigen und aufwendigen Main-Donau-Kanals zwar letzthin eher zufällig, zweifellos aber äußerst günstig in den Beginn der 90er Jahre fiel.

Der Wandel der Kanalmotive ist auch im Wandel ökologischer Leitbilder erkennbar. Abschließend soll an dieser Stelle einmal die Gelegenheit genutzt werden, ansatzweise die Leitbilder zu skizzieren, die das Main-Donau-Kanalprojekt in den letzten zwei Jahrzehnten vor seiner Fertigstellung begleitet haben. Als ein geeignetes Medium zur Darstellung einer sich ändernden Bewertung des "Prozeßfeldes Landschaft"[2] bieten sich, im Hinblick auf ökologische Kriterien, Verlautbarungen des Bundes Naturschutz in Bayern e.V. an. Im Vorwort des im Juni 1974 herausgegebenen Landschaftsplans Altmühltal[3], der vom Planungsbüro Grebe in Nürnberg bearbeitet wurde, äußerte sich Hubert Weinzierl in seiner Funktion als Vorsitzender des Bundes Naturschutz in Bayern zwar kritisch, aber durchaus zustimmend gegenüber den Kanalbaumaßnahmen im Altmühltal.

"Aus der zum Teil harten Diskussion mit den Planungsträgern ist nun ein Landschaftsplan hervorgegangen, den wir für einen guten Kompromiss zwischen den Belangen des Wasserstraßenbaues einerseits und den Vorstellungen des Bundes Naturschutz in Bayern e.V. andererseits halten. (...) Nachdem es mit dem guten Willen aller Beteiligten gelungen ist, mit der Vorlage dieses Landschaftsplanes eine gute Lösung für die schwierigen Probleme aufzuzeigen, soll es dem Naturfreund möglich sein, das 'neue Altmühltal' auch nach dem Abschluß aller Bauarbeiten ohne ernste Einschränkungen zu akzeptieren."[4] Die zuerst von kritischer Zustimmung geprägte Grundhaltung des Bundes Naturschutz in Bayern e.V. gegenüber dem Kanalprojekt wandelte sich in der zweiten Hälfte der 70er Jahre bis hin zu seiner strikten Ablehnung.

Daß Motive und Bewertungsgrundlagen immer vor dem Hintergrund ihrer Zeit zu interpretieren sind, zeigt auch der im nachfolgenden Kapitel untersuchte außerverkehrliche Nutzen des Kanals auf. Dabei ist es zweckmäßig, sich im Vorfeld der Untersuchung noch einmal ins Gedächtnis zu rufen, daß die Integration des außerverkehrlichen Nutzens in die Nutzen-Kosten-Analyse die volkswirtschaftliche Rentabilität des Main-Donau-Kanals erheblich erhöht hat.

---

[1]vgl. dazu Kapitel 4.6. "Der außerverkehrliche Nutzen des Kanals".
[2]Ruppert, K.: Die gruppentypische Reaktionsweite - Gedanken zu einer sozialgeographischen Arbeitshypothese. In: Ruppert, K. (Hrsg.): Zum Standort der Sozialgeographie, Münchner Studien zur Sozial- und Wirtschaftsgeographie, Bd. 4, Kallmünz/Regensburg 1968, S.171.
[3]Rhein-Main-Donau AG (Hrsg.): Landschaftsplan Altmühltal, Main-Donau-Kanal, Strecke Dietfurt - Kelheim. Bearbeitet vom Planungsbüro Grebe (Nürnberg), München 1974, S.7.
[4]Weinzierl, H.: Vorwort zum Landschaftsplan Altmühltal, a.a.O., S.7.

## 4.6. Außerverkehrlicher Nutzen des Kanals

Nachdem 1972 das nördliche Teilstück des Main-Donau-Kanals von Bamberg bis Nürnberg vollendet wurde, wurde es notwendig - gemäß der in Kapitel 4.4. beschriebenen Änderungen der Gesetzeslage - volkswirtschaftliche Berechnungen über die Nutzen/Kosten-Quote des südlichen Bauvorhabens von Nürnberg nach Kelheim vorzunehmen. Wie ja eingehend beschrieben wurde, kamen die mit den Untersuchungen beauftragten Unternehmen zu höchst unterschiedlichen Ergebnissen. Einigkeit unter den Experten besteht jedoch darüber, daß der außerverkehrliche Nutzen des Kanalbaues über die Fränkische Alb hinweg dem verkehrlichen Nutzen zumindest ebenbürtig ist.

Zielsetzung dieses Kapitels soll es deshalb sein, zwei wesentliche Komponenten des außerverkehrlichen Nutzens des Kanals herauszugreifen und eingehend zu diskutieren. Im Mittelpunkt der Betrachtung steht dabei die Funktion des Kanals als Überleitung von Donau- und Altmühlwasser ins vergleichsweise niederschlagsarme Nordbayern und die Bedeutung des Kanals und des damit in Verbindung stehenden Neuen Fränkischen Seenlandes für Freizeit und Erholung.

### 4.6.1. Wasserwirtschaft

Oberstes Prinzip bayerischer Landesentwicklungspolitik ist es, in allen Landesteilen möglichst gleichwertige, gesunde Lebens- und Arbeitsbedingungen zu erhalten oder zu schaffen.[1] Für die angestrebte Entwicklung einzelner Regionen sind neben anderen Einflußgrößen auch die wasserwirtschaftlichen Gegebenheiten von erheblicher Bedeutung. In Bayern weisen die nördlichen und südlichen Landesteile sehr unterschiedliche wasserwirtschaftliche Charakteristika auf. Allgemein gilt, daß das Gebiet südlich der Donau wasserreich, Nordbayern demgegenüber aber verhältnismäßig wasserarm ist.[2] So steht beispielsweise jedem Bürger im bayerischen (hydrologischen) Einzugsgebiet der Donau in Niedrigwasserzeiten dreimal soviel Wasser zu Verfügung wie den Bewohnern des Maingebietes.[3] "In diesem Zusammenhang ist es weiterhin von Bedeutung, daß auch in Folge der hohen Bevölkerungs- und Industriedichte in den Talräumen entlang von Rednitz, Regnitz das vorhandene Wasserangebot stärker beansprucht wird als im bayerischen Donaueinzugsgebiet."[4]

Begründet sind diese wasserwirtschaftlichen Disparitäten in den naturräumlichen Bedingungen des Freistaates. So beträgt die mittlere jährliche Niederschlagshöhe im Maingebiet 715 mm, gebietsweise sogar nur 600 mm, im Donaugebiet hingegen durchschnittlich 940 mm. Darüberhinaus unterscheiden sich auch die hydrogeologischen Verhältnisse in einem erheblichen Maße. Die quartären Schotterfelder im Alpenvorland besitzen ein großes Wasserrückhaltevermögen. Die dadurch bedingte Grundwasserspeicherung sowie der Schneerückhalt der Alpen bis weit in den Frühling hinein, bewirken ein relativ ausgeglichenes und zumeist reichliches Wasserangebot.[5] Besonders prägnant lassen sich die hydrogeologischen Verhältnisse in Nordbayern am Beispiel des Mittelfränkischen Beckens mit seinen Verdichtungsraum Nürnberg, Fürth, Erlangen verdeutlichen. Der Untergrund dieser Region besteht fast ausschließlich aus relativ wasserdurchlässigem Sandstein. In diesem Sandsteinkeuper finden 55% des Abflusses unterirdisch statt. Anderseits hat Sandstein kein großes Wasserrückhaltungsvermögen und gleicht Niederschlagsschwankungen durch Grundwasserspeisung nicht aus.[6]

---

[1] Bayerisches Staatsministerium für Landesentwicklung und Umweltfragen (Hrsg.): Landesentwicklungsprogramm Bayern, München 1994, S.1.

[2] Strobl, Th./Weber, H.: Altmühl- und Donauwasser für das Regnitz-Maingebiet - ein großräumiges Wasserbauvorhaben in Bayern. Hrsg. von der Bayerischen Wasserwirtschaftsverwaltung, München 1987, S.1.

[3] Talsperren-Neubauamt Nürnberg: Überleitung von Altmühl- und Donauwasser in das Regnitz- Maingebiet, Nürnberg 1992, o.S.

[4] Oberste Baubehörde im Bayerischen Staatsministerium des Inneren (Hrsg.): Überleitung von Altmühl- und Donauwasser in das Regnitz-Maingebiet. Die Baustufe I. Erschienen in der Schriftenreihe Wasserwirtschaft in Bayern, München 1986, S.1.

[5] ebd., S.1.

[6] Bayerisches Staatsministerium für Landesentwicklung und Umweltfragen (Hrsg.): Wasserwirtschaftlicher Rahmenplan Regnitz. München 1974, S.17f.

Den Beschluß zur Verwirklichung dieses überregionalen Wasserausgleiches hat der Bayerische Landtag im Juli 1970 gefaßt. Mit der Realisierung dieses Projektes sollen im
Schwerpunkt folgende Ziele verwirklicht werden:
-Beseitigung wasserwirtschaftlicher Engpässe durch Aufhöhung der Niedrigwasserführung von Rednitz, Regnitz und Main. Einhergehend damit sollen insbesondere die Bedarfe
von Industrie und Landwirtschaft an Verbrauchs- und Gebrauchswasser in den künftigen Jahrzehnten gesichert werden. Zunehmende Bedeutung erlangt auch die Sicherung der Wasserbedarfe der Kläranlagen am Main.
-Verbesserung des Hochwasserschutzes der Mittleren Altmühl.
-Verbesserung der wasserorientierten Freizeit- und Erholungsmöglichkeiten im mittelfränkischen Raum.

Die Überleitung von Altmühl- und Donauwasser in das Regnitz-Main-Gebiet erfolgt mittels zweier Teilsysteme. Altmühl- und Donauwasser fließen auf zwei getrennten Wegen, die technisch voneinander unabhängig sind, nach Nordbayern. Das eine, mit rund 125 Millionen Kubikmeter Donauwasser pro Jahr wohlgemerkt kapazitätsstärkere Teilsystem, bildet die Südrampe des Kanals. Ein zweites Überleitungssystem hat die Bayerische Wasserwirtschaftsverwaltung durch die Errichtung des als Ausgleichsspeicher fungierenden Altmühlsees, den 8,9 Kilometer langen Altmühlüberleiter (davon 2,7 Kilometer Stollen durch die Europäische Hauptwasserscheide) und etwa 12 Quadratkilometer großen und rund 150 Millionen Kubikmeter Wasser fassenden Brombachspeicher geschaffen. Dieses System, das bis zu 25 Millionen Kubikmeter Wasser aus der Altmühl in die Rednitz überleitet, wird dann aktiviert, wenn der Donau wegen zu geringen Abflusses bei Kelheim (unter 140 Kubikmeter/Sek.) kein Wasser mehr entnommen werden darf.[1]

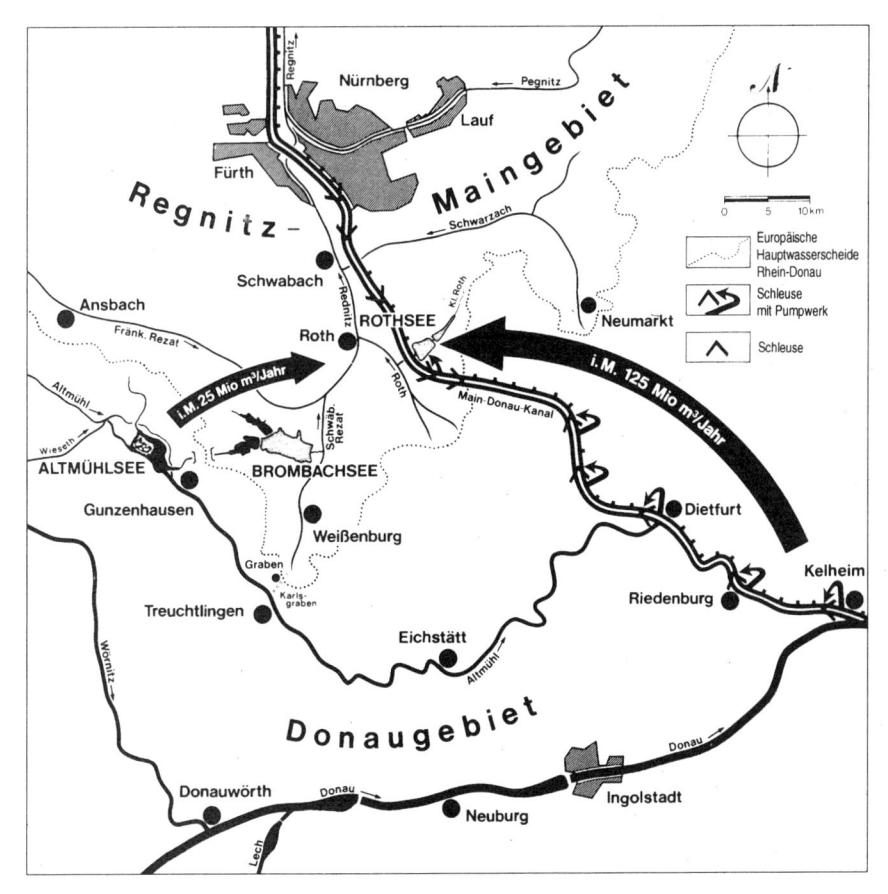

Karte 6: Überleitungsvorhaben.

Quelle: Brecht, P.: Die Kanalüberleitung. In: bau intern, Nr.10/92, S.240.

---

[1]Meyer, R.: Der Main-Donau-Kanal - eine europäische Wasserstraße. In: Heimatkundliche Beiträge. Beilage des Amtlichen Schulanzeigers für den Regierungsbezirk Mittelfranken 1/92, S.7.

Der Brombachsee, der durch drei Dämme (Igelsbachvor-, Brombachvor- und Brombachhauptsperre) gegliedert ist, hat primär die Aufgabe, die Hochwasser der Altmühl aufzunehmen. Der Brombachsee, der nach seiner vollständigen Flutung etwa über die Größe des oberbayerischen Tegernsees und über eine maximale Tiefe von 37 Metern verfügen wird, dient dabei innerhalb des wasserwirtschaftlichen Gesamtsystems als langfristiger Ausgleichsspeicher. Dieses Teilsystem konnte nach der Flutung des Altmühlsees im Jahre 1985, des Igelbachsees im Jahre 1984 und des Kleinen Brombachsees im Jahre 1985 am 1.8. 1986 offiziell in Betrieb genommen werden. Die Flutung des Großen Brombachsees wird aber erst im Jahre 1996 vollendet sein.[1]

Schon zu Beginn der Planung des Main-Donau-Kanals mußte man sich mit dem Problem der Betriebswasserversorgung befassen. Da, wie bereits erwähnt, der Stillwasserkanal im Bereich der Scheitelhaltung über keine natürlichen Zuflüsse verfügt, um die Verlustwassermengen in Form von Schleusungsverlusten, Verdunstung, Versickerung und Undichtigkeit der Schleusentore auszugleichen, war ein anderes technisches Konzept geboten. Als Lösung lag nahe, an der Südrampe des Kanals von Kelheim bis Bachhausen fünf Staustufen zu errichten, die das nötige Betriebswasser von bis zu 14 Kubikmeter pro Sekunde rund 68 Höhenmeter in die Scheitelhaltung fördern. Zusätzlich zu den maximal 14 Kubikmetern Betriebswasser pro Sekunde, die bei der Maximalauslastung des Kanals notwendig wären, können im Bedarfsfalle bis zu 21 Kubikmeter/Sek. aus dem Donaugebiet in das wasserarme Regnitz- Maingebiet übergeleitet werden.[2]

Die gewählte Form der Betriebswasserversorgung war aber keineswegs die einzige in der Frühzeit der Planungsphase zur Diskussion stehende Konzeption. Im Jahre 1925 beispielsweise bot das Vorstandsmitglied der Rhein-Main-Donau-A.G. Direktor Th. Henftling eine Überleitung von Wasser aus dem Lech in den Main-Donau-Kanal an. "Diese Kanalstrecke bietet besondere Schwierigkeiten, weil die Jurahöhe durch eine größere Anzahl von Schleusen überwunden werden muß und weil am höchsten Punkt des Kanals, an der sogenannten Scheitelhaltung, kein natürlicher Wasserzufluß zur Speisung des Kanals vorhanden ist. Um letzterem Mangel abzuhelfen, soll der Lech zwischen Augsburg und seiner Mündung an einem Punkt angezapft werden, der höher liegt als die Scheitelhaltung und ein Teil des Lechwassers soll durch einen zirka 90 km langen Zubringerkanal (Lechzubringer) mit natürlichem Gefälle der Scheitelhaltung zugeführt werden. Der Lechzubringer wird die Donau auf einer hohen Kanalbrücke überschreiten."[3]

Bei der realisierten Lösung wurde aus wirtschaftlichen und betriebstechnischen Gründen eine Förderung beider Wasserströme in gemeinsamen Pumpwerken mit jeweils fünf Pumpen zu je 7 Kubikmeter Förderleistung pro Sekunde gewählt. Infolge des großen Kanalquerschnittes, ein Trapezprofil mit einer benetzten Fläche von 175 Quadratmetern, stellt sich selbst bei maximalen Pumpbetrieb nur eine Fließgeschwindigkeit von 0,2 Metern pro Sekunde ein, so daß die Schiffahrt nicht nachteilig beeinflußt wird. Alle fünf Pumpwerke können, gesteuert von einer Betriebszentrale in Nürnberg, gleichzeitig in Betrieb genommen werden, so daß ohne nachhaltige Verzögerung Wasser aus dem Kanal in den, von der Größe etwa mit dem Schliersee vergleichbaren Rothsee abgegeben werden kann. Hat die Altmühl aber an ihrer Mündung in den Kanal südöstlich von Dietfurt eine ausreichende Wasserführung, so wird das Überleitungswasser dort entnommen. Die beiden unteren Pumpwerke Kelheim und Riedenburg gehen dann nicht in den Betrieb. Der nordöstlich der Kanalschleuse Eckersmühlen im Tal der kleinen Roth liegende Rothsee verfügt über einen Stauraum von 10,3 Millionen Kubikmeter und fungiert als Zwischenspeicher für das Überleitungssystem. Der Rothsee gliedert sich in Vor- und Hauptsee. Zu betonen ist in diesem Zusammenhang, daß sich bei dem durch eine Vorsperre vom nur 2,5 Meter tiefen Vorsee abgetrennten Hauptsee betriebsbedingte Wasserspiegelschwankungen von bis zu sieben Metern zwischen Stau- und Absenkziel ergeben können.[4] Dieses zweite Teilsystem wurde am 13. Oktober 1993 offiziell in Betrieb genommen.

---

[1]Gespräch mit Dipl. Ing. Peter Brecht, Ministerialrat im Staatsministerium des Inneren, vom 7.12. 1993 in München.
[2]Meyer, R.: Der Main-Donau-Kanal - eine europäische Wasserstraße, a.a.O., S.6.
[3]Henftling, Th.: Die Wasserkräfte der Rhein-Main-Donau-Großschiffahrtsstraße und ihre wirtschaftliche Bedeutung. In: Bayerische Industrie und Handelszeitung. Bayerisches Zentralwirtschaftsorgan für Handel, Industrie, Bergbau und Gewerbe vom 17.Februar 1925, Heft 7/1925, S.10/122.
[4]Brecht, P.: Die Kanalüberleitung - Teil des Überleitungsvorhabens, a.a.O., S.241f.

Als Zwischenergebnis der bisherigen Betrachtungen ist folgende Behauptung zutreffend:
"Die wasserwirtschaftliche Zielsetzung, den Niedrigwasserabfluß von Rednitz, Regnitz und Main auf die größtmögliche technisch und wirtschaftlich vertretbare Höhe zu bringen, ohne die Niedrigabflüsse auf der Donauseite unzumutbar zu verringern, kann nur durch das Zusammenwirken beider Systeme sicher erreicht werden."[1]

Anzumerken aber ist, daß im Zusammenhang mit der Diskussion über die sogenannte "Qualifizierte Beendigung" des Kanalbaus in den Jahren vor 1982 auch vom Wasserwirtschaftsamt Nürnberg nach alternativen Möglichkeiten zur Wasserüberleitung nach Nordbayern gesucht wurde. Im Mittelpunkt der Betrachtung stand seinerzeit ein Rohrleitungssystem aus zwei Röhren mit einem Durchmesser von jeweils 2,5 Metern und einer Kapazität von 300 Mio. Kubikmetern pro Jahr. Gemäß den damaligen Schätzungen der Obersten Baubehörde im Bayerischen Staatsministerium des Inneren wären dafür Kosten in Höhe von etwa 560 Mio. DM angefallen.[2] Wirth verweist demgegenüber auf Schätzungen in einer Größenordnung von 300-400 Mio. DM.[3]

Konzeptbedingt wären bei der Planungsalternative keine Wasserflächen in der jetzigen Größenordnung geschaffen worden und somit natürlich nur in erheblich geringerem Maße als Freizeitpotential zur Verfügung gestanden. Ex-post beliefen sich die Gesamtkosten für das Überleitungssystem inklusive der Anlage der als Speicherreservoirs fungierende Seen, der Pumpen und aller wasserbaulichen Maßnahmen, aber selbstverständlich exklusive der Baukosten der Südrampe des Kanals auf 869 Mio. DM.[4]

### 4.6.2. Freizeit und Erholung

Für den Nordbayerischen Raum, der auf Grund seiner naturräumlichen Gegebenheiten arm an Wasserflächen ist, bildet die Realisierung des Wasserüberleitungssystem und die Versorgung des Main-Donau-Kanals mit Betriebswasser ein gutes Beispiel, wie der Staat als Gestalter von Kulturlandschaft das Zusammenspiel der menschlichen Grundfunktionen aufgreifen und koordinieren kann. Standen noch in den sechziger Jahren beim Main-Donau-Kanal verkehrsfunktionale Aspekte im Vordergrund, erfolgte ab 1970 zunehmend auch eine Betonung versorgungsfunktionaler Aspekte und mündete zuletzt in eine stärkere Berücksichtigung der Grundfunktion des Freizeitverhaltens. Dadurch ergibt sich ein Ordnungsprinzip, das Freizeitverhaltensweisen neben anderen Grundfunktionen als strukturwirksame und steuernde Momente des "Prozeßfeldes Landschaft" bei der Gestaltung räumlicher Organisationsformen und raumwirksamer Prozesse erkennen läßt, ohne dabei die Interdependenzen zu anderen Funktionen zu vernachlässigen.[5]

Wählt man nun einen definitorisch engen Bezugsrahmen im Zusammenspiel von Kanal und Freizeit und Erholung, so orientiert man sich in erster Linie am Freizeitpotential des Rothsees, des Main-Donau-Kanals und an den Möglichkeiten die Main und Donau für Freizeitaktivitäten bieten. Aus geographischer Sicht ergibt sich aus dem Zusammenspiel räumlicher und zeitlicher Kriterien für einzelne Freizeitaktivitäten eine Dreigliederung, die zumeist auch durch distanzielle Unterschiede zum Hauptwohnsitz gekennzeichnet ist. Man kann basierend auf kurzfristigem (bis zu mehreren Stunden), mittelfristigem (halbtags, tageweise und Wochenende) und längerfristigem (bis zu mehreren Wochen) Zeitaufwand fortschreiten zur räumlichen Gliederung in:

---

[1]Deutscher Kanal- und Schiffahrtsverein Rhein-Main-Donau e.V.: Wasserwirtschaftliches System zur Überleitung von Altmühl- und Donauwasser in das Regnitz-Maingebiet. In: Mitteilungsblätter Nummer 33, Mai 1980, S.6.

[2]IFO-Institut für Wirtschaftsforschung e.V.: Der Main-Donau-Kanal - Argumentationstudie einer kontroversen Diskussion, a.a.O., S.35.

[3]Wirth, E.: Die wirtschaftlichen Aspekte des Europa-Kanals, a.a.O., S.72.; Anmerkung des Verfassers: Die Schätzungen stammen von Hydrogeologen der Universität Erlangen aus den frühen achtziger Jahren und wurden dem Verfassers in detaillierter Form von Prof. Dr. Wirth zugänglich gemacht.

[4]Gesamtsumme entsprechend den Verlautbarungen der Obersten Baubehörde im Staatsministerium des Inneren. Gespräch mit Ministerialrat Dipl.-Ing. Peter Brecht vom 7.12.1993.

[5]Ruppert, K.: Zur Stellung und Gliederung einer Allgemeinen Geographie des Freizeitverhaltens. In: Geographische Rundschau Heft 1/1975, S.3.

1. Freizeitverhalten im Wohnumfeld,
2. Freizeitverhalten im Naherholungsraum,
3. Freizeitverhalten im Fremdenverkehrsraum (längerfristiger Reiseverkehr).[1]

Die zur Betrachtung als Freizeitpotential ausgewählten Wasserflächen spiegeln dabei die Komponenten dieses an räumlichen und zeitlichen Kriterien orientierten Kategoriensystems wider. Exemplarisch soll dies an Hand des Main-Donau-Kanals und des Neuen Fränkischen Seenlandes untersucht werden.

Der Main-Donau-Kanal bietet den Bürgern in Teilen des industriell-urbanen Ballungsraums Nürnberg, Fürth, Erlangen eine Möglichkeit, ihr Freizeitverhalten im Wohnumfeld in einem gewissen Umfang an den Wasserflächen des Kanals zu orientieren. Als Beispiele in diesem Zusammenhang wären die Nutzung von Fuß- und Radwegen entlang der Wasserstraße, aber auch Fahrten mit Kanus, Kajaks sowie Ruder- und Tretbooten zu nennen. Zu betonen ist dabei, daß mit der gleichberechtigten Entwicklung der Grundfunktion Freizeitverhalten neben der des Arbeitens, Wohn- und Freizeitstandorte an Wasserflächen eine beträchtliche Aufwertung erfuhren.[2]

Am Beispiel der Sportschiffahrt auf der Main-Donau-Wasserstraße sollen Freizeitaktivitäten unter Zugrundelegung eines mittelfristigen bis hin zu längerfristigem Zeitaufwand dargestellt werden. Auf den zum Geltungsbereich der Wasser- und Schiffahrtsdirektion Süd gehörenden Bundeswasserstraßen Main (von seiner Einmündung in den Rhein, die den Wasserstraßenkilometer 0 markiert bis zum Mainkilometer 384 bei Bamberg), Main-Donau-Kanal (171 km Länge) und Donau (von Kelheim bei Donaukilometer 2411,4 bis zur deutsch-österreichischen Landesgrenze bei Donaukilometer 2201,8) findet lebhafte Sportschiffahrt statt. Besonders in den Ballungsräumen um Frankfurt, aber auch im Raum Nürnberg, sind viele Boote beheimatet, wie aus folgenden Zahlen über die bei den Wasser- und Schiffahrtsämtern (WSA) im Jahre 1992 registrierten Sportboote erkennbar ist.

- WSA Aschaffenburg      29 600
- WSA Schweinfurt      17 500
- WSA Nürnberg      16 400
- WSA Regensburg      15 700

Zu diesen insgesamt 79 200 amtlich registrierten Booten addieren sich noch die nichtregistrierten vereinseigenen Sportboote, bei denen es sich aber zumeist um Ruderboote, Kanus und ähnliches handelt. Nach Schätzungen der Wasser- und Schiffahrtsdirektion Süd beläuft sich diese Zahl auf 800 bis 1000 Boote.[3]

Im Sportbootverkehr lassen sich vier Kategorien unterscheiden, die in ihrer Zuordnung auf raumzeitliche Kriterien eine direkte Bezugnahme auf den sozialgeographischen Freizeitbegriff nach Ruppert und Maier ermöglichen. Bei der Betrachtung des Sportbootverkehrs, als eine Ausprägung möglicher Freizeitaktivitäten auf Wasserstraßen, ist einerseits eine Differenzierung nach den Booten notwendig, die in den Häfen entlang der Wasserstraße beheimatet sind und den Booten, die mit Trailern zum Gewässer gebracht werden.
Zum Anderen muß unterschieden werden zwischen
- Lokalverkehr, wobei die Fahrzeuge am gleichen Tag zu ihrem Liegeplatz zurückkehren oder dem Gewässer wieder entnommen werden und
- weiträumigem Verkehr, wie überregionales Wasserwandern oder Sportboottransit.[4]

Der Lokalverkehr ist dabei mehrheitlich dem Freizeitverhalten im Naherholungsraum zuzuordnen, in Einzelfällen sicherlich aber auch dem Freizeitverhalten im Wohnumfeld. Der weiträumige Sportbootver-

---

[1] ebd., S.3.

[2] Ruppert, K.: Wasserflächen als Freizeitpotential - Beispiel Bodensee. In: wasser, energie, luft - eau, energie, air, Heft 1/2 1991, S.19.

[3] Fleskes, G.: Die Bedeutung der Sport- und Freizeitschiffahrt auf den Bundeswasserstraßen Main, Main-Donau-Kanal und Donau. In: Wassersport auf der Main-Donau-Wasserstraße, hrsg. vom Deutschen Kanal- und Schiffahrtsverein Rhein-Main-Donau, Mitteilungsblatt Nr.72, Nürnberg 1992, S.4.

[4] ebd., S.4.

kehr hingegen ermöglicht eine Einordnung in die Kategorien Naherholungsraum und Fremdenverkehrsraum. Das Spezifikum von 34 Schleusen am Main und 16 Schleusen am Main-Donau-Kanal aber läßt bei mittelfristigen Bootsfahrten zumeist nur geringe Aktionsradien zu. Die regionale Ungleichverteilung von Bootsschleusungen vermittelt ein Bild der regionalen Schwerpunkte der Sportbootaktivitäten.

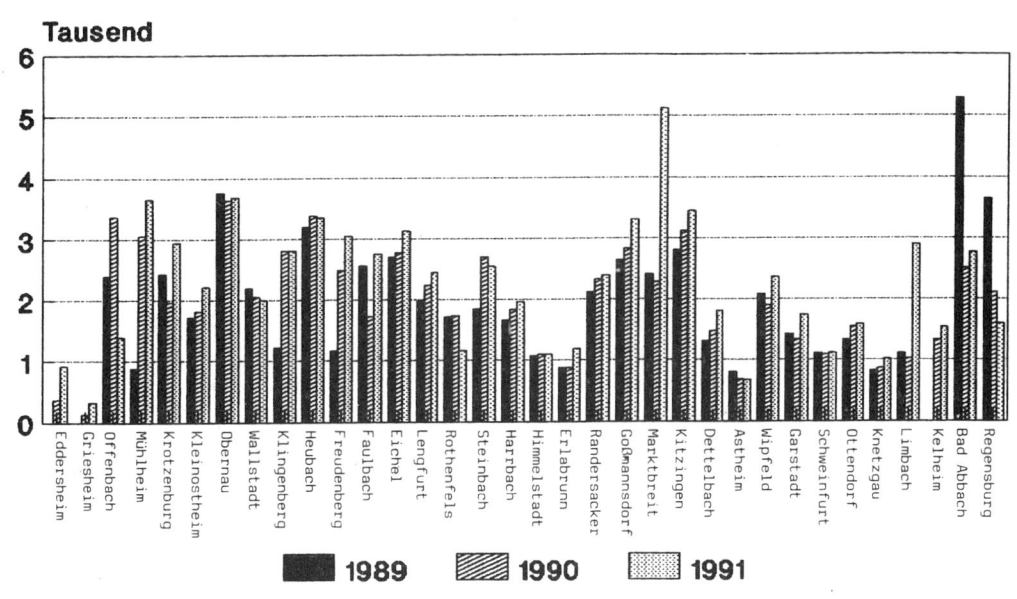

Abb. 5: Sportbootschleusungen auf dem Main, dem Main-Donau-Kanal und der Donau

Quelle: Wasser- und Schiffahrtsdirektion Süd

Der Schwachpunkt dieser Erfassung der Sportbootaktivitäten auf Main, Main-Donau-Kanal und Donau aus dem Jahre 1991 liegt im Erhebungsverfahren, das auf Basis des bei den Schleusungsvorgängen anfallenden Energieverbrauchs die Zahl der die Schleusen frequentierenden Sportboote schätzt. Auf Grund der Freistellung von Sportbooten von der Entrichtung von Benutzungsgebühren für Bootschleusungen in ganz Deutschland[1] wird die Anzahl der Sportboote, die Schleusen nützen, in der Regel nicht erfaßt. Eine Ausnahme von dieser sonst gängigen Praxis wurde auf Veranlassung der Wasser- und Schiffahrtsdirektion Süd während des 10. Juni und dem 31. Oktober 1993 an der Schleuse Riedenburg an der Südrampe des Main-Donau-Kanals vollzogen. Während dieses Zeitraumes wurden 1326 Sportboote gezählt, 1235 davon mit eigenem Antrieb und 91 ohne eigenen Antrieb.[2]

Zusammenfassend läßt sich sagen, daß den freizeitfunktionalen Wassersportaktivitäten innerhalb der Stauhaltungen des Kanals, insbesondere im Verdichtungsraum Nürnberg, Fürth Erlangen erhebliche Bedeutung beigemessen werden muß. Dabei gilt es in Erinnerung zu rufen, daß der Bevölkerung des - mit rund 1,1 Millionen Menschen zweitgrößten bayerischen Verdichtungsraums - aufgrund der naturräumlichen Gegebenheiten der Region, bis zur Verwirklichung des Main-Donau-Kanals und der als Reservoirs für das Überleitungssystem dienenden "Neuen Fränkischen Seen", kaum über Möglichkeiten zur Freizeitgestaltung an Wasserflächen gegeben waren.

Während in Bezug auf Main, Kanal und Donau eher die Freizeitaktivitäten am und auf dem Wasser im Vordergrund stehen, dominiert im Neuen Fränkischen Seenland die Bedeutung von Wasserflächen für Badeausflüge und Badeurlaube. Zum Schwimmen, Windsurfen und Sonnenbaden kommen während der Sommermonate Millionen von Erholungssuchenden an die neugeschaffenen Seen.

---

[1] Sportbootverbände sind gemäß der Zahl ihrer Mitglieder zur Abgeltung einer jährlich anfallenden Pauschale verpflichtet, deren Entrichtung den Sportbootfahrern die Nutzung von Schleusen ermöglicht.

[2] Datenmaterial auf Anfrage des Verfassers bei der Wasser- und Schiffahrtsdirektion Süd vom 7.12.1993.

So wurden im Landkreis Weißenburg-Gunzenhausen, zu dem das Neue Fränkische Seenland gehört, im Jahr 1992 1 117 330 Übernachtungen gezählt. Gegenüber dem Vorjahr stellt dies eine Steigerung um 10% dar. Vergleicht man dieses Ergebnis mit der landesweiten Entwicklung der Übernachtungen, die im gleichen Erhebungszeitraum mit einem geringfügigen Minus von 0,4 % beinahe stagnierte, so bleibt festzustellen, daß das Feriengebiet Weißenburg-Gunzenhausen insbesondere wegen dem Naturpark Altmühltal und dem Neuen Fränkischen Seenland weit überdurchschnittlich profitierte.[1] Bezüglich der Herkunftsregionen der Urlaubsgäste läßt sich eine deutliche Dominanz der Gäste aus dem Rhein, Main und Nekargebiet erkennen. Gäste aus den Neuen Bundesländern hingegen sind bisher unterrepräsentiert. Isoliert man nun das Neue Fränkische Seenland aus der Gesamtbetrachtung des Landkreises Weißenburg-Gunzenhausen, so ergibt sich folgendes Bild: Laut den Erhebungen des Kreisverkehrsamtes kam es in den unmittelbar zum Neuen Fränkischen Seenland zugehörigen Gemeinden 1992 zu 1 042 117 gemeldeten Übernachtungen. Davon entfielen rund 435 000 auf Campingurlauber.

Daneben frequentierten 1992 rund 900 000 Tagesbesucher und Naherholer das Neue Fränkische Seenland. Der Versuch einer monetären Bewertung dieser Freizeitaktivitäten ergibt unter Zugrundelegung eines durchschnittlichen täglichen Ausgabenniveus folgendes Bild:
- bei Urlauber, die in Hotels, Gasthöfen, Privatpensionen, Ferienwohnungen oder Ferienhäusern nächtigen, 80 DM für Unterkunft, Verpflegung, Einkäufe, Eintritte und Ähnliches
- bei Campingurlaubern von DM 35 und
- bei Tagesausflüglern von 30 DM
Kumuliert bedeutet dies, daß im Neue Fränkische Seenland rund 90 Mio. DM eingenommen werden.[2] Verglichen mit den Einnahmen aus dem Fremdenverkehr im Jahre 1987 im gleichen Erhebungsraum stellt dies eine Verdoppelung dar.

Als kritische Würdigung dieser ganz erheblichen Steigerungsraten des Fremdenverkehrsaufkommens im Landkreis Weißenburg-Gunzenhausen ist abschließend anzumerken, daß kaum ein anderer Fremdenverkehrsraum in der Bundesrepublik Deutschland mit Investitionen ähnlicher Größenordnung gefördert wurde wie das "Neue Fränkische Seenland". Vom monetären Umfang stellt die Schaffung des "Neuen Fränkischen Seenlandes" gewiß eine Einmaligkeit dar. Dabei gilt es immer zu berücksichtigen, daß die Schaffung des Neuen Fränkischen Seenlandes niemals isoliert unter freizeitfunktionalen Gesichtspunkten bewertet werden darf, sondern, daß es sich dabei um ein, aus dem Bauvorhaben des Main-Donau-Kanals und des Wasserüberleitungssystems abgeleitetes Projekt handelt.

Spannt man den Bogen wieder zu den Freizeitaktivitäten auf der Main-Donau-Wasserstraße, so entwickelt sich aufbauend auf die Diskussion des Sportbootverkehrs die Fragestellung nach Eignung und Akzeptanz der Main-Donau-Wasserstraße für die Ausflugs- und Kreuzfahrtschiffahrt. Im nachfolgenden 5. Kapitel dieser Arbeit wird dabei diese bisher in der Literatur über den Main-Donau-Kanal noch kaum untersuchte Fragestellung aufgegriffen und diskutiert.

---

[1]Kreisverkehrsamt Weißenburg-Gunzenhausen: Entwicklung des Fremdenverkehrs 1992 im Landkreis Weißenburg-Gunzenhausen. Gunzenhausen 1993, o.S.
[2]Berechnungen in Abstimmung mit dem Leiter des Kreisverkehrsamtes Weißenburg-Gunzenhausen Herrn Bieswanger. Erhebung des statistischen Materials durch das Kreisverkehrsamt.

## 5. Personenschiffahrt auf dem Main-Donau-Kanal

Einleitend ist es zielführend, den Begriff Personen- bzw. Fahrgastschiffahrt bezüglich seiner Ausprägungen zu differenzieren. Bei der Personenschiffahrt ist zwischen den weiträumigen Kreuzfahrten und den regionalen Routen mit örtlichen Schwerpunkten zu unterscheiden. Zahlenmäßig, d.h. im Hinblick auf die eingesetzten Schiffe und die beförderten Fahrgäste überwiegt der regionale Verkehr auf den Wasserstraßen in der Bundesrepublik Deutschland bei weitem.[1] Darüberhinaus läßt sich, gemäß ihrer zeitlichen Abfolge, zwischen Linien- und Gelegenheitsschiffahrt unterscheiden. Auf dem, seit dem 25. September 1992 durchgängig befahrbaren Main-Donau-Kanal, sind während der Sommermonate alle diese Ausprägungen vorzufinden.

Während in den Epochen vor dem Siegeszug der Eisenbahn der Personenverkehr auf Binnenwasserstraßen vornehmlich Beförderungszwecken diente, liegt die Bedeutung der Fahrgastschiffahrt in der heutigen Zeit fast ausschließlich im Bereich Freizeit und Erholung. Die stetige Zunahme an Freizeit in Verbindung mit einem zunehmenden Bedürfnis vieler Erholungssuchender nach naturnahem und beschaulichem Tourismus stärken das Marktpotential der Personenschiffahrt in einem erheblichen Maße.[2]

In der Saison 1994 verkehren auf der Main-Donau-Wasserstraße 55 Personenschiffe mit einer maximal zugelassenen Fahrgastzahl von etwa 20 400 Passagieren (inklusive Freidecks). 45 dieser Schiffe sind im Ausflugsverkehr mit Fahrzeiten zwischen 40 Minuten und 8 Stunden eingesetzt. Die anderen 10 sind luxuriös ausgestattete Hotelgastschiffe, mit einer Gesamtkapazität von 1276 Gästen, die von vier international tätigen Veranstaltern für Flußkreuzfahrten genutzt. Während gegenwärtig auf dem Main-Donau-Kanal nur 8 Ausflugsschiffe mit einer zugelassenen Fahrgastzahl von maximal etwa 3400 Personen den Kanal verkehren können, befahren alle 10 Hotelgastschiffe im Laufe ihrer Kreuzfahrten regelmäßig den Kanal.

Bezüglich der Eignung des Landschaftsbildes für die Personenschiffahrt lassen sich am Main-Donau-Kanal zwei Teilräume unterscheiden. Zweckmäßig ist dabei eine Differenzierung in die Streckenabschnitte Bamberg-Berching (Kanalkilometer 0-120) und Berching-Kelheim (Kanalkilometer 120-171). Während aus der Sicht des Jahres 1994 auf dem nordwestlichen Teilstück nur ein geringes Wachstumspotential erkennbar ist, vollzieht sich die Entwicklung im südöstlichen Teilstück, auf Grund der landschaftlichen und kulturellen Attraktivität der zu durchfahrenden Region, nahezu explosionsartig.

Während der ersten, auf die Monate Mai bis Oktober befristeten Saison 1993, konnten auf diesem Streckenabschnitt schätzungsweise bereits rund 120 000 Personen befördert werden.[3] In der laufenden Saison 1994 wird sich das Passagieraufkommen, gemäß im September 1994 erstellter Hochrechnungen der

---

[1]Fleskes, G.: Die Fahrgastschiffe auf den Bundeswasserstraßen Main, Main-Donau-Kanal und Donau. In: Deutscher Kanal- und Schiffahrtsverein Rhein-Main-Donau e.V. (Hrsg.), Mitteilungsblätter Nr.78, Nürnberg 1994, S.4. Anmerkung: Gemäß den Vorgaben in Literatur und Praxis werden nachfolgend die Begriffe Fahrgastkabinenschiffahrt, Kreuzfahrschiffahrt und Hotelgastschiffahrt synonym verwand. Beschrieben werden damit Schiffsreisen auf komfortabel ausgestatteten Schiffen und einer -bei Kreuzfahrten auf der Rhein-Main-Donau-Wasserstraße - durchschnittlichen Reisedauer von etwa einer Woche.

[2]o.V.: Fahrgastschiffahrt auf der Main-Donau-Wasserstraße. In: Mitteilungsblätter des Deutschen Kanal- und Schiffahrtsverein Rhein-Main-Donau e.V. Nummer 78, Mai 1994, a.a.O., S.3.

[3]Gespräch mit Herrn Franz Lindner, Geschäftsführer der MDK-Schiffahrt-Altmühltal e.V., am 13.7.1994 in Kelheim. Anmerkung: Um eine bessere Einordnung dieses Gästeaufkommens zu ermöglichen sei angemerkt, daß dieses rund 50 km lange Kanalteilstück in der ersten Saison seiner Befahrbarkeit bereits etwa 10% des Passagieraufkommens an der gesamten bayerischen Donau, mit ihren Attraktionen wie dem Kloster Weltenburg, der Walhalla oder der Städte Regensburg und Passau, erreichte. In diesem Zusammenhang ist aber zu betonen, daß über die Beförderung von Fahrgästen keine exakten Angaben gemacht werden können, da seit den sechziger Jahren in der Personenschiffahrt keine statistische Meldepflicht mehr besteht. Folglich handelt es sich bei den in dieser Arbeit verwendeten Zahlenangaben um Hochrechnungen anhand branchenüblicher Belegungszahlen, die mit den von der Wasser-und Schiffahrtsdirektion Süd zu Verfügung gestellten Schleusungszahlen am betreffenden Kanalabschnitt verrechnet wurden.

MDK-Schiffahrt-Altmühltal, um 25% auf rund 150 000 Gäste erhöhen.[1] Dies überrascht umso mehr, weil dem Themenkreis Personenschiffahrt auf dem Main-Donau-Kanal vor der Eröffnung der Südrampe des Kanals seitens der Fremdenverkehrswirtschaft, des Bayerischen Staatsministeriums für Wirtschaft und Verkehr, des Bundesverbandes der Deutschen Binnenschiffahrt und anderen mit dem Projekt befaßten Institutionen und Wirtschaftszweigen kaum Bedeutung beigemessen wurde.

So äußerte sich noch im September 1992 exemplarisch der Pressesprecher der größten europäischen Fahrgastreederei, der Köln-Düsseldorfer-Schiffahrtsgesellschaft Detlef Martensen wörtlich: "Mit so vielen Schleusen und einer landschaftlich wenig attraktiven Strecke ist diese Route ohnehin nicht interessant."[2] Die Revision dieser Fehleinschätzung spiegelt der Umstand wider, daß dieses genannte Unternehmen seit Mai 1994 nun doch, auf Grund der erheblichen Kundennachfrage, Kreuzfahrten zwischen Köln und Wien sowie zwischen Berching und Budapest anbietet.

Massive Vorbehalte äußerten, rund zwei Jahre vor der Kanaleröffnung, selbst die örtlichen Schiffsunternehmen im Raum Kelheim, obwohl sie mit der Ausflugsschiffahrt in der nahegelegenen Weltenburger Enge über einschlägige Erfahrungen verfügen, gegenüber der Forderung des Trägervereins Altmühltal, mit Personenschiffen zukünftig Linienausflugsverkehre im unteren Altmühltal anzubieten. Seitens der Anbieter wurde nur ein Markt für Gelegenheitsverkehre, nicht aber für Linienverkehr mit den im Durchschnitt maximal 500 Personen[3] fassenden Schiffen gesehen.

Das ist umso überraschender, als die infrastrukturelle Ausstattung dieses Raumes für die Personenschiffahrt in der Bundesrepublik Deutschland einmalig ist. Im Gegensatz zu anderen Fremdenverkehrsregionen müssen die Schiffahrtsunternehmen nicht über eigene Anlegestellen verfügen, sondern der Schiffahrt werden die Anlegestellen gegen eine Nutzungsgebühr[4] zu Verfügung gestellt. Als Träger, Vermieter und Vermarkter dieser Anlegestellen fungiert dabei die, aus dem Trägerverein Altmühltal e.V. hervorgegangene, MDK-Schiffahrt-Altmühltal e.V.

Über drei Regierungsbezirke, über drei Landkreise und sieben Städte hinweg organisiert der Verein die Fahrgastschiffahrt auf dieser freizeitfunktional so attraktiven Strecke. Die Einnahmen aus den Nutzungsentgelten fließen dabei dem Betrieb, der Instandhaltung der Anlege- und Kartenverkaufsstellen sowie der Fremdenverkehrswerbung des Fremdenverkehrsraums zwischen Berching und Kelheim zu. Entscheidend hierbei ist, daß im Gegensatz zu privaten Trägern für die Erstellung der Anlegestellen keine Amortisationskosten gedeckt werden müssen.

Zielsetzung der MDK-Schiffahrt Altmühltal e.V. ist es, die Etablierung der Personenschiffahrt in diesem Fremdenverkehrsraum zu erleichtern und dadurch die touristische Angebotsstruktur der Region zu komplettieren. Gemäß einzelner Gästebefragungen seitens der MDK-Schiffahrt Altmühltal e.V. ist der Personenschiffahrt bezüglich der Gewinnung von Dauergästen in der Region gegenwärtig eine Schlüsselrolle beizuordnen.[5] Tagesausflügler, die zum Zwecke einer Fahrt mit den Linienschiffen anreisen, Firmenangehörige, deren Unternehmen, als Betriebsausflüge Charterfahrten durchführen und nicht zuletzt die kaufkräftigen Gäste von Kreuzfahrschiffen lernen einen landschaftlich höchst attraktiven Fremdenverkehrsraum kennen und schätzen. Die Werbewirksamkeit dieser Kurzkontakte ist folglich in ihrer Intensität und Zielgruppenkongruenz nicht zu unterschätzen. Zielsetzung dieser Konzeption ist es, einen Anteil dieser Tagesgäste sowie ihres Bekanntenkreises als Dauergäste zu gewinnen. Der Kundenkreis rekrutiert

---

[1] Gespräch mit Herrn Lindner vom 12.9.1994.

[2] Andreas Geschuhn: Der Kanal kommt, die Donau geht, der Nutzen läßt auf sich warten. In: Main-Donau-Kanal, Sonderveröffentlichung der Süddeutschen Zeitung Nr.222 vom 25.9.1992, o.S.

[3] Anmerkung: Die sieben Ausflugsschiffe, die gegenwärtig täglich den Kanalabschnitt zwischen Berching und Kelheim befahren, verfügen mehrheitlich über die genannte Kapazität von 500 Plätzen, wovon rund 300 aufgrund von Überdachungen auch bei schlechten Wetter genutzt werden können. Darüberhinaus gehören Bordgastromie und die Möglichkeit der Mitnahme von Fahrrädern zum Standard.

[4] Die Gebühr für die Nutzung der Anlegestellen beläuft sich im Jahr 1994 auf eine monatliche Pauschale von 300 DM bei Personenschiffen im regionalen Linienverkehr und auf 150 DM pro Tag bei Charterfahrten und Fahrgastkabinenschiffen. Diese Gebühr wird unabhängig davon erhoben, ob nur eine oder alle Anlegestellen im Streckenabschnitt Berching-Kelheim frequentiert werden.

[5] Gespräch mit dem Geschäftsführer der MDK-Schiffahrt-Altmühltal e.V. Franz Lindner vom 13.7.1994 in Kelheim.

sich bei Flußkreuzfahrten aus dem gesamten west- und mitteleuropäischen Raum, sowie aus den USA und Japan, während die Ausflugsschiffe primär von bayerischen und österreichischen Gästen frequentiert werden.

Dabei ist man sich bewußt, daß der Main-Donau-Kanal bezüglich seiner konstruktiven Merkmale auf die Bedürfnisse der Frachtschiffahrt zugeschnitten ist. Dies hatte beispielsweise, in Verbindung mit einer gewissen Skepsis der Fahrgastreedereien gegenüber dem Main-Donau-Kanal, zur Folge, daß zum Zeitpunkt der Kanaleröffnung auf der Donau kein einziges Kabinenschiff existierte, das von seinen Abmessungen her in der Lage war, den Kanal zu befahren. Das Schleusenmaß von 12 Meter Breite, für Fracht- und Ausflugsschiffe ausreichend, stellt für die Donau-Kabinenschiffe eine unüberwindbares Hindernis dar. Auch für die Mehrheit der Rhein-Kabinenschiffe ist der Kanal unpassierbar, da diese vielfach zu hoch gebaut sind.[1] Dieses Problem konnte nunmehr mittels der Anmietung bzw. des Leasings von Schiffen vom Oberrhein und von der Mosel überbrückt werden.

Von größerer Bedeutung ist, daß der überraschende Erfolg der Personenschiffahrt bereits in ihrer Anfangsphase zu Kapazitätsengpässen an den Anlegestellen zwischen Berching und Kelheim führt. Die Schwierigkeiten sind darin begründet, daß die 100 Meter langen Länden zugleich als "Schiffsbahnhof" und "Schiffsparkplatz" genutzt werden müssen, da die Bundesschiffahrtsverwaltung grundsätzlich kein Anlegen der Schiffe im Fahrwasser duldet. Im Tagesbetrieb kommt es dabei, besonders durch die langen Liegezeiten der Fahrgastkabinenschiffe, immer häufiger zu einer Überbelegung der Personenschiffahrtsländen. Seitens der Fremdenverkehrswirtschaft wäre der Einsatz weiterer Schiffe gewünscht, dem Ausbau der Kapazitäten, die auch durch ein entsprechendes Passagieraufkommen getragen werden, stehen aber bauliche und administrative Beschränkungen entgegen.

Faßt man die noch sehr junge Geschichte der Personenschiffahrt auf dem Main-Donau-Kanal zusammen, so sind folgende 5 Thesen zulässig:

- Die Personenschiffahrt auf dem Main-Donau-Kanal war ein von allen Interessengruppen lange nachlässig behandelter Wirtschaftszweig.
- Die Entwicklung in den ersten beiden Betriebsjahren übertrifft alle Erwartungen.
- Der Main-Donau-Kanal durchläuft im Sulz- und Altmühltal eine der reizvollsten Landschaften entlang der gesamten 3700 km langen Wasserstraße. Bezüglich seiner Attraktivität ist dieser Fremdenverkehrsraum aus der Sicht des Schiffsgastes nur mit der Wachau vergleichbar.
- Der Personenschiffahrt im südlichen Teilabschnitt des Kanals ist eine Schlüsselrolle bei der Komplettierung des touristischen Angebotsprofils dieser Region beizumessen. Die lokale Personenschiffahrt eignet sich dabei ausgezeichnet für Radwanderer. Die Mitnahme von durchschnittlich 60-80 Radfahrer mit ihren Rädern pro Betriebstag[2] unterstreichen diese Bedeutung.
- Der ökonomische Nutzen des mit der Personenschiffahrt einhergehenden Fremdenverkehrsaufkommens für das Sulztal und insbesondere das Untere Altmühltal übertrifft bisher den ökonomischen Nutzen dieses Teilraums aus der Frachtschiffahrt.

---

[1] Zolles, H.: Österreich und Rhein-Main-Donau im Blickfeld der Wasserstraßentouristik. In: Österreich und Rhein-Main-Donau. Sonderpublikation des Österreichischen Wasserstraßen- und Schiffahrtsverein, a.a.O., S.78.
[2] Dieser Wert bezieht sich auf die Angaben der Personenschiffahrtsunternehmen für den Erhebungszeitraum 1.-15. Juli 1994.

## 6. Auswirkungen des Main-Donau-Kanals als Güterverkehrsträger auf die Wirtschafts- und Verkehrsentwicklung im Raum

Dieses Kapitels ist von der Überlegung geprägt, daß eine Erfassung raumwirksamer Impulse des Güterverkehrsträgers Main-Donau-Kanal in effektiver Form nur an den Hafenstandorten entlang der Rhein-Main-Donau-Großschiffahrtstraße erfolgen kann. Entsprechend der in den Kapiteln 3.2. "Einflüsse von Binnenwasserstraßen auf die Raumstrukturen" und 3.3. "Einzugsbereiche von Binnenwasserstraßen" erarbeiteten Grundlagen sind ungebrochene Transitverkehre auf der Wasserstraße aus ökonomischer Sicht für die durchfahrenen Regionen nahezu bedeutungslos. Die wirtschaftliche Gestaltungskraft des Güterverkehrsträgers Wasserstraße dokumentiert sich, wenn in Häfen Ladung gelöscht oder geladen wird.[1]
Faßt man diese Überlegung zusammen, so ergeben sich für eine Bewertung der ersten beiden Betriebsjahre zwei grundsätzliche Aussagebereiche.

Erstens wird das gesamte Verkehrsaufkommen auf dem Main-Donau-Kanal während der ersten beiden Betriebsjahre erfaßt. Dies ist bereits in Kapitel 4.3. "Prognosen des Frachtaufkommens im Wandel" mit der Gegenüberstellung von Schätzungen des Verkehrsaufkommens und der verkehrlichen Wirklichkeit in der Anlaufphase des, nun durchgängig möglichen Kanalbetriebes geschehen. In dieser Darstellungsform wird der gesamte Güterschiffverkehr anhand seines Frachtaufkommens erfaßt und charakterisiert, unabhängig davon, ob es sich dabei um ungebrochenen Schiffstransit, beispielsweise von Rotterdam nach Linz, handelt oder, ob bayerische Häfen zum Güterumschlag angesteuert werden.

Zweitens: Gerade aus bayerischer Sicht ist es interessant zu untersuchen, ob und in welcher Form die bayerischen Häfen entlang der Rhein-Main-Donau-Großschiffahrtstraße von der Eröffnung der Südrampe des Main-Donau-Kanals und somit von der durchgängigen Befahrbarkeit dieses Verkehrsweges profitiert haben.
Die nachfolgende Untersuchung wird durch eine räumliche Gliederung der Main-Donau-Wasserstraße in drei Segmente geprägt. Neben den Güterhäfen am Main-Donau-Kanal, die im Mittelpunkt der Betrachtung stehen, wurden auch in den öffentlichen Binnenhäfen[2] an Main und Donau Befragungen durchgeführt. Insgesamt wurden dabei von 20 Hafenstandorten[3] auf dem bayerischen Staatsgebiet Daten erhoben und ausgewertet. Während des Betrachtungszeitraumes seit der Eröffnung der Südrampe des Kanals ergab sich für die öffentlichen Binnenhäfen in Bayern entlang der nun durchgängig befahrbaren Rhein-Main-Donau-Wasserstraße ein äußerst heterogenes Bild. Im Vorgriff auf die Untersuchung sei bereits an dieser Stelle gesagt, daß die bayerischen Donauhäfen in den ersten beiden Betriebsjahren des Kanals die durch den Main-Donau-Kanal neu geschaffenen Verkehrsverbindungen bei weitem besser nutzten, als dies bei den Häfen am bayerischen Main der Fall gewesen ist.

---

[1] Neben dem Laden und Löschen von Ladung, kommt es in den Hafenstandorten in der Regel auch zu Landgängen der Schiffsbesatzung. Im Vordergrund stehen dabei Besorgungen des täglichen Bedarfs, der Kauf von Hilfs- und Betriebsstoffen zur Gewährung des Schiffsbetriebes - insbesondere von Dieselkraftstoff - und der Besuch von Gaststätten. Gemäß der Zielsetzung dieses Kapitels stehen aber die Güterverkehrsströme im Mittelpunkt der Betrachtung. Versorgungs- und freizeitfunktionale Aspekte bleiben folglich unberücksichtigt.

[2] Grundsätzlich ist bei Häfen immer zwischen privaten und öffentlichen Häfen zu unterscheiden. Während private Häfen von Binnenschiffen nur mit ausdrücklicher Genehmigung der Grundstückseigentümer angesteuert werden dürfen, besteht diese Reglementierung bei Binnenhäfen der Öffentlichen Hand nicht. Das klassische Beispiel für private Häfen sind Werkshäfen. Öffentliche Binnenhäfen hingegen sind immer im Eigentum der Gebietskörperschaften und werden entweder von den Gebietskörperschaften selbst oder von privaten Unternehmen betrieben. Auf der bayerischen Donau existiert kein privater Hafen, auf dem Main-Donau-Kanal erfolgt an der privaten Lände Frauenaurach-Kriegenbrunn Umschlagsbetrieb und am bayerischen Main findet man in Lengfurt, Karlstadt und Dettelbach private Häfen vor. Die nachfolgende Untersuchung wird jedoch, mit Ausnahme des privaten Hafens Frauenaurach-Kriegenbrunn, auf öffentlichen Häfen beschränkt bleiben.

[3] Erfaßt wurden dabei alle öffentlichen Binnenhäfen in Bayern. Ergänzend zu den 18 öffentlichen Binnenhäfen in Bayern, in denen gegenwärtig Schiffsgut umgeschlagen wird, wurde der Untersuchungsrahmen um zwei Häfen erweitert. An der Donau ist dies der zukünftige Hafen Straubing-Sand, der 1996 in Betrieb genommen wird. Am Main-Donau-Kanal hingegen wurde die Lände Frauenaurach wegen ihrer herausragenden Bedeutung für das Verkehrsaufkommen auf dem Kanal, als einziger privater Hafen, in die Untersuchung mit eingebunden.

Aufbauend auf die Erfassung und Analyse des wechselseitigen Einflußverhältnisses zwischen dem Güterverkehrsaufkommen auf dem Main-Donau-Kanal und dem Umschlagsaufkommen in den bayerischen Häfen, erfolgt gemäß der Zielsetzung von Kapitel 3.3. dieser Arbeit der Versuch, die landseitigen Einzugsbereiche der bayerischen Hafenstandorte zu erfassen und zu kartieren. Während in der Vergangenheit, in Anlehnung an die Nahverkehrszone im Straßengüterverkehr, in der Literatur sehr häufig die Umlandbeziehung von Binnenhäfen mittels eines Kreises von 50 km Radius um den Hafenstandort oder gar die Umlandbeziehung von Wasserstraßen mittels eines 50 km breiten Einzugsbereiches zu beiden Seiten der Wasserstraße dargestellt wurde, ist es auch Zielsetzung dieses Kapitels, diese modelltheoretischen Annahmen an den wirklichen Gegebenheiten im Raum zu überprüfen. Gerade vor dem Hintergrund des Wegfalls von Güterverkehrstarifen im Straßengüterverkehr zum 1.1.1994 innerhalb der Europäischen Union und somit auch dem Wegfall der, in Anlehnung an den Güternahverkehrstarif, geschaffenen Bezugsgrundlage eines im Radius 50 km messenden Einzugsbereiches erweisen sich diese Überlegungen als eine interessante Fragestellung.

Ebenfalls mittels Umfragen bei den Hafenbehörden, in besonders prägnanten Fällen auch bei den Hafenansiedlern, wurde der Versuch unternommen, sowohl für den landseitigen Empfang als auch für den Versand von Gütern, die an den Kais umgeschlagen werden, die spezifischen Einzugsbereiche der Hafenstandorte zu ermitteln. Um ein quantitatives Kriterium zu erhalten, wurden rund 95% des landseitigen Versands- bzw. Empfangsaufkommens im Jahr 1993 erfaßt.

In den nachfolgenden Kapiteln erfolgt eine Analyse der Auswirkungen des 1992 vollendeten Main-Donau-Kanals auf die öffentlichen Binnenhäfen Bayerns. In Bezug auf ihre allgemeinen Bedeutung für die Binnenschiffahrt in Bayern und für die Verkehre auf dem Main-Donau-Kanal im Speziellen wurden die Häfen individuell gewichtet.

## 6.1. Die Main-Häfen

Wenn man von Frankfurt kommend auf dem Main stromaufwärts fährt, erreicht man bei Main-Km 82 in Aschaffenburg den ersten bayerischen Hafen. Es folgen, auf der nichtbayerischen Seite, der Neue Hafen Wertheim und sodann auf bayerischem Staatsgebiet die Häfen Lengfurt, Karlstadt, Würzburg, Ochsenfurt, Marktbreit, Kitzingen, Dettelbach, Volkach, Schweinfurt und schließlich der Hafen Haßfurt bei Main-Kilometer 356. Somit verteilen sich 11 bayerische Häfen (ohne die Schutzhäfen) auf 274 Main-Kilometer. Folglich liegt auf dieser Strecke im Durchschnitt alle 27 km ein Güterhafen.[1]

Gemäß der Konzeption dieser Arbeit, nur Häfen der öffentlichen Hand in die Untersuchung mit einzubeziehen, wurde auf eine gesonderte Analyse der privaten Häfen Lengfurt, Karlstadt und Dettelbach verzichtet. Bezüglich der statistischen Grundlagen wird dabei der Schwerpunkt auf das Kalenderjahr 1993 und das erste Halbjahr 1994 gelegt.

Die umschlagsstärksten Plätze am bayerischen Main waren im Jahre 1993 der Staatshafen Aschaffenburg mit 1,2 Mio. t, sowie die Kommunalhäfen Würzburg mit 0,85 Mio. t und Schweinfurt mit knapp 0,67 Mio. t. Damit stehen die bayerischen Mainhäfen, bezogen auf ihr Umschlagsaufkommen, traditionell im Schatten der hessischen Mainhäfen Frankfurt (3,5 Mio. t), Offenbach (1,1 Mio. t) und Hanau (1,7 Mio. t.).[2] Insgesamt wurden in den bayerischen Mainhäfen 1993 6 041 828 Mio. t umgeschlagen.[3]

Zielsetzung der nachfolgenden Kapitel ist es, den Einfluß der Eröffnung des Main-Donau-Kanals auf die acht öffentlichen Binnenhäfen am bayerischen Main zu untersuchen und deren Einzugsbereiche zu spezifizieren.

---

[1]vgl. Lechner, W.H.: Die Bayerischen Häfen und Rhein-Main-Donau. In: Schiffahrt und Strom, Folge 128/129 Okt./Dez. 1989, S.19.
[2]Die genannten Zahlen sind aktuellen Hafenstatistiken der entsprechenden Häfen entnommen.
[3]Gespräch mit Herr Wagner von der Wasser- und Schiffahrtsdirektion Süd am 15.9. 1994 in Würzburg.

### 6.1.1. Aschaffenburg

Im Berichtsjahr 1993 wurden im Staatshafen Aschaffenburg Güter mit einem Gesamtgewicht von rund 3,6 Mio. t umgeschlagen. Unterteilt nach Verkehrszweigen ergibt sich folgendes Bild:

Schiffsverkehr: 1 203 222 t
Bahnverkehr:      219 449 t
Lkw-Verkehr:    2 132 334 t[1]

Greift man nun den für die Themenstellung dieser Arbeit elementaren wasserseitigen Güterumschlag von 1,2 Mio. t im Jahr 1993 heraus, so zeigt sich im Staatshafen Aschaffenburg eine erhebliche Imparität zwischen Güterempfang und Güterversand. 88,6% der wasserseitig umgeschlagenen Gütermenge entfiel auf den Empfang und nur 11,4% auf den Versand.

Bezüglich der Struktur der im Staatshafen Aschaffenburg umgeschlagenen Güter dominiert vor allem die Steinkohle, die primär zur Verstromung im Kraftwerk Aschaffenburg (Bayernwerk AG) bestimmt ist.[2] Rund 40% der im Hafen wasserseitig umgeschlagenen Güter sind Steinkohle- bzw. Steinkohlekokslieferungen. Die 0,5 Mio. t Steinkohle, die jährlich in Aschaffenburg benötigt werden, kommen dabei mehrheitlich aus dem südlichen Afrika und aus dem Ruhrgebiet. In beiden Fällen erfolgt der Bezug über die Rheinschiene. Zwar wurden bereits erste Versuche unternommen, Kohle aus den ehemaligen RGW-Ländern über die Donau und den Main-Donau-Kanal zu beziehen, diese verharren aber bis dato auf äußerst niedrigem Niveau. So wurden bisher nur geringe Mengen Steinkohlekoks über die Europäische Wasserscheide bezogen. In den ersten drei Monaten nach der Kanaleröffnung waren dies 980 t. Dies entspricht in etwa einer Schiffsladung. Im Kalenderjahr 1993 steigerte sich der Bezug von osteuropäischem Steinkohlekoks auf rund 11 000 t, um dann im ersten Halbjahr 1994 auf insgesamt 2 100 t abzufallen.[3] Als Zwischenergebnis läßt sich folglich feststellen, daß im Staatshafen Aschaffenburg in den ersten beiden Betriebsjahren des Main-Donau-Kanals bei dem Bezug von Steinkohle, dem umschlagsstärksten Gut in diesem Hafen, noch keine nennenswerte Veränderung der Verkehrsströme erfolgte. Als zweites, tonnagemäßig herausragendes Gut neben der Steinkohle, die, wie gerade angesprochen, rund 40% des gesamten Wasserumschlags in Aschaffenburg ausmacht, ist Heizöl zu nennen. Rund 30% des Umschlags im Hafen entfallen auf diese Gütergruppe. Ein Bezug von Heizöl über den Main-Donau-Kanal erfolgt aber bisher nicht und ist auch mittelfristig nicht geplant.

Eine identische Situation ergibt sich auch beim Empfang von Gütern, die unter dem Oberbegriff Steine/-Erden zusammengefaßt werden. Im Vordergrund steht hierbei Sand und Kies aus Flußbaggerungen in Rhein und Main, die etwa 10% des jährlichen Umschlagaufkommens in Aschaffenburg stellen. Eine Orientierung am Donauraum ist bisher nicht gegeben.
Insgesamt wurden im Kalenderjahr 1993 zwischen dem nordbayerischen Hafen Aschaffenburg und den Häfen an der Donau Verkehre mit einer Gesamttonnage von 16 293 t abgewickelt. Dies entspricht in etwa 1,35% des gesamten wasserseitigen Umschlagaufkommens des Staatshafens Aschaffenburg.

Im Detail sind für das Jahr 1993 zu nennen:
a) im Empfang:     10 971 t Steinkohlekoks (Gießereikoks) aus dem rund 60 km südlich von Budapest gelegenen ungarischen Donauhafen Dunaujvaros
507 t Coils (gerollte Bleche) von der Voest-Alpine in Linz und
421 t Düngemittel aus dem Linzer Stadthafen

---

[1]Hafenverwaltung Aschaffenburg (Hrsg.): Hafenstatistik für das Jahr 1993, Aschaffenburg 1994, S.2.

[2]Durchschnittlich werden rund 80% der Steinkohle im unmittelbar am Hafengelände liegenden Kraftwerk der Bayernwerk AG verstromt. Die restlichen rund 20% werden bei dem, ebenfalls unmittelbar in Hafennähe angesiedelten Papierwerk PWA (Papierwerk Waldhof Aschaffenburg), angeliefert. Neben der Steinkohle bezog das Papierwerk im Jahre 1993 nahezu 90 000 t Zellstoff über den Hafen.

[3]Die vehemente Verringerung des Bezuges von Steinkohlekoks im ersten Halbjahr 1994 ist aber nicht mit Qualitätsmängel des Produktes oder mit logistischen Gründen zu erklären, sondern mit dem Umstand, daß Modernisierungsarbeiten im Kraftwerk Aschaffenburg nur einen eingeschränkten Betrieb erlaubten.

b) im Versand erfolgten von Aschaffenburg, über den Main-Donau-Kanal in den Donauraum 1993 folgende Transporte:

> 3 963 t Holz aus Windbrüchen im Spessart, Odenwald und Vogelsberg in das österreichische Ybbs sowie 432 t Eisenerz, das zum Zwecke einer Schiffsleichterung in Aschaffenburg zwischengelagert wurde, um dann nach Linz weiterverschifft zu werden.[1]

Auch im ersten Halbjahr 1994 konnte im Hafenstandort Aschaffenburg die neue Verkehrsverbindung über den Main-Donau-Kanal nicht stärker genutzt werden. Es wurden 2 143 t Koks aus Ungarn und 658 t Dünger aus Linz gelöscht. Im Versand über die Europäische Wasserscheide hinweg stehen dem 771 t Holz aus Ybbs und 1 041 t Eisenerz, das wegen des Hochwassers zu Jahresbeginn in Aschaffenburg zwischengelagert werden mußte, gegenüber.[2] Insgesamt wurden zwischen dem Staatshafen Aschaffenburg und den Häfen an der Donau in den ersten 6 Monaten des Jahres 1994 nur 4 613 t ausgetauscht. Bezogen auf den gesamten wasserseitigen Umschlags des Staatshafens Aschaffenburg entspricht dies einem Anteil von 0,9%.

Zusammenfassend läßt sich folglich feststellen, daß sich der Staatshafen Aschaffenburg in den ersten zwei Betriebsjahren des nun durchgängig befahrbaren Main-Donau-Kanals nicht zum Donauraum hin orientiert hat. Nur rund 1% des gesamten Güteraufkommens, das im - bezogen auf das Umschlagsaufkommen des Jahres 1993 - zweitgrößten Binnenhafen Bayerns umgeschlagen wurde, wurde über den Main-Donau-Kanal verschifft. Zu begründen ist dies insbesondere mit der Tatsache, daß das Umschlagsaufkommen im Hafen Aschaffenburg stark vom Empfang von Steinkohle und Heizöl geprägt ist. Die Lage des Hafens Aschaffenburg, nur 82 Mainkilometer von der Mündung des Mains in den Rhein entfernt, läßt einen wirtschaftlichen Bezug dieser Gütergruppen bisher nur über den Rhein zu. Eine massive Orientierung des Staatshafens Aschaffenburg zum Rhein wird folglich auch zukünftig erhalten bleiben.

Spannt man nun den Bogen zur zweiten zentralen Fragestellung dieses Kapitels, so gilt es - losgelöst von der modelltheoretischen Vorstellung eines im Radius 50 km messenden Einzugsbereiches des Hafenstandortes - den realen Einzugsbereich des Staatshafens Aschaffenburg zu erfassen. Die methodische Vorgehensweise ist dabei von der Überlegung geprägt, daß beispielsweise aufgrund differierender industrieller oder agrarischer Strukturen im Hafenumland, unterschiedlicher verkehrlicher Konkurrenzsituationen, verschiedener Lage, Größe und Ausstattung der Häfen, sowie ungleicher Schiffahrtsbedingungen, Einzugsbereiche von Hafenstandorten nur schwerlich standardisierbar sind. Deshalb wurde im Rahmen der vorliegenden Untersuchung durch Befragungen und durch die Auswertungen von Frachtpapieren versucht, die Einzugsbereiche der bayerischen Hafenstandorte entlang der Main-Donau-Wasserstraße für das Jahr 1993 ansatzweise zu erfassen.

Für den Staatshafen Aschaffenburg ergab sich für den gewählten Betrachtungszeitraum des Kalenderjahres 1993 folgendes Bild:
Etwas mehr als die Hälfte der gesamten wasserseitig in Aschaffenburg umgeschlagenen Tonnage verblieb am Hafen bzw. in unmittelbar an das Hafengebiet angrenzenden Grundstücken. Zu diesen Gütern zählen die genannte Steinkohle für das Kraftwerk Aschaffenburg und das PWA-Papierwerk, Sande und Kiese, die direkt am Hafen in die Betonproduktion eingehen und ebenfalls für das Papierwerk bestimmter Zellstoff.[3] Eine unmittelbare güterverkehrliche Umlandbeziehung ist bei diesen spezifischen Gütern folglich nicht gegeben.

Bei den anderen Gütergruppen kristallisieren sich höchst unterschiedliche Beziehungen heraus. Rund die Hälfte des in Aschaffenburg gelöschten Heizöls verbleibt in den hafennahen Kreisen Aschaffenburg, Miltenberg und Main-Spessart. Die andere Hälfte wird in einem Einzugsbereich, der sich in seiner

---

[1] Auskünfte der Hafenverwaltung auf Anfragen des Verfassers vom 4. Juli, 10. und 23. August des Jahres 1994. Ansprechpartner waren dabei die Herren Stegmann, Oschmann und Wöber.
[2] Auskünfte der Hafenverwaltung Aschaffenburg entsprechend der Anfragen des Verfassers vom 4. Juli und 10. August 1994. Ansprechpartner: Herr Stegmann und Herr Oschmann.
[3] Hafenverwaltung Aschaffenburg (Hrsg.): Hafenstatistik 1993, a.a.O., S.9f. i.V.m. dem Gesprächsprotokoll mit dem Hafenmeister Herrn Wöber vom 23.8. 1994.

Außenlinie mit den Städten Darmstadt, Frankfurt, Hanau, Bad Kissingen und Würzburg begrenzen läßt, ausgeliefert. Im Jahre 1993 wurden im Hafen Aschaffenburg darüberhinaus 20 000 t Asche aus Wesel am Niederrhein gelöscht, die von Aschaffenburg auf dem Landweg zu Zementwerken in Frankfurt, Hanau, Lengfurt sowie Zell bei Würzburg verbracht wurden. Im landseitigen Empfang bzw. wasserseitigen Versand sind bezüglich der Determinierung der Umlandbeziehung des Hafenstandortes Aschaffenburg nur 3 Gütergruppen interessant.[1] Es wurde Holz aus den Windbrüchen im Spessart und Odenwald sowie vom südlichen Vogelsberg (1993 rund 27 000 t) und Blechschrott aus den Sammelstellen im Gebiet Hanau, Aschaffenburg, Miltenberg und Dieburg (1993 rund 36 000 t) verschifft. Darüberhinaus werden auch geringe Mengen Bauschutt von örtlichen Baustellen (1993 rund 14 000 t) im Hafen in Binnenschiffe verladen.

Faßt man diese Ergebnisse zusammen, so läßt sich feststellen, daß mehr als 50% der in Aschaffenburg umgeschlagenen Güter auf dem Hafengebiet verbleiben und weitere rund 40% einem Einzugsradius von ca. 35 km um den Hafenstandort entstammen, bzw. dorthin versandt werden. Die restlichen 10% der in Aschaffenburg wasserseitig umgeschlagenen Waren vergrößern den Einzugsbereich des Hafenstandortes primär in östliche Richtung. In graphisch vereinfachter Form läßt sich der Einzugsbereich des Staatshafens Aschaffenburg in der Karte 7 darstellen. Anzumerken ist, daß die güterverkehrlichen Umlandverflechtungen von Hafenstandorten permanenten Änderungen unterworfen sind. Ein treffendes Bild für diese Dynamik ist das Holz aus den Windbrüchen, das in Aschaffenburg umgeschlagen wird. Sind die Lagerbestände an Bruchholz geräumt, wird es wahrscheinlich auch keine Güterverkehrsverflechtung des Staatshafens mit dem Gebiet des südlichen Vogelsberges mehr geben. Es also nicht bzw. nur in einem sehr begrenzten Umfang möglich, zukünftige Einzugsbereiche der Hafenstandorte abzuleiten. Folglich können nur retrospektive Umlandverflechtungen dargestellt werden.

### 6.1.2. Würzburg

Zwischen Main-km 245,9 und Main-km 250,9 ist in Würzburg der nach Aschaffenburg zweitumschlagsstärkste bayerische Mainhafen vorzufinden. Verwaltet von der kommunalen Würzburger Hafen-GmbH wurden im Durchschnitt der vergangenen 10 Jahre 853 000 Jahrestonnen wasserseitig umgeschlagen. Das Umschlagsergebnis des Jahres 1993 von 847 000 t erreicht diesen Wert nahezu vollständig.[2] Analog zu den anderen öffentlichen Binnenhäfen am bayerischen Main dient der Hafen Würzburg in erster Linie als Empfangsstation für Güter, die für Betriebe im Hafenbereich selbst oder in dessen unmittelbarem Umland bestimmt sind. Dennoch verfügt der Hafen Würzburg nicht über eine derart ausgeprägte Imparität zwischen Empfang und Versand, wie dies im Hafen Aschaffenburg der Fall ist.[3] Bezogen auf das Kalenderjahr 1993 entfielen im Hafen Würzburg 62,8% der wasserseitig umgeschlagenen Gütermenge auf den Empfang und 37,2% auf den Versand.

Bezüglich der in Würzburg umgeschlagenen Güterarten dominieren im Empfang Rohprodukte zur Futtermittelfertigung (1993 rd. 166 500 t), Steinkohle (1993 rd. 107 000 t), Sand, Kies und Steine (1993 rund 86 000 t) sowie Düngemittel (1993 rd. 72 000 t) und Heizöl (1993 rd. 66 000 t). Dem stehen im Versand primär Getreide (1993 rund 183 000 t), Futtermittel (1993 rd. 89 000 t) sowie geshredderte Metallabfälle (1993 rd. 43 000 t) gegenüber.[4] Zusammenfassend belief sich der Anteil der landwirtschaftlichen Produkte am gesamten wasserseitigen Güterumschlag 1993 auf 62%. Stückgutumschlag, wie zum Beispiel das Verladen von Brückenbauteilen, findet hingegen nur sehr sporadisch statt. Ganz im Gegensatz zum sprunghaften Anstieg des Containerverkehrs auf dem Rhein ist der Mainhafen Würzburg bisher nicht in

---

[1] Als Kriterium wurden dabei eine Umschlagsmenge gewählt, die mindestens 1% des gesamten wasserseitigen Umschlags im Staatshafen Aschaffenburg während des Betrachtungszeitraumes entspricht.

[2] Würzburger Hafen GmbH: Umschlagszahlen nach Gütergruppen in t für die Jahre 1984-1993.

[3] Primär bedingt durch den Bezug von 0,5 Mio. t Steinkohle jährlich, bestand im Jahre 1993 in Aschaffenburg ein Verhältnis von wasserseitigem Güterempfang zu wasserseitigem Güterversand von nahezu 9:1.

[4] Würzburger Hafen-GmbH (Hrsg.): Umschlagszahlen nach Gütergruppen für das Jahr 1993. Würzburg 1994, o.S.

eine Containerlinie integriert. Seitens der Hafenverwaltung wird dies mit mangelnder Nachfrage der örtlichen Wirtschaft nach dieser Transportform begründet.[1]

Die Fertigstellung des Main-Donau-Kanals im September 1992 brachte dem Würzburger Hafen bisher noch keine erheblichen Umschlagszuwächse. Greift man exemplarisch die Verkehrsverflechtungen des Hafenstandortes Würzburg über die Main-Donau-Wasserstraße mit dem Donauraum während des Zeitraumes September 1992 bis einschließlich Juni 1994 heraus, so ergibt sich folgendes Bild: Von Würzburg wurden bisher 12 477 t Getreide nach Ungarn und 1259 t Metallabfälle nach Regensburg verschifft. Dem Versand stehen während dieses Betrachtungszeitraumes folgende Güterarten, Gütermengen und Quellorte im Empfang gegenüber:
a) Futtermittel: 601 t aus Kelheim, 737 t aus Regensburg, 668 t aus Bratislava und 2150 t aus Budapest,
b) Düngemittel: 9050 t aus Linz und 306 t aus Bratislava,
c) Chemische Erzeugnisse: 492 t aus Bratislava.[2]

Isoliert man nun aus diesen statistischen Angaben das wasserseitige Güterverkehrsaufkommen zwischen Würzburg und den Häfen an der Donau im Kalenderjahr 1993 und stellt diesen Wert dem Verkehrsaufkommen mit den Häfen an Main und Rhein gegenüber, so ergibt sich eine Relation von etwa 1:70. Dies entspricht etwa 1,4% des wasserseitigen Umschlagsaufkommens. Als Zwischenergebnis läßt sich folglich festhalten, daß sich der Hafen Würzburg, ebenso wie der Staatshafen Aschaffenburg, bisher nicht nach Osten hin orientierte. Verkehrsverflechtungen über den Main-Donau-Kanal erfolgen bisher nur in einem sehr geringen Umfang. Nach Einschätzung der Hafenverwaltung Würzburg ist eine Verbesserung der Umschlagsergebnisse, auch im Güteraustausch mit den Donauhäfen, nur durch die Einbringung neuer Güterarten in die Binnenschiffahrt möglich. In Würzburg wird dabei mittelfristig die Hoffnung auf den Transport, den Umschlag und die Bearbeitung von Abfällen und Sekundärrohstoffen gesetzt.[3]

An dieses Zwischenergebnis schließt sich die Fragestellung an, über welche landseitigen Quell- und Zielorte die an der Würzburger Hafenmauer umgeschlagenen Güter verfügen. Faßt man die Erhebungen zur Umlandbeziehung des Würzburger Hafens zusammen, so ergibt sich, gegliedert nach den Hauptgütergruppen für 1993 folgendes Bild:
- Der Einzugsbereich des in Würzburg umgeschlagenen Getreides erstreckt sich im Süden bis nach Bad Mergentheim (auf der Bundesstraße 17 rund 45 km entfernt). Im Norden, Westen und Osten hingegen ist der Einzugsbereich durch die Konkurrenz anderer Mainhäfen erheblich begrenzt. Gemäß den Erfahrungswerten der Würzburger Baywa ist im Norden des Hafens mit einem Einzugsbereich von 25 km, im Westen mit maximal 20 und im Osten mit einem Einzugsbereich von höchstens 15 km Luftlinie zu kalkulieren.[4] Analog hierzu kann in der Auslieferung auch der Einzugsbereich für Düngemittel beschrieben werden.
- Die Futtermittelrohprodukte bzw. Futtermittel, die in Würzburg umgeschlagen werden, lassen sich zu zwei Dritteln dem wasserseitigem Empfang und zu einem Drittel dem wasserseitigen Versand zuordnen. Entscheidend dabei ist, daß die gelöschten Futtermittelrohprodukte direkt in zwei im Hafen ansässigen Futtermittelwerken[5] weiterverarbeitet werden. Das veredelte Endprodukt wird dann entweder landseitig vertrieben oder zumeist als gesackte Ware mit dem Binnenschiff weiterversandt.[6] Mehrheitlich bleibt der landseitige Einzugsbereich folglich unmittelbar auf das Hafengebiet beschränkt. Mittelbar, d.h. nach Weiterverarbeitung oder Veredelung, ergibt sich, ebenso wie bei der Verarbeitung von Sand und Kies in der Betonfertigung, ein erheblich größerer Einzugsbereich, der hier aber aus definitorischen Gründen ausgeklammert bleiben soll.

---

[1] Antwortschreiben der Herren Kitz und Kunkel der Würzburger Hafen-GmbH vom 25.7. 1994 auf eine schriftliche Anfrage des Verfassers vom 4.7. 1994.
[2] Zahlenangaben auf Anfrage des Verfassers bei der Würzburger Hafen GmbH vom 26.8. 1994. Ansprechpartner: Frau Boos.
[3] Antwortschreiben der Herren Kitz und Kunkel von der Würzburger Hafen GmbH vom 25.7.1994 auf eine schriftliche Anfrage des Verfassers.
[4] Gespräch mit Herrn Spitznagel von der Baywa Würzburg vom 25.8. 1994.
[5] Bei den Futtermittelherstellern handelt es sich um das Raiffeisen-Kraftfutterwerk und die Firma Deuka.
[6] Gespräch mit Herrn Kunkel von der Würzburger Hafen-GmbH vom 27.8. 1994 und mit Frau Römer und Herrn Rat vom Raiffeisen-Kraftfutterwerk in Würzburg am 25.8. 1994.

- Die ankommende Steinkohle verbleibt zu rund 93% im Würzburger Heizkraftwerk, das auf dem alten Hafengelände beheimatet ist. Die restlichen 7% werden überwiegend im Stadtgebiet ausgeliefert. Ebenso verbleibt das im Würzburger Hafen gelöschte Heizöl mehrheitlich im Stadtgebiet. Sand und Kies aus den Gruben am Oberlauf des Mains werden hingegen direkt im Hafen zu Beton weiterverarbeitet.
- Über einen erheblich größeren landseitigen Einzugsbereich hingegen verfügt die Firma Preuer, die mit dem Umschlag von Metallabfällen etwa 5% des gesamten wasserseitigen Güterumschlags im Hafen Würzburg abdeckt. Die Metallabfälle werden aus einem Umkreis von rund 50 km Luftlinie um den Hafenstandort herum gesammelt, mit Lastkraftwagen zum Hafen transportiert, dort geshreddert und anschließend verschifft.[1]

Zusammenfassend läßt sich anmerken, daß der räumliche Einzugsbereich des Würzburger Hafens, aufgrund seiner Lage und seiner Umschlagsstruktur, bei rund 90% der umgeschlagenen, aber noch nicht weiterverarbeiteten Ware auf ein Gebiet von ca. 25 km Luftlinie im Norden, 15 km im Osten, 35 km im Süden und 20 km im Westen um den Hafenstandort begrenzt ist. Setzt man diese Näherungswerte kartographisch um, so ergibt sich das entsprechende Bild in Karte 7. Deutlich erkennbar ist, u.a. aufgrund des die Richtung wechselnden Verlaufs des Mains, eine erheblich von der Konkurrenzbeziehung zu anderen Häfen geprägte Form des Einzugsgebietes. Eine pauschale Definition des Einzugsgebietes mittels eines Kreises von 50 km Radius um den Hafenstandort ist somit bei der Mehrheit der in Würzburg umgeschlagenen Güter nicht zulässig.

### 6.1.3. Ochsenfurt

Der Hafen Ochsenfurt bei Mainkilometer 270,8 bildet den ersten Hafen einer Serie von fünf öffentlichen Binnenhäfen entlang einer Strecke von nur 46 Wasserstraßenkilometern. Diese starke räumliche Konzentration der Häfen Ochsenfurt, Marktbreit, Kitzingen, Volkach und Wipfeld führt zu einer Konkurrenzbeziehung, welcher sowohl durch eine erhebliche Spezialisierung der Häfen als auch durch einen Verdrängungswettbewerb zwischen den Hafenstandorten begegnet wird. So werden im Hafen Wipfeld, dem kleinsten öffentlichen Mainhafen, bereits seit 1984 wasserseitig keine Güter mehr gelöscht oder geladen. Somit soll Wipfeld nachfolgend auch kein eigenes Kapitel gewidmet werden.

Im Hafen Ochsenfurt, der von der BayWa AG betreiben wird, wurden 1993 an der Hafenmauer 189 000 t umgeschlagen.[2] Entsprechend der agrarischen Prägung des Hafenumlandes werden in Ochsenfurt primär land- und forstwirtschaftliche Erzeugnisse im Versand sowie Futter- und Düngemittel - mehrheitlich im Empfang - umgeschlagen. Einzig nennenswerte Ausnahme - als nicht der Landwirtschaft zurechenbares Produkt - bildet der Empfang von Sand und Kies. Wenn auch in nur sehr geringem Umfang, so entwickeln sich doch langsam Verkehrsverflechtungen über den Main-Donau-Kanal. 1993 wurden in Ochsenfurt 5513 t Düngemittel gelöscht, die ihren Weg über den Main-Donau-Kanal nach Unterfranken fanden. Im ersten Halbjahr 1994 wurden 2500 t umgeschlagen.[3] Andere Verkehrsströme mit dem Donauraum als die genannten Düngertransporte aus Linz existieren bisher nicht. Bezogen auf den gesamten wasserseitigen Umschlag im Hafen Ochsenfurt erreichte der Verkehrsanteil mit dem Donauraum 1993 einen Anteil von knapp 3%. Ob dieser Anteil bereits 1994 erhöht werden kann, erscheint nach Beurteilung der Umschlagsergebnisse der ersten Jahreshälfte zumindest kurzfristig fraglich.

Bedingt durch die primär von den Bedürfnissen der Landwirtschaft geprägte Güterstruktur, seiner Lage im südlichen Main-Dreieck und der räumlichen Nähe zu anderen Mainhäfen, ist der Einzugsbereich des Hafenstandortes Ochsenfurt vergleichsweise klein und stark nach Süden hin orientiert. Die südlichen Begrenzungspunkte des Einzugsbereiches bilden dabei, rund 25 km Luftlinie entfernt, die Städte Bad Mergentheim im Südwesten und Bad Windsheim im Südosten. Im Südosten erfolgen auch Gelegenheitsverkehre bis Neustadt an der Aisch, wobei in diesen Fällen aber eine erhebliche Überschneidung mit den Einzugsgebieten von Marktbreit und Kitzingen existiert. Nach Norden erstreckt sich der Einzugsbereich

---

[1]Gespräch mit Herrn Siegfried Preuer vom 25.8. 1994.
[2]Im Mittel der vergangenen 10 Jahre belief sich das wasserseitige Umschlagsaufkommen im Hafen Ochsenfurt auf 225 000 t p.a.
[3]Gespräch mit Herrn Fries von der als Hafenbetreiber fungierenden BayWa AG am 11.8. 1994.

hingegen nur maximal 5 km in das Maintal.[1] Setzt man diese Erhebungen kartographisch um, so ergibt sich für den Hafen Ochsenfurt ein Einzugsbereich, der in seiner asymmetrischen Form erheblich von der modelltheoretischen Vorstellung eines im Radius 50 km messenden Einzugsbereiches um den Hafenstandort abweicht. Dargestellt wird dies in Karte 7.

Abschließend kann man feststellen, daß der Hafen Ochsenfurt in den ersten beiden Betriebsjahren des Main-Donau-Kanals mit Düngemitteltransporten aus Linz bereits geringe güterverkehrliche Verflechtungen mit dem Donauraum aufbauen konnte. Die Quote ist jedoch mit den oben erwähnten 3% gering, bei landwirtschaftlichen Gütern jedoch durchaus ausbaufähig. An der grundsätzlichen güterverkehrlichen Orientierung des Ochsenfurter Hafens an Rhein und Main, und nicht an der Donau, wird dies aber nichts ändern. Der landseitige Einzugsbereich des Hafens Ochsenfurt wird aufgrund der Konkurrenz der Nachbarhäfen schwerlich zu vergrößern sein.

### 6.1.4. Marktbreit

Nur 5,7 Flußkilometer vom Hafen Ochsenfurt entfernt befindet sich bei Main-km 276,5 die Lände der Stadt Marktbreit. Die durch die räumliche Nähe der benachbarten Häfen entstandene enge Konkurrenzbeziehung hat in Marktbreit zu einer erheblichen Spezialisierung des Güteraufkommens geführt. Verschifft werden zunehmend nur Rohgips und Rehagips, gelegenlich auch Bimskies. Im Jahre 1993 belief sich das Umschlagsaufkommen im Hafen Marktbreit auf 129 928 t.[2] Verkehrsverflechtungen zwischen der Lände Marktbreit und Häfen am Main-Donau-Kanal oder an der Donau existieren bisher nicht. Der landseitige Einzugsbereich des Hafens ist dabei, seit der Aufgabe der Geschäftstätigkeit der Baywa im Hafen Marktbreit, ausschließlich durch die Standorte der regionalen Gipsindustrie determiniert. Die Standorte Hüttenheim, Seinsheim und Iphofen liegen in einer Entfernung von rund 10 km östlich der Stadt Marktbreit.[3] Dabei ist zu betonen, daß ein Wandel in der Struktur der im Marktbreiter Hafen umgeschlagenen Güter zwangsläufig auch einen Wandel des landseitigen Einzugsbereiches nach sich ziehen würde. Dieses Beispiel verdeutlicht die Schwierigkeiten bei der Erfassung von Einzugsbereichen, die entsprechend als Momentaufnahmen gewertet werden müssen. Dennoch lassen sich aus derartigen Erhebungen Orientierungshilfen bei der Lozierung neuer Häfen gewinnen. Die historisch gewachsene räumliche Konzentration von Häfen zwischen Ochsenfurt und Volkach erweist sich gegenwärtig nur bei zunehmender Spezialisierung der Häfen als ökonomisch überlebensfähig. Als Resümee sind folgende zwei Behauptungen zulässig: Zum einen erfolgte in den ersten beiden Betriebsjahren des Main-Donau-Kanals keinerlei güterverkehrliche Verflechtung auf der Wasserstraße zwischen Marktbreit und dem Donauraum. Aufgrund der bestehenden Umschlagsstruktur im Hafen Marktbreit wird dies auch mittelfristig nicht der Fall sein. Zum anderen zeigt das Beispiel Hafen Marktbreit, als Orientierungshilfe für Planungsvorhaben an anderen Bundeswasserstraßen, die Schwierigkeiten, die bei der Frachtbeschaffung in Teilräumen mit einer zu großen Hafendichte entstehen können.

### 6.1.5. Kitzingen

Mit seiner Lage bei Main-Kilometer 284,8 bildet die Lände Kitzingen den dritten öffentlichen Binnenhafen des Streckenabschnittes Ochsenfurt-Wipfeld. Der im Eigentum der Stadt Kitzingen befindliche Hafen wird von der örtlichen Umschlagsgesellschaft Lenz-Ziegler-Reifenscheid GmbH betrieben. Bezogen auf die umgeschlagene Tonnage erreichte der Hafen Kitzingen 1993 mit 131 448 t ein nahezu identisches Betriebsergebnis wie der südlich gelegene Hafen Marktbreit. Wie in allen öffentlichen Binnenhäfen am Main, die auf bayerischem Staatsgebiet liegen, überwiegt auch in Kitzingen der wasserseitige Güterempfang gegenüber dem wasserseitigem Versand. So wurden 1993 63% der wasserseitig umgeschlagenen

---

[1] Gespräch mit Herrn Fries vom 8.8. 1994.

[2] Gespräch mit Frau Leibold von der Stadtverwaltung Marktbreit vom 8.7. 1994. Im Mittel der vergangenen fünf Jahre belief sich der Umschlag im Hafen auf rund 95 000 Jahrestonnen. Demgegenüber konnte der Güterumschlag in den ersten 6 Monaten des Jahres 1994 auf bereits 86 152 t gesteigert werden.

[3] Gespräch mit Herrn Walter von der Hafenverwaltung der Stadt Marktbreit vom 25. und 26.8. 1994. Vgl. dazu Karte 7.

Güter von Binnenschiffen gelöscht und nur 37% geladen. Diese Relation blieb auch im ersten Halbjahr 1994 unverändert.[1] Im Güterumschlag dominiert sowohl im Empfang als auch im Versand die Gütergruppe Steine und Erden, die über 90% des gesamten Umschlags stellt. Umgeschlagen werden dabei insbesondere Sand und Kies im Lokalverkehr, aber auch Bimskies aus Griechenland, der über Rhein und Main Kitzingen erreicht.

In den ersten 23 Monaten seit der Kanaleröffnung wurden im Hafen Kitzingen wasserseitig keine Güter aus dem Donauraum geladen bzw. gelöscht.[2] Im Zusammenhang mit dem Hafenstandort Kitzingen ist jedoch zu betonen, daß das Umschlagspotential, das von Häfen aus dem Donauraum bedient werden könnte, vergleichsweise gering ist. In Frage käme im Empfang nur der Bezug geringer Mengen an Düngemitteln (durchschnittliches Jahresaufkommen rund 6000 t) sowie ebenfalls in geringen Mengen der Bezug von Roheisen und Stahl (durchschnittliches Jahresaufkommen rund 3.000 t) für das örtliche Werk der Firma Fichtel und Sachs. Im Versand in den Donauraum wären Gelegenheitsverkehre durch die Firma Huppmann denkbar, da dieses Unternehmen schon bisher für die Auslieferung von Brauereianlagen aus ihrer Fertigung Main und Rhein nutzt.[3]

Als Zwischenergebnis läßt sich festhalten, daß in den ersten beiden Betriebsjahren keine Verkehre mit dem Donauraum aufgebaut wurden. Nach einer längeren Anlaufphase sind gewisse wasserseitige Güterverkehrsverflechtungen über die europäische Wasserscheide durchaus wahrscheinlich, die sich aber bei einer Fortschreibung der gegenwärtigen Umschlagsstruktur im Hafen Kitzingen nur in einer sehr geringen Größenordnung bewegen werden.

An dieses Zwischenergebnis schließt sich die Fragestellung an, über welche landseitigen Ziel- und Quellorte die an der Kitzinger Hafenmauer umgeschlagenen Güter verfügen. Bedingt durch die Struktur der umgeschlagenen Güter und durch die Nähe der benachbarten Häfen ist das landseitige Einzugsgebiet des Hafenstandortes Kitzingen regional sehr begrenzt. Entsprechend mehrerer Erhebungen durch die als Hafenbetreiber fungierende Firma Lenz-Ziegler-Reifenscheid GmbH[4] wird der Einzugsbereich des Hafens Kitzingen im Süden durch Marktbreit, im Westen durch Biebelried, im Norden durch Sommerach und somit durch einen Halbkreis mit einem Radius von rd. 10 km begrenzt. Im Osten hingegen greift das Hinterland des Kitzinger Hafens bis zu 15 km in den Naturpark Steigerwald hinein. In abstrahierter Form läßt sich der Einzugsbereich des Hafenstandortes Kitzingen entsprechend der Karte 7 darstellen.

### 6.1.6. Volkach

Der Hafen Volkach bildet bei Main-Kilometer 305,4 den vierten öffentlichen Binnenhafen auf der nur knapp 35 km langen Strecke von Ochsenfurt nach Volkach. In dem im Eigentum der Stadt Volkach befindlichen und von der Baywa AG Betrieb Volkach verwalteten Hafen wurde 1993 mit 325 084 t rund zweieinhalbmal soviel Tonnage umgeschlagen wie im benachbarten Hafen Kitzingen. Hauptumschlagsgut an der Lände Volkach ist seit 1992 Mineralöl. Umgeschlagen werden Heiz- und Dieselöl sowie Benzin. 1993 wurden dabei 211 344 t gelöscht. Dies entspricht rund 65% des gesamten Güterumschlages während dieses Betrachtungszeitraumes. Daneben werden noch Rohgips (1993 rd. 86 000 t im Versand), Düngemittel (1993 rd. 14 000 t im Empfang), Getreide (1993 rd. 12 000 t im Versand) und Futtermittel (1993 rd. 791 t im Empfang) in Volkach umgeschlagen.

Im Jahre 1993 wurden, verteilt auf 5 Schiffe, 1530 t Düngemittel aus Linz über den Main-Donau-Kanal nach Volkach verschifft. Im ersten Halbjahr 1994 steigerte sich die gelöschte Tonnage Düngemittel auf 1795 t.[5] Dies entspricht im Jahr 1993 rd. 0,5% der gesamten in Volkach wasserseitig umgeschlagenen Tonnage. Darüberhinaus bestehen zwischen der Lände Volkach und den Häfen im Donauraum noch keine

---

[1] Gespräch mit Herrn Meixner von der Stadtverwaltung Kitzingen am 11.8. 1994.
[2] ebd. am 26.8. 1994.
[3] Gespräch mit Herrn Linder von der Firma Huppmann am 8.8. 1994.
[4] Gespräch mit Herrn Dietrich von der Firma Lenz-Ziegler-Reifenscheid vom 8.8.1994.
[5] Zahlenangaben auf schriftliche Anfrage des Verfassers vom 8.8. 1994 bei dem Volkacher Betrieb der Baywa AG, Ansprechpartner Herr Meusert.

Verkehrsverbindungen. Damit steht fest, daß, ähnlich wie im Hafen Ochsenfurt, in Volkach der Güterverkehr über den Main-Donau-Kanal bisher auf geringe Mengen Düngemittel aus dem oberösterreichischen Linz beschränkt blieb. Grundsätzlich ist beim Umschlag von landwirtschaftlichen Gütern im weiteren Sinne mittelfristig mit einer stärkeren Verbindung hin zu den Donauhäfen zu rechnen. Der Bezug von Mineralölen für das Main-Tanklager-Volkach über die Donau steht gegenwärtig nicht zur Diskussion.[1]

Bezüglich des Einzugsbereiches des Hafenstandortes Volkach zeichnen sich, bei einer Differenzierung nach Gütergruppen, äußerst heterogene Gebiete ab. Der Rohgips beispielsweise wird aus Gipsbrüchen im rund 15 Straßenkilometer vom Hafen entfernten Sulzheim zur Lände Volkach transportiert. Für Dünge- und Futtermittel sowie Getreide ist gemäß den Erfahrungswerten der Hafenbetreiber ein Einzugsgebiet von rund 20 km Luftlinie im Norden, 25 km im Osten sowie 10 km im Süden und Westen um den Hafenstandort Volkach anzusetzen. Erheblich größer hingegen ist der Einzugsbereich der Lände Volkach im landseitigen Versand von Mineralöl. Dabei werden der Dieselkraftstoff und das Benzin[2], das in Volkach gelöscht wird, im Westen etwa bis Wertheim, im Süden bis Bad Mergentheim und Bad Windsheim, im Osten bis Bamberg und Coburg sowie im Norden bis zum Kamm des Thüringer Waldes ausgeliefert.[3] Zu begründen ist dieser ungewöhnlich große Lieferbereich mit einem weitverzweigtem Tankstellennetz, welches den benötigten Kraftstoff über den Hafen Volkach bezieht.

Setzt man diese Untersuchungsergebnisse kartographisch um, so erhält die vergleichsweise kleine Lände Volkach aufgrund ihrer von Mineralöl dominierten Umschlagsstruktur, wie in Karte 7 ersichtlich ist, einen Einzugsbereich von erheblicher Größe. Anzumerken ist in diesem Zusammenhang aber, daß für die Darstellung des Einzugsbereiches des Hafens das Kalenderjahr 1993 als Grundlage diente. In Zeiten eines geringen oder fehlenden Ölumschlages schrumpft der Einzugsbereich des Hafenstandortes Volkach, wie in den 80er Jahren geschehen, stark. Diesbezüglich dient die Lände Volkach als ein exzellentes Beispiel für den raschen Wandel, dem Einzugsbereiche von Hafenstandorten in ihrer räumlichen Ausprägung unterworfen sein können. Damit gilt auch für die Lände Volkach, daß die Güterverkehrsverflechtung mit Häfen an der Donau, analog zu den anderen öffentlichen Binnenhäfen am bayerischen Main, bisher äußerst gering ist. Untypisch ist jedoch, verglichen mit den anderen Mainhäfen, der ungewöhnlich große landseitige Einzugsbereich des Hafens.

Folgt man nun dem Verlauf des Mains weiter flußaufwärts, so gelangt man nach 11,8 Flußkilometern zur Lände Wipfeld. An diesem kleinsten aller öffentlichen Binnenhäfen am bayerischen Main wird aber bereits seit dem Jahre 1984 nichts mehr umgeschlagen. Die übermächtige Konkurrenz der anderen Mainhäfen bildete dabei den Hauptgrund für die Aufgabe des Hafenbetriebes. Passiert man die aufgelassene Lände Wipfeld, so erreicht man 13,2 Mainkilometer flußaufwärts den Hafen der Stadt Schweinfurt.

### 6.1.7. Schweinfurt

Mit seiner Lage bei Main-Kilometer 330,4 bildet der Hafen Schweinfurt den östlichsten öffentlichen Mainhafen Bayerns, der für die Binnenschiffahrt vor der Erreichung des Main-Donau-Kanals von überregionaler Bedeutung ist. Im Hafen Schweinfurt wurden im Mittel der vergangenen 5 Jahre wasserseitig durchschnittlich rund 660 000 t p.a. umgeschlagen. Die bedeutendsten Gütergruppen, die 1993 (bei einem Gesamtumschlag von 677 000 t) im Schweinfurter Hafen umgeschlagen wurden, bilden im Empfang Mineralöl (313 000 t) sowie Sand und Kies (121 000 t) und im Versand Schrott (63 000 t) und Getreide (57 000 t). Analog zu den anderen öffentlichen Binnenhäfen am Main übertrifft auch in Schweinfurt der Güterempfang den Güterversand bei weitem. Diese Imparität spiegelt sich 1993 in Schweinfurt in einem Verhältnis von 4:1 wider.

---

[1] Gespräch mit Herrn R. Andreas von der Betreiberfirma des Tanklagers S.A. May vom 30.8. 1994.
[2] Die Kraftstoffe, die in Volkach gelöscht werden, werden zu rund 90% aus den Häfen Mannheim und Karlsruhe nach Unterfranken verschifft. Rd. 10% der Ware hingegen findet seinen Weg aus Rotterdam an den Main.
[3] Gespräch mit Herrn R. Andreas von der Firma S.A. May vom 30.9. 1994.

Verkehre über die neugeschaffene Main-Donau-Verbindung fanden in Schweinfurt bisher nur in einem äußerst geringen Umfang statt. Da die Stadtwerke Schweinfurt bei dieser spezifischen Fragestellung über nur unzureichendes statistisches Material verfügen, mußte zur Ermittlung der Verkehrsverflechtungen zwischen dem Hafenstandort Schweinfurt und den Häfen im Donauraum auf die Zählbögen des Wasser- und Schiffahrtsamtes Schweinfurt zurückgegriffen werden, die den Binnenschiffsverkehr an der Schleuse Viereth[1] erfassen. Die Auswertung dieser Unterlagen ergab, daß, gemäß den Angaben der Schiffsführer, 1993 6683 t Düngemittel aus Linz nach Schweinfurt verschifft wurden.[2] Dies entspricht knapp 1% des gesamten wasserseitigen Umschlagsaufkommens des Hafens Schweinfurt während des Jahres 1993. Im ersten Halbjahr 1994 ergaben die Auswertungen 5454 t Düngemittel, die ebenfalls aus Linz nach Schweinfurt verschifft wurden. Bezogen auf das Umschlagsergebnis des ersten Halbjahres 1994 ergibt dies einen Anteil von 1,3% am Gesamtumschlag. Als ein Zwischenergebnis läßt sich zusammenfassen, daß auch der Hafen Schweinfurt sich in der unmittelbaren Anlaufphase der nun durchgängig befahrbaren Main-Donau-Wasserstraße bisher nicht zur Donau hin orientiert hat. Wie in den meisten öffentlichen Binnenhäfen am bayerischen Main, die - wenn auch in einem sehr geringen Umfang - bereits Verkehrsverbindungen zu Donauhäfen aufbauen konnten, ist der Empfang von Düngemitteln aus dem Hafen der oberösterreichischen Stadt Linz die dominierende Größe.

Bezüglich des landseitigen Einzugsbereiches des Hafenstandortes Schweinfurt ist von einer sehr ähnlichen Situation wie beim zuvor besprochenem Volkach auszugehen. Differenziert nach den Hauptgütergruppen ist dem landseitigem Versand von Mineralöl der mit Abstand größte Einzugsbereich zuzuordnen. Im Nordosten begrenzt das thüringische Gera den Auslieferungsbereich der Tanklastzüge, die im Schweinfurter Hafen gefüllt werden, im Nordwesten das nahe Bad Salzungen gelegene Barchfeld, im Südwesten Königshofen bei Bad Mergentheim und im Südosten Nürnberg. Regionale Schwerpunkte sind aber an der Achse Nürnberg-Bayreuth-Hof-Gera zu finden.[3] Sand und Kiese, als zweithäufigste Gütergruppe, werden hingegen, ähnlich wie Sojaschrot und Düngemittel, von Schweinfurt aus rund 40 km ins nördliche Umland ausgeliefert. Im landseitigen Empfang von Gütern, die für den Schiffstransport bestimmt sind, markiert Eisenschrott mit maximal 50 km den größten Einzugsbereich.

Somit läßt sich festhalten, daß der Hafen Schweinfurt, bedingt durch seine Nähe zu Thüringen, insbesondere aber durch seine gegenwärtig vom Mineralölumschlag dominierte Güterstruktur, 1993 über einen Einzugsbereich von erheblicher Größe verfügte (vgl. Karte). Sowohl die Dimensionierung des Hafens Schweinfurt und sein Umschlagsaufkommen als auch die Größe seines landseitigen Einzugsbereiches stehen dabei in direktem Gegensatz zu dem vergleichsweise kleinen Hafen Haßfurt, den man, dem Verlauf des Maines flußaufwärts folgend, rund 25 Main-Kilometer östlich von Schweinfurt erreicht.

### 6.1.8. Haßfurt

Im Jahr 1993 wurden im Hafen der Stadt Haßfurt Güter mit einem Gesamtgewicht von 38 726 t[4] umgeschlagen. Damit ist der kommunal betriebene Hafen Haßfurt der umschlagsschwächste öffentliche Binnenhafen am bayerischen Main und als ein von der Landwirtschaft geprägter Hafen nur von kleinräumiger Bedeutung.[5] Entsprechend beschränkt sich der Güterumschlag in der Regel auf den Versand landwirtschaftlicher Erzeugnisse, wie Getreide und Raps, und den Empfang von Düngemitteln. Versand und Empfang bilden in Haßfurt, untypisch für die vom Güterempfang dominierten öffentlichen Binnenhäfen am bayerischen Main, ein nahezu ausgeglichenes Verhältnis.

---

[1] Die Schleuse Viereth markiert das nordwestliche Ende des Main-Donau-Kanals.

[2] Darüberhinaus wurden gemäß den Erfassungsbögen rund 988 t Kohle aus Bratislava und 554 t Transformatoren aus Regensburg verschifft. Gelöscht wurden diese Güter gemäß den Angaben der Hafenverwaltung in Schweinfurt jedoch nicht.

[3] Anfrage bei der Firma Erik Walther GmbH & Co, die im Schweinfurter Hafen im Umschlag für Mineralöl dominiert, vom 31.9. 1994.

[4] Im Mittel der vergangenen 5 Jahre lag der jährliche Güterumschlag im Hafen Haßfurt bei rd. 35 000 t.

[5] Gespräch mit Herrn Bendel von der Stadtverwaltung Haßfurt am 9.8. 1994.

Während des Jahres 1993 steuerte nur ein einziges Güterschiff aus dem Donauraum den Hafen Haßfurt an, um dort Ladung zu löschen. Am 22. November 1993 wurden 900 t Düngemittel entladen, die aus Linz ihren Weg über den Main-Donau-Kanal nach Haßfurt fanden.[1] Gütertransporte auf der Wasserstraße von Haßfurt zu den Häfen an der Donau wurden bisher hingegen noch nicht vollzogen. Bezogen auf den gesamten wasserseitigen Güterumschlag in Haßfurt entspricht dies einem Anteil von rd. 2,3%. Aufgrund der von den Anforderungen der Landwirtschaft geprägten Umschlagsstruktur im Haßfurter Hafen ist mittelfristig davon auszugehen, daß es in zunehmendem Maße zu Verkehren über den Main-Donau-Kanal kommen wird. Zu berücksichtigen ist, daß das Umschlagsaufkommen im Hafen Haßfurt deshalb keineswegs über das Aufkommen der 80er Jahre hinauswachsen wird. Die durch den Main-Donau-Kanal geschaffene neue Verkehrsverbindung wird für Haßfurt mittelfristig folglich zwar eine langsame Veränderung der wasserseitigen Verkehrsströme nach Osten zur Folge haben, jedoch das Umschlagsaufkommen absolut gesehen wohl nicht erheblich verändern.

Sowohl die Größe und Lage als auch die Umschlagsstruktur des Hafens gestalten die Abgrenzung des Einzugsbereiches ungewöhnlich einfach. Als Näherungswert ist von einem Radius von 25 km Luftlinie um den Hafenstandort im Norden sowie 15 km im Westen, Süden und Osten auszugehen.[2] Dieser Erfahrungswert, der mehr als 90% des landseitigem Empfangs und Versands abdeckt, stellt sich kartographisch in Karte 7 dar.

Im folgenden werden die Einzelergebnisse, die für die öffentlichen Binnenhäfen am bayerischen Main erarbeitet wurden, zusammengefaßt und abschließend bewertet. Dabei finden die Auswirkungen des nun durchgängig befahrbaren Main-Donau-Kanals auf das Umschlagsaufkommen in den Mainhäfen im Jahr 1993 ebenso Beachtung wie die Einzugsbereiche der Hafenstandorte während desselben Zeitraumes.

## 6.1.9. Zwischenergebnis

Faßt man die wasserseitigen Verkehrsverflechtungen der öffentlichen Binnenhäfen am bayerischen Main via Main-Donau-Kanal mit den Häfen an der Donau zusammen, so ergibt sich ein äußerst homogenes Bild. Im ersten Kalenderjahr der nun durchgängig befahrbaren Main-Donau-Wasserstraße erfolgten im Höchstfall 3% des wasserseitigen Güterumschlags der jeweiligen Mainhäfen mit dem Donauraum. Konkret ergaben sich dabei, in gekürzter Form, folgende Ergebnisse:

---

[1] Wasser- und Schiffahrtsamt Schweinfurt: Binnenschiffahrtsstatistik - Schiffs- und Güterverkehr durch die Schleuse Viereth November 1993. Schweinfurt 1993, o.S.
[2] Gespräch mit Herrn Bendel von der Stadtverwaltung Haßfurt vom 11.8 1994.

| | Umschlag | % Donau | Güterart |
|---|---|---|---|
| Aschaffenburg | 1 200 000 | 1,4% | Empfang: überwiegend Steinkohlekoks aus Ungarn (rd. 11 000 t)<br>Versand: primär Holz aus Windbrüchen ins österreichische Ybbs (rd. 4 000 t) |
| Würzburg | 850 000 | 1,4% | Empfang: primär Kunstdünger aus Linz (rd. 9 000 t) und Futtermittel ( rd. 4 000 t)<br>Versand: überwiegend Getreide (rd. 12 000 t) nach Ungarn |
| Ochsenfurt | 189 000 | 3% | Empfang: Künstdünger aus Linz<br>Versand: - |
| Marktbreit | 130 000 | 0 | |
| Kitzingen | 130 000 | 0 | |
| Volkach | 325 000 | 0,5% | Empfang: rd. 1 500 t Kunstdünger aus Linz<br>Versand: - |
| Schweinfurt | 660 000 | 1% | Empfang: 6 700 t Kunstdünger aus Linz<br>Versand: - |
| Haßfurt | 39 000 | 2,3% | Empfang: 900 t Düngemittel aus Linz<br>Versand: - |

Betrachtet man die Zahlen dieser Aufstellung, so wird ersichtlich, daß die bayerischen Mainhäfen bis dato das höchste Güteraufkommen aus dem oberösterreichischen Linz beziehen. Der Staatshafen Aschaffenburg bildet mit dem Bezug von Gießereikoks aus Ungarn die einzige umschlagsstarke Ausnahme. Im gegenüber dem Empfang bedeutend aufkommensschwächeren Versand dominierte Getreide aus Unterfranken mit dem Zielhafen Budapest und Holz aus Windbrüchen im Spessart und Odenwald mit dem Zielhafen Ybbs.

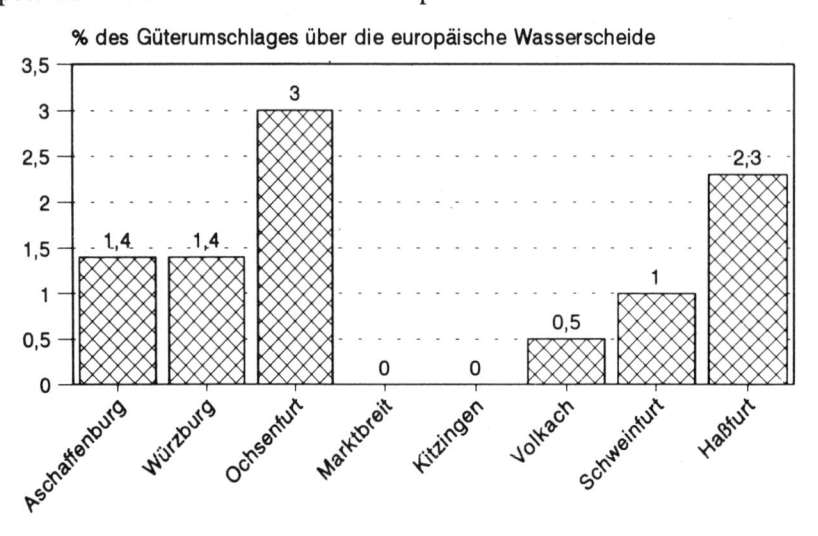

Abb. 6: Verflechtung der öffentlichen Häfen am bayerischen Main mit den Häfen an der Donau

Aus diesen Untersuchungsergebnissen ist die Forderung abzuleiten, daß die öffentlichen Binnenhäfen am bayerischen Main die verkehrsfunktionalen Möglichkeiten, die sich ihnen durch die Vollendung des Main-Donau-Kanals eröffnet haben, weit stärker als bisher nutzen müssen. Insbesondere verstärktes Standortmarketing bzw. Werbeaktionen bei Verladern können hierbei eine kurzfristige Hilfestellung bieten. Bezüglich der landseitigen Einzugsbereiche der öffentlichen Binnenhäfen am bayerischen Main ergaben sich für das Jahr 1993 die in Karte 7 dargestellten Ergebnisse.

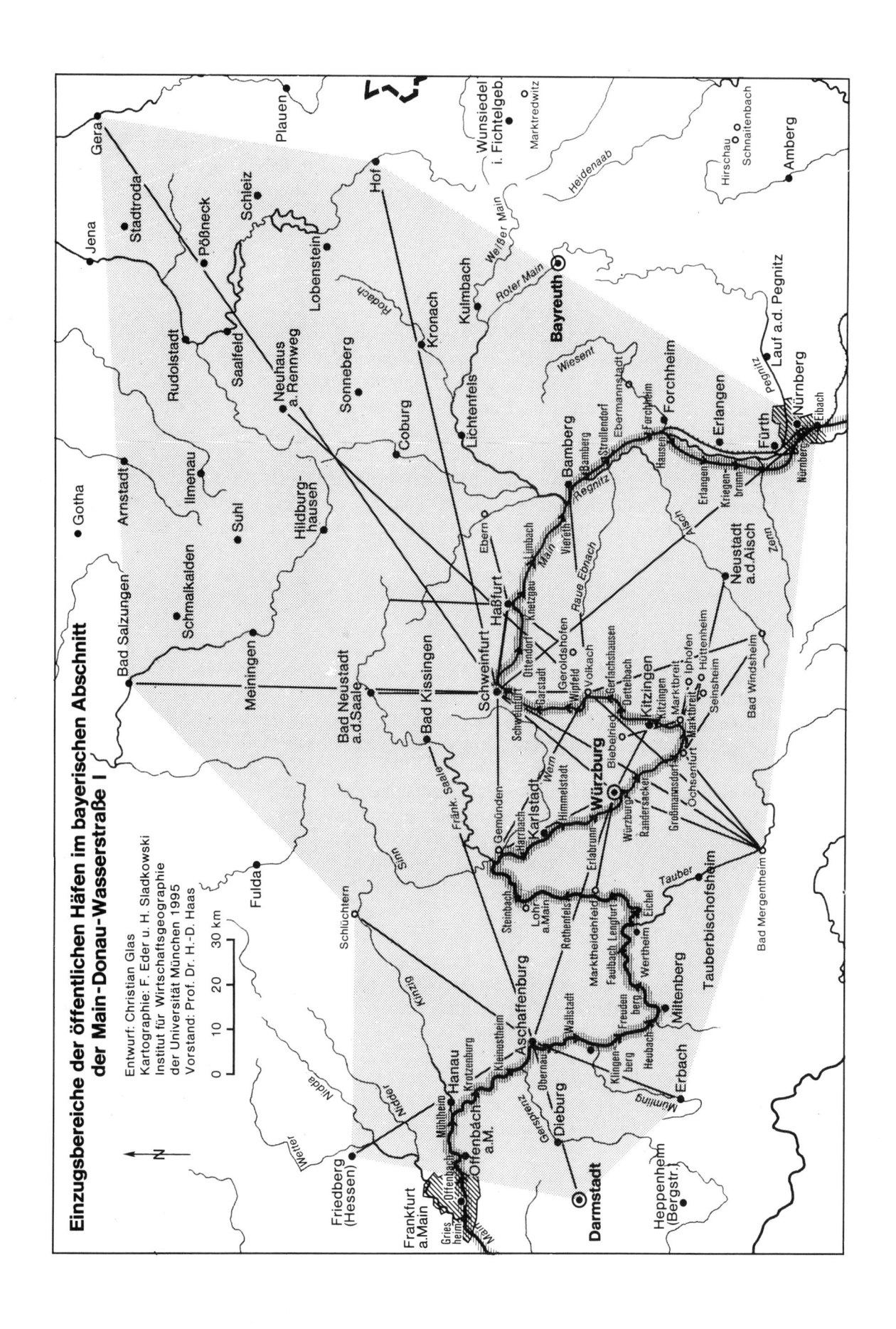

Karte 7: Einzugsbereiche der öffentlichen Häfen im bayerischen Abschnitt der Main-Donau-Wasserstraße (I)

Als quantitatives Kriterium wurden dabei herangezogen, rund 95% des landseitigen Versand- bzw. Empfangsaufkommens zu erfassen. Insbesondere die Konkurrenz der Häfen an Mittelrhein und Neckar sowie der nicht-bayerischen Main-Häfen und der Häfen entlang der Nordrampe des Main-Donau-Kanals grenzen dabei einen Einzugsbereich ab, der im Westen durch Frankfurt und Darmstadt, im Süden durch Tauberbischofsheim, Bad Mergentheim und Nürnberg sowie im Osten durch Bayreuth, Hof und Gera bestimmt ist. Die nördliche Außenlinie des Einzugsbereiches bilden die Städte Jena, Bad Salzungen, Schlüchtern und Friedberg.

## 6.2. Die Häfen am Main-Donau-Kanal

Analog zur Analyse der öffentlichen Binnenhäfen am bayerischen Main ist es Zielsetzung des nachfolgenden Kapitels, die Auswirkungen der Eröffnung der Südrampe des Main-Donau-Kanals am 25.9.1992 auf die Umschlagsentwicklung der Häfen am Kanal zu untersuchen. Darüberhinaus wird der Versuch unternommen, die landseitigen Einzugsbereiche der Hafenstandorte zu spezifizieren. Bezüglich der statistischen Grundlagen wird dabei der zeitliche Schwerpunkt auf das Kalenderjahr 1993 und das erste Halbjahr 1994 gelegt. Entsprechend der baulichen Entstehungsgeschichte des Main-Donau-Kanals wird die Analyse im oberfränkischen Hafen Bamberg begonnen und endet an der Lände der Oberpfälzer Stadt Dietfurt an der Altmühl. Dabei werden neben Bamberg und Dietfurt die Häfen Forchheim, Erlangen, Fürth, Nürnberg und Roth untersucht.

### 6.2.1. Bamberg

Der Staatshafen Bamberg, zu Baubeginn des Main-Donau-Kanals im Jahre 1962 zwischen Kanalkilometer 2,1 und 2,7 gegründet, ist der älteste Hafen an der über die europäische Wasserscheide hinwegführenden künstlichen Wasserstraße. Bezogen auf die Größe des Hafengebietes und das Umschlagsaufkommen verfügt Bamberg, nach Nürnberg, über den zweitgrößten Hafen entlang des Main-Donau-Kanals.

Bamberg ist, im Gegensatz zu Nürnberg, eine Hafenstadt mit einer langen Schiffahrtstradition. Von alters her wurden Regnitz und der nahegelegene Main als Transportwege genutzt. Aus der jüngeren Vergangenheit erinnern im Stadtbild Bambergs die alten Kräne "Am Kanal" und "Am Kranen" an die Zeit, als der bayerische König Ludwig I. 1846 Rhein und Donau erstmals verband. 1912 wurde am nördlichen Stadtrand Bambergs der Prinz-Ludwig-Hafen eröffnet, der jedoch aufgrund des während der Sommermonate meist niedrigen Wasserstands des Mains nur wenig Bedeutung erlangte.[1] Erst der Ausbau des Mains zu einer modernen Großschiffahrtsstraße mit 34 Schleusen auf einer Länge von nahezu 400 km, eröffnete der Stadt Bamberg als Hafenstandort eine neue Perspektive. Deshalb konnte 1962 ein neuer Hafen in Betrieb genommen werden, der sowohl Oberfranken und die nördliche Oberpfalz als auch, seit dem Fall der Mauer, den südlichen Teil Thüringens an das Rheinstromgebiet und seit 1992, über die Südrampe des Main-Donau-Kanals, an den Donauraum anbindet.[2]

Das Hafengebiet des Bamberger Staatshafens umfaßt eine Größe von 96 ha, wobei sich die nutzbare Fläche, exklusive Wasserflächen, Straßen- und Schienenflächen, auf 51 ha beschränkt. Wasserseitig wurden in Bamberg 1993 rd. 850 000 t umgeschlagen. Dies entspricht zugleich annähernd dem arithmetischen Mittel der vergangenen zehn Jahre. In Bezug auf die Struktur der umgeschlagenen Güter weist der Hafen Bamberg eine erhebliche Abhängigkeit vom Aufkommen der Güterarten Steine, Erden und

---

[1] Naraschewski, S.: Oberfrankens Anschluß an das europäische Wasserstraßennetz. In: Oberfränkische Wirtschaft - Mitteilungen der Industrie- und Handelskammer für Oberfranken. Bayreuth Nr.6/1992, S.5.
[2] Metzner, H.D.: Die Hafenanlagen im Stadtbild von Bamberg. Diplomarbeit (Dipl.-Hdl.) an der Wirtschafts- und Sozialwissenschaftlichen Fakultät der Universität Erlangen-Nürnberg. Nürnberg 1962, S.16, sowie Hafenverwaltung Bamberg (Hrsg.): Hafen Bamberg. O.J.

Baustoffe auf. 50%-80% des gesamten wasserseitigen Umschlags sind seit der Eröffnung des Hafens im Jahre 1962 traditionell dieser Gütergruppe zuzurechnen.[1]

Bezüglich der wasserseitigen Verkehrsbeziehungen dominiert in Bamberg traditionell der Empfang und nicht der Versand von Gütern. So entfielen 1993 rund 70% der wasserseitig im Hafen umgeschlagenen Ware auf den Empfang, während diesem Wert nur 30% an Versand gegenüberstanden. Impulse durch den nun durchgängig befahrbaren Main-Donau-Kanal auf den Güterumschlag in Bamberg sind in den ersten beiden Betriebsjahren des Kanals bisher nur in einem sehr geringen Maße erkennbar. Greift man exemplarisch das Kalenderjahr 1993 heraus, so vollzogen sich nur 7,3% der gesamten wasserseitigen Verkehrsbeziehungen mit den Donauhäfen. Bezüglich des gesamten Frachtaufkommens des Bamberger Hafens dominieren sowohl die Verkehre mit den Niederlanden als auch, bezogen auf den Empfang, interne Mainverkehre[2]. Dieser Trend bestätigte sich auch im ersten Halbjahr 1994, da auch während dieses Zeitraumes, trotz Steigerungsraten in den Westverkehren, der Wechselverkehr mit der Donau auf äußerst niedrigem Niveau verblieb.[3]

Als Zwischenergebnis läßt sich feststellen, daß sich der Staatshafen Bamberg im Jahr 1994 bisher kaum zur Donau hin orientiert hat. Insbesondere der Versand von Gütern über die Scheitelhaltung des Kanals hin zu den Donauhäfen hat sich während der Anlaufphase des durchgängigen Kanalverkehrs nur in einem äußerst geringen Maße entwickelt. So wurden beispielsweise 1993 nur rund 17 000 t von Bamberg in den Donauraum versandt. Unterzieht man diesen Wert einem Vergleich mit dem Nürnberger Staatshafen, so entspricht dies ungefähr 30% des Versandes via Nürnberg in den Donauraum während desselben Betrachtungszeitraums. Bezüglich des Empfangs von Gütern aus den Donauhäfen ergibt sich ein für Bamberg typisches Bild. 1993 wurden rund 45 000 t aus dem Donauraum gelöscht. Dies entspricht einem Anteil von 7,4% am wasserseitigen Quellverkehr und spiegelt repräsentativ die ungleiche Relation von Versand und Empfang im Bamberger Hafen wider.

Stellt man nun die "Ostverkehre" Bambergs im Jahre 1993 den gesamten Neuverkehren gegenüber, die über die neueröffnete Südrampe des Kanals während desselben Zeitraums schwammen, so läßt sich daraus eine prozentuale Beteiligung des Hafenstandortes Bamberg von nur 2,5% errechnen. Mit anderen Worten: Nur rund 2,5% aller Waren, die über die europäische Wasserscheide transportiert wurden, wurden in Bamberg gelöscht oder geladen. Tonnagemäßig dominierte dabei der Bezug von ungarischen Düngemitteln über den Hafen Budapest. Der örtliche Hafendirektor Johann Raab prognostiziert, daß der Staatshafen Bamberg aber zukünftig durchaus über eine erheblich zunehmende Verkehrsbedeutung im Güteraustausch mit dem Donauraum verfügen könne. Nach einer Anlaufphase von 10 Jahren sowie nach einer Behebung der als Störfaktor für einen geregelten Donauverkehr fungierenden Niedrigwasserproblematik zwischen Straubing und Vilshofen und nach der Beendigung des Krieges im ehemaligen Jugoslawien ist nach Einschätzung des Hafendirektors damit zu rechnen, daß sich der Ostverkehr von gegenwärtig rund 62 000 t auf 200 000 t jährlich erhöht.[4] Bezogen auf das Basisjahr 1993 würde dies nahezu einem Viertel des wasserseitigen Umschlags im Bamberger Hafen entsprechen.

Die mit 87% überwältigende Mehrheit der in Bamberg mit dem Schiff umgeschlagenen Güter kommt oder verbleibt in Oberfranken. Die Verkehrsbeziehungen mit Standorten außerhalb des Regierungsbezirkes sind wenig aufkommensstark. Nennenswert sind nur, die sich seit 1990 entwickelnden Verkehrsbeziehungen mit dem südlichen Thüringen und dem westlichen Sachsen. Im Vordergrund stehen dabei der Versand von Düngemitteln nach Thüringen und Sachsen sowie im Gegenzug der Empfang von Getreide und Raps. Dieses durch die Wiedervereinigung induzierte Verkehrsaufkommen konnte die durch die Konkurrenz nie-

---

[1] Hierbei handelt es sich primär um Zement aus Karlstadt und Pflastersteine bzw. Pflasterblöcke aus Granit, die aus Portugal, dem südlichen Afrika und Südamerika über Rotterdam Bamberg erreichen, sowie um Sande und Kiese aus Flußbaggerungen im Mittelrhein, die für Bauprojekte im Rahmen des Infrastrukturprogramms "Deutsche Einheit" benötigt werden.

[2] Bei den internen Mainverkehren stehen Zementlieferungen aus dem rd. 160 Mainkilomter entfernten Karlstadt nach Bamberg im Vordergrund. Eine Rückladung für die Schubleichter ist in der Regel nicht vorhanden.

[3] Anfrage bei Hafendirektor Johann Raab am 5.8. 1994.

[4] Gespräch mit Hafendirektor Johann Raab, am 29.6. 1994 in Bamberg.

driger tschechischer LKW-Frachtraten verursachte Reduktion des Güterumschlages mit Böhmen überkompensieren. Insgesamt läßt sich folglich von einer, bezogen auf die Höhe des Güteraufkommens, regional stark begrenzten Umlandbeziehung des Staatshafens Bamberg sprechen.

Das Beispiel sich wandelnder Verkehrsbeziehungen mit Thüringen, Sachsen und der Tschechischen Republik unterstreicht die Labilität des Einzugsgebietes. Ein Konstante aber bleibt die ungewöhnlich starke regionale Ausrichtung des Hafens, sofern eine Persistenz der Güterstruktur unterstellt wird. Zu begründen ist dies mit dem Umstand, daß sowohl die am Gesamtgüterumschlag mit einem Anteil von traditionell über 50% dominierende Gütergruppe Steine, Erden und Baustoffe als auch Düngemittel, als zweithäufigstes in Bamberg anfallendes Umschlagsgut, über eine hohe Transportkostensensibilität verfügen. Diese Güter erlauben aus kalkulatorischen Gründen keine hohen Transportkosten. Dies führt in der Regel zu einer erheblichen räumlichen Begrenzung des straßen- bzw. schienengebundenen Vor- und Nachlaufes dieser Güter vom oder zum Hafenstandort. Folglich existiert nur ein relativ kleiner Einzugsbereich, trotz der Tatsache, daß es sich beim Hafen Bamberg, bezogen auf das Umschlagsaufkommen, um den viertbedeutendsten bayerischen Hafen[1] handelt.

### 6.2.2. Forchheim

Die Lände Forchheim zählt gegenwärtig, neben der Lände Roth, zu den umschlagsschwächsten Häfen entlang des Main-Donau-Kanals. Im Jahr 1993 wurden in Forchheim nur 13 000 t umgeschlagen.[2] Vergleicht man dieses Ergebnis mit umschlagsstärkeren Häfen, so entspricht dies in etwa 1,2% des Umschlagsaufkommen im Staatshafen Nürnberg und 1,5% des Umschlages im Staatshafens Bamberg während desselben Zeitraumes. Um eine bessere Vorstellung des in Forchheim getätigten Umschlages zu ermöglichen, sei angemerkt, daß die genannten 13 000 t in etwa der Tonnage von 10 Europaschiffen entsprechen.

Entsprechend der Relation von Güterempfang und Güterversand in den Häfen entlang der Nordrampe des Kanals werden auch in Forchheim mehr Güter gelöscht (rund 65%) als versandt (rund 35%). Im Güterempfang überwiegen dabei, ähnlich wie in Bamberg, Steine, Erden und Baustoffe sowie Düngemittel. Im Versand dagegen dominieren landwirtschaftliche Erzeugnisse. Gemäß der Güterstruktur und dem geringen Umschlagsaufkommen der Lände Forchheim ist von einem vergleichsweise kleinen Einzugsbereich von etwa 10-15 km Luftlinie um den Hafenstandort auszugehen. Die am weitesten entfernten Gemeinden des Einzugsbereiches sind Höchstadt a.d.Aisch im Westen und Ebermannstadt im Nordosten.[3] Auf der Bundesstraße 470 beläuft sich die Entfernung von der Lände zu den genannten Orten auf etwa 23 bzw. 16 km. Setzt man diese Angaben kartographisch um, so zeigt sich der räumliche Einzugsbereich des Forchheimer Hafens wie in Karte 8 dargestellt.

Verkehrsbeziehungen über die Südrampe des Kanals mit den Donauhäfen existieren bisher, wie im Staatshafen Bamberg, nur in geringem Umfang. Nach Einschätzung der Betreiberfirma des Hafens Forchheim erfolgen rund 8% des Gesamtumschlags mit dem Donauraum. Bisher wurde ausschließlich Dünger gelöscht, der ab Linz über die Donau und die Südrampe des Kanals nach Forchheim verschifft wurde. Bis August 1994 wurden hingegen noch keine Güter von Forchheim zu den Donauhäfen versandt. Als Resümee sei die Behauptung zulässig, daß sich die Lände Forchheim, analog zu den Häfen am Main und an der Nordrampe des Kanals, in ihrem Verkehrsaufkommen zu über 90% am Rheinstromgebiet orientiert. Daß aber eine kleine Lände wie Forchheim, trotz eines räumlich äußerst begrenzten Einzugsbereiches, durch Modernisierungsmaßnahmen und durch eine verstärkte Kundenacquisition für die örtliche Wirtschaft an Bedeutung gewinnen kann, spiegelt die Umschlagsentwicklung im 1. Halbjahr 1994 wider.

---

[1]Es wurde der Güterumschlag der bayerischen Häfen im Zeitraum der vergangenen fünf Jahre (1989-1993) berücksichtigt.

[2]Hierbei ist zu berücksichtigen, daß die Lände Forchheim nur in den ersten 9 Monaten des Jahres 1993 betriebsbereit war. Im 4. Quartal 1993 verhinderten Baumaßnahmen eine ordnungsgemäße Betriebsführung. Im Mittel der vergangenen 5 Betriebsjahre belief sich das Umschlagsaufkommen auf jährlich rund 17 000 t.

[3]Auskunft der als Betreiber des Hafens Forchheim fungierenden Reederei-Spedition Gebr. Väth in Würzburg vom 4.8. 1994. Ansprechpartner: Herr Mützel.

Hochrechnungen der Betreibergesellschaft des Hafens zufolge ist im Jahr 1994, bedingt durch die genannten Maßnahmen, mit schätzungsweise 40 000 - 50 000 t Gesamtumschlag an der Lände zu rechnen.[1] Gemessen am durchschnittlichem Umschlag der vergangenen 5 Jahre würde dies eine Steigerung von rund 300% bedeuten. Selbst vor dem Hintergrund eines niedrigen Ausgangsniveaus wäre dies eine beachtliche Entwicklung. Aus der Sicht der Donauhäfen bedauerlich aber ist, daß die Zunahme der Tonnage gegenwärtig ausschließlich durch Westverkehre begründet wird.

### 6.2.3. Erlangen

Differenziert man die 7 öffentlichen Häfen am Main-Donau-Kanal bezüglich ihres wasserseitigen Güterverkehrsaufkommens, so lassen sich drei Größenklassen unterscheiden. Die Polaritäten bilden dabei einerseits die Häfen Nürnberg und Bamberg und andererseits die Länden Roth und Forchheim. Mit erheblichem Abstand zu den umschlagsstarken Häfen Nürnberg und Bamberg bilden die Standorte Erlangen, Fürth und Dietfurt das Mittelfeld. Im Hafen Erlangen, der sich im Besitz der Stadt Erlangen befindet, wurden im Mittel der vergangenen 5 Jahre rund 180 000 Jahrestonnen umgeschlagen.[2] Im Jahr 1993 belief sich der Güterumschlag auf 160 079 t. Traditionell hält sich im Erlanger Hafen, bei einem marginalen Übergewicht von Löschgut, das Verhältnis von Versand und Empfang nahezu die Waage. Im Güterumschlag dominieren im städtischen Hafen bei weitem Flußsand sowie Kaolin und Feldspat. Rund 94% des gesamten Umschlagsaufkommens des Hafens Erlangen bestand 1993 aus diesen Gütern. Nahezu paritätisch stehen sich dabei auf der Empfangsseite Sand aus Flußbaggerungen im Main, der als Grundstoff für die Produktion von Fertigbetonwerk genutzt wird, und Kaolin und Feldspat aus dem oberpfälzischen Hirschau bzw. aus Schnaittenbach im wasserseitigen Versand gegenüber.[3]

Die für die Fragestellung nach wasserseitigen Verkehrsverflechtungen zwischen den Häfen des Rheinstromgebietes, denen auch der Erlanger Hafen zuzurechnen ist, und den Häfen an der Donau kann bisher nur negativ beantwortet werden. In den ersten 22 Monaten seit der Eröffnung des durchgängig befahrbaren Main-Donau-Kanals erfolgte im Erlanger Hafen weder Versand noch Empfang von Gütern über die Südrampe des Kanals.[4] Seitens der Erlanger Hafenbetriebsgesellschaft geht man davon aus, daß auch in naher Zukunft keine Verkehre mit Donauhäfen aufgenommen werden. "Bis zum jetzigen Zeitpunkt ist eine Verbindung Erlangen-Donau nicht übersehbar, da die Wirtschaft im Erlanger Einzugsbereich bisher keinen Bedarf angemeldet hat."[5]

Festzuhalten ist, daß der Hafen Erlangen bisher noch keine wasserseitigen Verkehrsverflechtungen über die europäische Wasserscheide hinweg aufbauen konnte. Eine wesentliche Erklärung hierfür bietet die extrem am Umschlag von Sand und Erde orientierte Güterstruktur des 1971 eröffneten Hafens. Greift man exemplarisch das Jahr 1993 heraus, so wurden neben Sand und Kaolin nur Metallabfälle und äußerst geringe Mengen an Düngemitteln in Erlangen umgeschlagen. Sonstige Erzeugnisse wurden nicht umgeschlagen, ebenso existieren keine Einrichtungen, die einen Umschlag von Containern ermöglichen würden. In diesem Fall erschweren die erhebliche Spezialisierung des Hafens und auch die räumliche Nähe zum nur 25 km entfernten und bedeutend besser ausgestatteten Staatshafen Nürnberg den Aufbau von Donauverkehren.

Sowohl die Konkurrenz der benachbarten Häfen als auch der monostrukturelle Güterumschlag im Erlanger Hafen sind die beiden Gründe für eine klar determinierbare Umlandbeziehung. Der Sand aus den Flußbaggerungen im Main geht noch unmittelbar auf dem Hafengelände in die Produktion von Fertigbeton

---

[1] Auskunft von Herrn Mützel am 4.8. 1994.
[2] Liegenschaftsamt der Stadt Erlangen: Güterumschlag im Erlanger Hafen 1989-1993, Nr.VI/802 T. 2563, o.S.. Erlangen 1994.
[3] Stadt Erlangen: Schiffsgüterumschlag nach Gütergruppen 1993. Anlage zum Rundschreiben Nr. 01/94 vom 17.02. 1994. Erlangen 1994.
[4] Gespräche mit Herrn Stenglein von der Erlanger Hafenbetriebsgesellschaft am 4.7., 12.7., 9.8., und 10.8. 1994.
[5] Stenglein, W.: Stellungnahme zur schriftlichen Anfrage des Autors vom 12.07. 1994.

ein.[1] Neben der Stadt Erlangen beschränkt sich der Einzugsbereich des Erlanger Hafens im wesentlichen auf die Verkehrsströme mit den Oberpfälzer Gemeinden Hirschau und Schnaitenbach.[2] Setzt man diese Verkehrsverflechtungen kartographisch um, so ergibt sich auch am Beispiel des Erlanger Hafens ein Einzugsbereich, der in einem erheblichen Maße von der in der Literatur häufig postulierten modelltheoretischen Vorstellung eines im Radius 50 km messenden Einzugsbereiches von Hafenstandorten abweicht (vgl. Karte 8). Kein Einfluß auf die Umlandbeziehungen des Hafenstandortes Erlangen ist dem Umstand beizumessen, daß sich in ca. 1,5 km Entfernung Hafen das Großkraftwerk Franken II befindet. Dennoch soll, um der großen Bedeutung dieses Kohlekraftwerkes für das Verkehrsaufkommen auf der Nordrampe des Main-Donau-Kanals gerecht zu werden, an dieser Stelle vom Grundsatz, ausschließlich öffentliche Häfen bzw. Anlegestellen zu untersuchen, abgewichen werden. Das zur Franken AG gehörende Großkraftwerk Franken II bei Erlangen ist, neben dem Aschaffenburger Kohlekraftwerk der Bayernwerk AG, das einzige Großkraftwerk auf bayerischem Staatsgebiet an der Main-Donau-Wasserstraße, das seinen Brennstoff per Binnenschiff bezieht. Während das Aschaffenburger Werk über den Staatshafen Aschaffenburg beliefert wird, erfolgt im Großkraftwerk Franken II der Bezug der Steinkohle nicht über den öffentlichen Hafen der Stadt Erlangen, sondern über die in unmittelbarer Nähe des Kraftwerkes gelegene private Anlegestelle Frauenaurach-Kriegenbrunn.[3] Im Jahre 1993 wurden aus dem Ruhrgebiet 366 000 t Steinkohle zum Privathafen Frauenaurach-Kriegenbrunn verschifft.[4] Dies entspricht mehr als der zweifachen Tonnage, die im Erlanger Hafen wasserseitig während desselben Betrachtungszeitraums sowohl im Empfang als auch im Versand umgeschlagen wurde. Vor dem Hintergrund des Gesamtverkehrsaufkommens auf dem Main-Donau-Kanal von 5,02 Mio. t im Jahre 1993 bedeutet dies, daß die für das Kraftwerk Franken II bestimmten Steinkohlelieferungen, auch nach der Eröffnung der Südrampe, einen Anteil von rd. 6,7% der auf dem Kanal transportierten Tonnage ausmachen. Deshalb ist es unerläßlich, im Rahmen einer Untersuchung des Verkehrsaufkommens auf dem Main-Donau-Kanal die private Anlegestelle Frauenaurach in die Auswahl der zu analysierenden Hafenstandorte einzubeziehen. Da aber nur wasserseitiger Empfang von Steinkohle erfolgt und diese direkt an der Lände verstromt wird, existiert keine Güterverkehrsverflechtung mit dem Hafenumland. Somit handelt es sich bei dieser Anlegestelle um ein nahezu idealtypisches Beispiel eines Binnenhafens ohne landseitiges Einzugsgebiet.

Folgt man dem Verlauf des Main-Donau-Kanals weiter nach Süden, so erreicht man bei Kanalkilometer 55,0 inmitten der Stadt Fürth den Fürther Hafen. Der Verdichtungsraum Erlangen-Fürth-Nürnberg verfügt auf einer Länge von nur 25 Kanalkilometern über drei öffentliche und einen bedeutenden privaten Hafenstandort. Sowohl am Main-Donau-Kanal als auch an der bayerischen Donau ist auf einem solch kurzen Wasserstraßenabschnitt keine derartige Konzentration öffentlicher Hafenstandorte vorzufinden.[5] Daher soll kritisch angemerkt werden, daß trotz der Bedeutung des nach München zweitgrößten bayerischen Verdichtungsraums in diesem Kanalabschnitt zu viele öffentlich Binnenhäfen errichtet wurden. Entsprechend besteht die Gefahr, daß die kleinräumige Konkurrenz der genannten Hafenstandorte in einen Verdrängungswettbewerb zu Lasten des Erlanger und Fürther Hafens münden wird.

---

[1]Da der Sand als Rohprodukt noch im Hafen in einen Produktionsprozeß einfließt, ist es definitionsgemäß für diesen Grundstoff nicht möglich, einen unmittelbaren Einzugsbereich in der Region zu unterstellen. Zwar entsteht mit Fertigbeton ein Gut, das in einem Umkreis von rund 30 km um den Hafenstandort ausgeliefert wird, der originäre Transportweg des Flußsandes endet jedoch bereits auf dem Hafengelände.

[2]Der Transport des Kaolins und des Feldspates, in Jahresdurchschnitt rund 80 000 t, erfolgt ausschließlich per Lkw von den Oberpfälzer Abbaugebieten zum Hafen Erlangen.

[3]Gespräch mit dem Abteilungsleiter Logistik des Großkraftwerkes Franken II, Herrn Haugg, vom 10.8.-1994.

[4]Anmerkung: Rückblickend auf den Zeitraum der vergangenen fünf Jahre beliefen sich die Steinkohlelieferungen in Frauenaurach-Kriegenbrunn auf durchschnittlich 374.000 t pro Jahr. Vgl. dazu: Liegenschaftsamt der Stadt Erlangen: Güterumschlag im Erlanger Hafen 1989-1993, a.a.O., o.S.

[5]Anmerkung: Nur am Main ist in Unterfranken, zwischen den Häfen Ochsenfurt bei Main-km 270,8, Marktbreit bei Main-Kilometer 276,5 und Kitzingen, eine größere Hafendichte gegeben. Bezüglich des Umschlagsaufkommens handelt es sich dabei aber um kleine Häfen. Vergleiche dazu die Kapitel 6.1.3, 6.1.2. und 6.1.3. der vorliegenden Arbeit.

## 6.2.4. Fürth

Bezüglich des wasserseitigen Güteraufkommens bildet der von der Fürther Hafenbetriebsgesellschaft Wintrans verwaltete Hafen den kleinsten der drei Häfen im Verdichtungsraum Nürnberg/Fürth/Erlangen. So wurden 1993 in Fürth wasserseitig rund 125 000 t umgeschlagen. Im ersten Halbjahr 1994 standen dem bereits rund 81 000 t gegenüber.[1] Unterstellt man für das zweite Halbjahr 1994 eine gleichbleibende Entwicklung, so könnte mit einem Umschlagsaufkommen von 160 000 t das bisher beste Ergebnis in der 22-jährigen Geschichte des Fürther Hafens erreicht werden. Bei einer Charakterisierung der im Hafen Fürth umgeschlagenen Güter treten in den vergangenen Jahren Düngemittel und Granitsteine im Empfang und Getreide im Versand als Hauptgütergruppen, mit einem Anteil von jeweils rund 30% am gesamten wasserseitigem Güterumschlag, hervor. Greift man die zentrale Frage nach der effektiven Nutzung der neueröffneten Südrampe des Main-Donau-Kanals seitens der bayerischen Binnenhäfen auf, so ergibt sich für den Hafen Fürth im Jahr 1993 für Verkehre mit den Donauhäfen ein Anteil von 16% am gesamten wasserseitigen Umschlagsaufkommen. Im Detail wurden dabei 18 466 t Kunstdünger aus Linz, 532 t Bleche ebenfalls aus Linz, 591 t Bleche aus Budapest und 463 t Bleche aus Dunaujvaros gelöscht. Demgegenüber stehen im Versand nur 255 t Eisenerz, die, bedingt durch Niedrigwasser der bayerischen Donau, in Fürth geleichtert wurden, um dann, nach der Zunahme des Pegelstandes im November, nach Linz weiterverschifft zu werden.[2]

Wenngleich es zu berücksichtigen gilt, daß der Bezug von Kunstdünger über die Donau den wasserseitigen Güterumschlag in Fürth absolut betrachtet keineswegs erhöhte, sondern nur eine neue Transportrelation widerspiegelt, somit also Mainverkehre substituierte, so läßt sich doch als Zwischenergebnis festhalten, daß sich der Hafen Fürth vergleichsweise rasch zu den Donauhäfen hin orientieren konnte. Mit einem Anteil von rund 16% am gesamten wasserseitigen Umschlagsaufkommen ist er 1993, relativ betrachtet, derjenige bayerische Binnenhafen nördlich der europäischen Wasserscheide, der bisher die stärkste Verflechtung mit den Donauhäfen aufweist.

Versucht man hingegen den landseitigen Einzugsbereich des Hafenstandortes Fürth zu erfassen, so stößt man bei einer Differenzierung nach Hauptgütergruppen auf gewisse Schwierigkeiten. Während der räumliche Einzugsbereich des Hafens beim Bezug von Getreide und Versand von Kunstdünger vergleichsweise klar definiert werden kann, erweist sich eine Erfassung des Versandes der Granitsteine als problematisch. Die Granitsteine, die, größtenteils aus Indien und China[3] kommend, Fürth über Antwerpen und Rotterdam, den Rhein, Main und Main-Donau-Kanal erreichen, werden hier gelagert und im Bedarfsfalle von 5 im Hafen ansässigen Betrieben in ganz Bayern ausgeliefert. Eine spezifische Ermittlung eines Einzugsgebietes für dieses Gut ist nicht möglich. So wurden die Granitsteine beispielsweise ins Allgäu, nach München, Ingolstadt oder in den Bayerischen Wald geliefert. Aufgrund der sich immerzu ändernden Absatzgebiete muß auf eine Definition eines Einzugsbereiches bei dieser Gütergruppe verzichtet werden.

Für Düngemittel und Getreide hingegen lassen sich, analog zu den anderen Häfen, auch beim Hafenstandort Fürth Liefer- bzw. Bezugsräume herausarbeiten. Die Standortkonkurrenz anderer Binnenhäfen und konkurrierender Verkehrsträger definiert im Schwerpunkt ein Hafenumland, dessen Außengrenze zwischen 15 und 45 km um den Hafenstandort differiert. In östlicher Richtung wird der Einzugsbereich durch den Verlauf der Bundesstraße 13 begrenzt, im Südosten und Süden sind Ansbach und Gunzenhausen zu nennen. Im Norden und Osten hingegen läßt die Konkurrenzsituation mit den Häfen Erlangen und Nürnberg zumeist nur einen äußerst kleinräumigen Einzugsbereich zu, der gemäß den Erfahrungswerten der Hafenverwaltungen auf 15 km beschränkt ist. Dennoch existieren auch hier Ausnahmen von der Regel. So wurde beispielsweise schon Getreide aus dem südlichen Thüringen im Rahmen einer agrarpolitischen Maßnahme der Bundesanstalt für landwirtschaftliche Marktordnung (BALM) zum Fürther Hafen verbracht. Aufgrund der geringen Aufkommensmenge und fehlender Kontinuität kann diese Verbindung bei

---

[1] Gespräche mit Herrn Kraft von der VTG-Wintrans - Fürther Hafenbetriebsgesellschaft mbH vom 4.7. und 4.8. 1994.

[2] Gespräch mit Herrn Kraft am 1.9. 1994.

[3] Bis vor einigen Jahren kamen die Lieferungen primär aus Portugal. Lohnsteigerungen, v.a. durch den Beitritt Portugals zur Europäischen Gemeinschaft induziert, und günstige Seefrachtraten verlagerten den Bezug der bereits bearbeiteten Steine nach Asien.

einer räumlichen Erfassung des Einzugsbereiches des Hafenstandortes für 1993 ausgeklammert werden. Setzt man die Ergebnisse kartographisch um, so läßt sich, bei einer Ausklammerung der Lieferbeziehungen mit Granitsteinen, als Näherungswert der Einzugsbereich des Hafenstandortes Fürth für 1993 so darstellen, wie in Karte 8 gezeigt.

### 6.2.5. Nürnberg

Der 1972 eröffnete Staatshafen Nürnberg ist mit einer Gesamtfläche von rd. 337 ha und mit einem Beschäftigungsstand von gegenwärtig 5000 Personen das größte Logistik- und Dienstleistungszentrum Nordbayerns. Eingebettet im Grüngürtel und abgeschirmt von Wohngebieten, liegt der Staatshafen im Netz von Straße und Schiene. Er gilt als einer der besterschlossenen Binnenhäfen Deutschlands. Von der Gesamtfläche des Hafens sind 237 ha baureif erschlossen, wobei rund 146 ha auf Ansiedlungsfläche entfallen. Zu Jahresbeginn 1994 waren 86% der vorhandenen Ansiedlungsfläche vergeben.[1] Bezüglich der Ansiedlungsstruktur dominieren Speditionen, Reedereien und Lagereibetriebe. Aus strukturpolitischer Sicht ist interessant, daß ein Drittel der insgesamt rund 200 am Sondergebiet Hafen angesiedelten bzw. eingemieteten Betriebe zuvor nicht in Mittelfranken ansässig waren.[2] Symptomatisch für den Modal-Split in bayerischen Binnenhäfen hält auch im Nürnberger Staatshafen der LKW den größten Anteil am Güteraufkommen. 1993 belief sich das gesamte Güteraufkommen im Sondergebiet Hafen auf rund 6,5 Mio. t, wobei rund 70% auf den LKW, 16% auf das Binnenschiff (1 053 121 t) und 14% auf die Bahn entfielen.

In den zwei Dekaden von seiner Eröffnung 1972 bis zur Eröffnung der Südrampe des Main-Donau-Kanals im September 1992 fungierte der Hafen Nürnberg als Kopfhafen, d.h. als der südöstlichste bayerische Hafen des Rheinstromgebietes. Mit der durchgehenden Befahrbarkeit des Main-Donau-Kanals entfiel, analog zum Donauhafen Regensburg, diese Kopfhafenfunktion. Von entsprechender Zurückhaltung seitens der Nürnberger Hafenverwaltung waren zu Jahresbeginn 1993 daher die mittelfristigen Prognosen für den künftigen Güterumschlag über das Hafenkai geprägt. Eine weitere Einflußgröße für den nur gedämpften Optimismus bei der Einschätzung mittelfristiger Wachstumschancen war auch in der Verkehrsleistung der Binnenschiffahrt im Nürnberger Staatshafen in den Jahren 1991 und 1992 zu sehen. Nachdem 1988 der schiffsseitige Warenumschlag erstmalig auf über eine Million Jahrestonnen gesteigert werden konnte und sich diese Entwicklung bis ins Jahr 1990 fortschrieb, erfolgte 1991 ein drastischer Einbruch um rd. 30% gegenüber dem Vorjahr. Begründet ist dieser Umschlagsrückgang insbesondere durch Einbrüche auf dem Markt für Futtermittel und einer sukzessive sinkenden Nachfrage nach Kohle im Großraum Nürnberg.

Somit waren die Rahmenbedingungen für kurzfristige Steigerungen des nassen Güterumschlags im Hafenstandort Nürnberg durch die Eröffnung der Südrampe des Kanals als vergleichsweise schlecht einzustufen. Rückblickend äußerte sich der Direktor des Nürnberger Hafens, Dipl.-Ing. Schmidt, daß man seitens der Hafenverwaltung im ersten Halbjahr 1992 hoffte, den wasserseitigen Umschlag konsolidieren zu können und nicht durch den Verlust der Kopfhafenfunktion und der einsetzenden Rezession weitere Rückgänge hinnehmen zu müssen.[3] Entgegen den Befürchtungen aber wuchs die Anzahl der Schiffe, die im Staatshafen Nürnberg Ladung luden oder löschten, bereits unmittelbar nach der Eröffnung der Südrampe des Kanals. Im Betriebsjahr 1993 steigerte der Nürnberger Hafen seinen Güterumschlag

---

[1] Hafenverwaltung Nürnberg (Hrsg.): Der Staatshafen Nürnberg, Stand 31.12. 93. Nürnberg 1994.

[2] Vergleichsweise erfolgreich konnte bisher die Zielsetzung der Hafenverwaltung umgesetzt werden, Pachtverträge nur mit transport- und umschlagsintensiven Betrieben abzuschließen. Richtungsweisend ist in diesem Zusammenhang der in Abhängigkeit von der Verkehrsteilung gestaffelte Pachtzins. Die Miete bzw. der Erbauzins bewegt sich in der Größenordnung von 10 DM/qm und Jahr, steigert sich aber auf 15 DM, falls der Ansiedler nicht mindestens 2 t/qm und Jahr mit der Bahn oder mit dem Binnenschiff umschlägt.

[3] Gespräch mit dem Direktor des Nürnberger Staatshafens Herrn Dipl.-Ing. W. Schmidt am 20.6. 1994.

gegenüber dem Vorjahr um 18,6%.[1] Verursacht wurde die Steigerungsrate primär durch den Umschlag von Eisenerz, Metallabfällen und Müllverbrennungsschlacke.[2]

Für eine wirtschaftsgeographische Neubewertung des Main-Donau-Kanals erscheint der Erzumschlag besonders interessant. Die nun durchgehend befahrbare Rhein-Main-Donau-Wasserstraße ermöglicht bekanntlich eine Versorgung der Linzer Voest Alpine mit überseeischem Eisenerz über den direkten Wasserweg via Rotterdam. Bedingt durch die Gesamttonnage der überseeischen Erzfrachter von in der Regel 300 000 t ist es aus logistischen Gründen unmöglich, gleichmäßige Transportströme zwischen Rotterdam und Linz zu gewährleisten. Pufferlager sind folglich unumgänglich. Rund 50 000 t Eisenerz wurden daher 1993 in Nürnberg gelagert. Greift man auf die Jahre 1986 bis 1993 als Betrachtungszeitraum zurück, so kristallisieren sich im wasserseitigen Güterumschlag im Staatshafen Nürnberg insbesondere Kohle, Steine und Erden (einschließlich Baustoffe), Erze und Metallabfälle sowie Düngemittel als dominierende Gütergruppen heraus.

Neben der neu entstandenen Transportrelation über die Südrampe des Main-Donau-Kanals, die sich bisher im wesentlichen auf den Bezug von Düngemitteln aus Linz[3] und die Zwischenlagerung des für Linz bestimmten Erzes beschränkt, lassen sich bei der wasserseitigen Verflechtung des Nürnberger Hafens mit dem Donauraum gegenwärtig nur geringe Transportströme ausmachen. Wechselverkehr auf der Wasserstraße zwischen dem Hafen Nürnberg und den bayerischen Donauhäfen erfolgte 1993 nicht[4]. Aus Wien wurden 1993 über die Wasserstraße ebenfalls keine Güter empfangen und der Versand in die österreichische Hauptstadt hätte sich mit nur zwei Europaschiffen bewältigen lassen. 1993 wurden rd. 1 700 t land- und forstwirtschaftliche Produkte und 780 t in Nürnberg zwischengelagerte Kohle nach Wien verschifft. Sehr gering war 1993 auch das Verkehrsaufkommen zwischen der Slowakei und Nürnberg. Aus Bratislava wurden rd. 3 800 t, mehrheitlich Düngemittel, bezogen. Ein Versand in die Slowakei erfolgte nicht. Ebenfalls unpaarig sind die Verkehrsströme zwischen dem Nürnberger Hafen und den ungarischen Donauhäfen. Von der Gesamttonnage von 14 412 t entfielen rund 87% auf den Empfang und nur etwa 13% auf dem Versand. Beim Empfang standen ukrainische Kohle, die in Budapest eingeschifft wurde, sowie Sonnenblumenkerne im Vordergrund.

Bezeichnend für alle bayerischen Binnenhäfen gilt, daß die Jugoslawienkrise und das UNO-Embargo gegenüber Serbien den Auf- bzw. Ausbau von wasserseitigen Verkehrsbeziehungen mit jenseits von Ungarn gelegenen Donauländern nahezu unmöglich machte. Im Betrachtungszeitraum 1993 konnten in Nürnberg mit Genehmigung der UNO nur 500 t chemische Erzeugnisse in die Ukraine verladen werden und rund 930 t Düngemittel aus Serbien empfangen werden. Auffällig beim Schiffsverkehr von Nürnberg in Richtung Donau ist der ungewöhnlich hohe Leerfahrtenanteil. In den rd. 15 Monaten von der Eröffnung der Südrampe des Kanals am 25.9. 1992 bis zum Jahresende 1993 lag der Anteil der Schiffe, die Nürnberg ohne Ladung in Richtung Donau verließen, bei etwa 74%. Auch wenn ein Teil dieser Schiffe bereits in Regensburg wieder Ladung aufnahm, ist es - entsprechend der verkehrspolitischen Zielsetzung, Leerfahrten zu minimieren - eine Gemeinschaftsaufgabe von Reedereien, Lagereien, Spediteuren, Verladern und der Hafenverwaltung, verstärkt auf eine Behebung dieses Mißstandes hinzuarbeiten. Damit ist festzuhalten, daß im ersten Kalenderjahr der Anlaufphase des nun durchgängig befahrbaren Main-Donau-Kanals der Hafen Nürnberg primär von seiner neugewonnenen Funktion als Transithafen für Ei-

---

[1]Wasser- und Schiffahrtsdirektion Süd (Hrsg.): Verkehr und Güterumschlag auf den Bundeswasserstraßen Main, Main-Donau-Kanal und Donau im Jahre 1993, a.a.O., S.7.
[2]Von entscheidender Bedeutung für den Hafenstandort Nürnberg ist der Umschlag von Recyclinggütern, deren Anteil am gesamten wasserseitigen Umschlag seitens der Hafenverwaltung auf gegenwärtig 25-30% geschätzt wird. Im Vordergrund stehen in Nürnberg, neben der Schlacke aus der Müllverbrennung, Stahlschrott aus der auf dem Hafengelände angesiedelten Shredderanlage, kontaminiertes Erdreich sowie Altglas und Altpapier.

[3]In dem als Anlaufphase des Wechselverkehrs mit der Donau zu wertenden Kalenderjahr 1993 belief sich der Umschlag von Düngemitteln aus Linz auf 26 918 t. 11 315 t wurden dabei über den werkseigenen Hafen der Voest und 15 274 über den Stadthafen bezogen.
[4]Anmerkung: Marginale Ausnahme bildeten zwei kleine Futtermitteltransporte mit einem Gesamtgewicht von zusammen 33 Tonnen mit dem Staatshafen Regensburg. Dies überschreitet, zur besseren bildlichen Darstellung, die Tonnage eines einzigen LKW's nur geringfügig.

senerz profitiert hat. Bezogen auf den wasserseitigen Umschlag Nürnbergs bildete die oberösterreichische Industriestadt Linz mit einer Tonnage von rund 86 000 t den dominierenden Donauhafen. Dies entspricht knapp 80% des gesamten wasserseitigen Güterverkehrs zwischen Nürnberg und den Donauhäfen. Unterzieht man diese Verkehrsverflechtung einem Vergleich mit den Westverkehren des Hafenstandortes Nürnbergs, ist die Orientierung Nürnbergs zur Donau bisher aber noch vergleichsweise gering. Exemplarisch sei in diesem Zusammenhang auf die weitaus größere Bedeutung der Rheinhäfen Duisburg und Rotterdam für Nürnberg verwiesen. So lag, bei nahezu paarigem Empfang und Versand, der Güterumschlag mit Rotterdam 1993 bei mehr als 300 000 t, mit Duisburg bei rund 140 000 t.

Nachdem die wasserseitigen Ziel- und Quellbeziehungen des Staatshafens Nürnberg vor dem Hintergrund einer durchgehenden Befahrbarkeit der Rhein-Main-Donau-Wasserstraße für 1993 dargestellt wurden, schließt sich die Fragestellung an, über welche landseitigen Ziel- und Quellorte die an der Hafenmauer umgeschlagenen Güter im Umland des Nürnberger Hafens verfügen. Zu betonen ist in diesem Zusammenhang, daß nicht das gesamte Verkehrsaufkommen des als Güterverkehrszentrum fungierenden Nürnberger Hafens, sondern nur das Güteraufkommen zugrunde gelegt wird, welches auch wirklich einen Vor- oder Nachlauf mit dem Binnenschiff erfährt. Bereinigt werden muß, wie bereits angesprochen wurde, das Gesamtgüteraufkommen um den Teil der Güter, der auf dem Hafengelände nur zwischengelagert wird, um dann wiederum per Binnenschiff weitertransportiert zu werden. Bei der Untersuchung dieser gebrochenen Binnenschiffahrtsverkehre bildet im Hafenstandort Nürnberg die Zwischenlagerung von Eisenerz die einzige in dieser Form relevante Größe.

Mittels der von der Hafenverwaltung zur Verfügung gestellten Datengrundlagen konnten für 1993 folgende Umlandbeziehungen ermittelt werden: Rund 58% der gesamten umgeschlagenen Tonnage verblieb vorübergehend auf dem Hafengelände. Dabei wurden vorwiegend Lagerfunktionen in Anspruch genommen, Veredelungen oder Weiterverarbeitungen vollzogen. Weitere 21% des Umschlagsgutes entstammte dem Großraum Nürnberg bzw. wurde dorthin verbracht. Überregional von Bedeutung sind im landseitigen Ziel- und Quellverkehr für den Hafenstandort Nürnberg insbesondere die Oberpfalz mit rund 5% des gesamten Umschlagsaufkommens, Schwaben mit knapp 4% und die Republik Österreich mit 2,4%. Niederbayern, Oberbayern, Oberfranken und Unterfranken kumuliert bilden einen Anteil von ca. 5%. Baden-Württemberg bildet, bei einem ausgewogenen Verhältnis von Güterempfang und Güterversand einen Anteil von 1,3%. Marginale Größen entstehen durch den landseitigen Ziel- oder Quellverkehr mit der Tschechischen Republik oder mit Norddeutschland. Verkehre mit den Neuen Bundesländern vom oder zum Nürnberger Hafen erfolgten 1993 überhaupt nicht. Zusammenfassend läßt sich der Einzugsbereich des Nürnberger Hafens für nahezu 95% des Umschlagsaufkommens, bei einem deutlichen regionalen Schwerpunkt auf Nürnberg selbst, mittels der Eckpunkte Bayreuth, Weiden, Schwandorf, Eichstätt, Ansbach, Bad Windsheim und Bamberg definieren (vgl. Karte 8).

Man kann festhalten, daß der Hafen Nürnberg über ein, verglichen mit anderen bayerischen Binnenhäfen, sehr großes landseitiges Einzugsgebiet verfügt. Eine gute Anbindung des Hafens an das überregionale Straßen- und Schienennetz und eine moderne Hafenanlage mit kapazitätsstarken Umschlagseinrichtungen bilden dafür die zentralen Voraussetzungen. Bezüglich des Containerumschlags von Binnenschiffen nimmt Nürnberg gegenwärtig eine untergeordnete Position ein. Im gesamten Jahr 1993 wurden wasserseitig weniger als 50 Container umgeschlagen.[1] Auch bezüglich der Schwimmenden Landstraße besteht seitens der Hafenverwaltung und des Bayerischen Lloyd gegenwärtig betonte Zurückhaltung. Konzeptionell stand die Verlängerung der Schwimmenden Landstraße vom bulgarischen Vidin über die bisherigen Zielorte Passau-Schalding und Regensburg bis nach Nürnberg bereits vor der Realisierung. Auf Grund der Krise im ehemaligen Jugoslawien ist das Vorhaben bis auf weiteres ausgesetzt. Entsprechend wird die Ro/Ro-Rampe im südlichen Teil der Hafenanlage bisher nur bei der Verladung von Schwergut auf Schwerlastschiffe genutzt. Im Jahre 1993 wurden auf diese Art erstmals mehr als 10 000 t umgeschlagen.[2] Zu 80-90% besteht die Ladung aus Großtransformatoren der nahegelegenen Siemens Trafo-Union. Anzumerken ist dabei, daß die Trafo-Union im Großraum Nürnberg traditionell zu den bedeutendsten Nachfragern von

---

[1] Anfrage bei der Hafenverwaltung Nürnberg am 27.6. 1994.
[2] Rd. 100 Schwerguttransporte mit einer durchschnittlichen Tonnage von 100 t wurden 1993 via Nürnberg vollzogen.

Schiffsraum zählt. Nachdrücklich wurde insbesondere in den 60er Jahren seitens der Unternehmensleitung wegen der unumgänglichen Schwerstguttransporte der Bau des Main-Donau-Kanals gefordert. Ein Verzicht auf den Anschluß der Stadt Nürnberg hätte nach Aussage der Unternehmensleitung zu einer Schließung des Standortes Nürnberg geführt. In diesem spezifischen Fall ist der Bau der künstlichen Wasserstraße bis Nürnberg folglich auch als strukturpolitische Maßnahme zu werten.

### 6.2.6. Roth

Setzt man vom Nürnberger Hafen die Fahrt auf dem Main-Donau-Kanal fort, so erreicht man nach Passieren der Schleusen Eibach und Leerstetten bei Kanalkilometer 91,1 den Hafen Roth. Mit einem Umschlagsaufkommen von 2 188 t im Jahr 1993 bildet der kleine, erst 1990 in Betrieb genommene Staatshafen Roth den umschlagsärmsten öffentlichen Binnenhafen in Bayern. Von den 17 Schiffen, die in Roth 1993 Ladung löschten oder luden[1], fand kein einziges seinen Weg über die neueröffnete Südrampe des Kanals. Bezüglich der Art der umgeschlagenen Güter dominierten 1993 Randsteine (rd. 1 400 t), die aus Bremen kommend Roth erreichten, um von dort zur Firma H&P Gabler OHG in das rund 12 km entfernte Schwanstetten verbracht zu werden. Daneben wurden 25 Behälter gelöscht, die per LKW zu Brauereien ins tschechische Pilsen gefahren wurden. Demgegenüber stehen im Versand nur marginale 19 t, die sich aus Kesseln aus Nürnberger Herstellung zusammensetzten und nach Frankfurt und Worms verschifft wurden.[2] Auf eine Darstellung des landseitigen Einzugsbereiches des Staatshafens Roth wird verzichtet, da das Umschlagsaufkommen vernachlässigbar gering ist und die vorübergehenden Transporte in die Tschechische Republik eine Verzerrung des Einzugsbereiches des Hafenstandortes herbeiführen würden. Ein vorübergehendes punktuelles Ladungsaufkommen von rund 600 t erscheint nicht ausreichend, um einen entsprechenden Einzugsbereich zu definieren.

### 6.2.7. Dietfurt

Gelegen bei Kanalkilometer 137,5, bildet die Lände Dietfurt die südöstlichste Hafenanlage für die Güterschiffahrt entlang des Main-Donau-Kanals. Die Umschlagsentwicklung an der erst am 1.1. 1993 offiziell in Betrieb genommenen und nur 220 m langen Güterlände ist äußerst positiv einzuschätzen. Bereits im ersten Betriebsjahr der Hafenanlage konnten 86. 000 t Güter in dem kommunal verwalteten Hafen umgeschlagen werden. Die Umschlagserwartungen für das Jahr 1994 belaufen sich auf rd. 125 000 t.[3] Gemäß des von der Landwirtschaft geprägten Einzugsbereiches der Stadt Dietfurt dominieren im Güterumschlag am Hafen bisher primär der Versand von Getreide und der Empfang von Dünge- und Futtermitteln. Im ersten Betriebsjahr 1993 verhielt sich die Relation von Empfang zu Versand wie 3:7. Von der Lände Dietfurt wurden dabei insbesondere Weizen, Gerste, aber auch Roggen verschifft. Dem Versand von Getreide standen 1993 der Empfang von Düngemitteln sowie der Bezug von Futtermitteln aus dem Rheinstromgebiet gegenüber. Im ersten Halbjahr 1994 konnte die Imparität zwischen Güterversand und -empfang an der Lände Dietfurt durch die Akquisition neuer Gütergruppen beseitigt werden.

Interessant ist in diesem Zusammenhang, daß seitens der Hafenverwaltung das Wachstumspotential des Hafenstandortes Dietfurt in Bezug auf den Versand von Getreide bereits in der Anlaufphase des Kanalbetriebs als nahezu ausgeschöpft eingeschätzt wird. Dies wird mit der überaus effizienten Kundenakquisition im Vorfeld der Kanaleröffnung durch die Hafenverwaltung begründet, sowie durch den ersten aktiven Hafenansiedler, das Lagerhaus Eibl[4]. Dies hatte allerdings zur Folge, daß der landseitige Einzugsbereich

---

[1] Bayerische Landeshafenverwaltung (Hrsg.): Wirtschaftsstandorte mit Zukunft: Die Bayerischen Staatshäfen - Statistik, Infrastruktur, Ausstattung, o.O. 1994.

[2] Informationsgespräch mit Herrn Pieger von der Hafenverwaltung Staatshafen Nürnberg und Staatshafen Roth am 2.9. und 5.9. 1994.

[3] Gespräch mit Herrn Ernst Dietlmeier, Verwaltungsamtsrat in der Hafenverwaltung der Stadt Dietfurt a.d. Altmühl vom 23.6. 1994 in Dietfurt.

[4] Das Lagerhaus Eibl ist ein von der Bundesanstalt für Landwirtschaftliche Marktordnung (BALM) anerkanntes wasserorientiertes Lager für Interventionsgetreide. Somit ist der Standort Dietfurt für den wasserseitigen Ex-
(Fortsetzung...)

des Hafenstandortes für den Bezug von Getreide bereits ausgeschöpft ist. Daß eine Vergrößerung des landseitigen Einzugsbereiches durch eine Verlängerung des Straßenvorlaufes den Preisvorteil des Wasserstraßentransportes jedoch überkompensieren würde, wird im Laufe dieses Kapitel noch dargestellt. Bisher ungenutzte Wachstumschancen hingegen werden im Umschlag von Massengütern für den sekundären Sektor vermutet. So wird seit April 1994 in Dietfurt beispielsweise Schlacke aus den Linzer Hochöfen gelöscht. Im April, Mai und Anfang Juni beliefen sich die Schlackelieferungen auf nahezu 1 000 t wöchentlich. Vom Hafen Dietfurt wird die Hochofenschlacke mit LKW in das rund 60 km entfernte Solnhofen transportiert, um dort der Zementherstellung zu dienen. Noch im Juni diesen Jahres hoffte man, gemäß der Einschätzung der Hafenverwaltung, daß sich der Schlackeumschlag 1994 bereits in einer Größenordnung von 25 - 30 000 t einpendeln könne.[1] Bedingt durch die starke Trockenheit während der Sommermonate dieses Jahres sank der Wasserstand der Donau zwischen Straubing und Vilshofen aber in einem Maße ab, daß die aus Linz kommenden Frachter oftmals nur 50% der sonst üblichen Tonnage laden konnten. Da dies zu einer erheblichen Verteuerung der Transporte führte, wurde im Juli und in der ersten Augusthälfte kaum Hochofenschlacke in Dietfurt gelöscht. Entsprechend reduzierten sich die Umschlagserwartungen der Hafenverwaltung für dieses Transportgut auf rd. 15 000 t für 1994.[2] Seit Anfang August erfolgt mit dem Umschlag von Kies aus Flußbaggerungen für die örtliche Bauindustrie eine weitere Diversifikation der Güterstruktur an der Lände Dietfurt. Im Jahresmittel wird dabei mit einem Umschlagsaufkommen von etwa 20 000 t gerechnet.[3]

Als Zwischenergebnis läßt sich festhalten, daß die Lände Dietfurt seit ihrer Eröffnung zu Jahresbeginn 1993, aus dem Stand über ein beträchtliches Umschlagsaufkommen verfügt. Zu begründen ist dies insbesondere durch den Umstand, daß Dietfurt auf dem rd. 80 km langen Abschnitt der Rhein-Main-Donau-Großschiffahrtstraße zwischen den Städten Roth und Kelheim den einzigen betriebsbereiten Hafen vorhält. Vergleichsweise weit entfernt von konkurrierenden Hafenstandorten entwickelte sich die Lände Dietfurt daher bereits in ihrem ersten Betriebsjahr zu einem Kristallisationspunkt für den Umschlag landwirtschaftlicher Güter. Aufbauend darauf ist seit April 1994 eine gewisse Diversifikation der Güterstruktur erkennbar, die mit dem Empfang von Hochofenschlacke und Kies entscheidend zu einem paritätischen Verhältnis von wasserseitigem Güterempfang und -versand beigetragen hat.

Analysen des landseitigen Vor- bzw. Nachlaufs der an der Dietfurter Lände umgeschlagenen Güter ergaben bisher Verkehrsverflechtungen mit dem nördlichen Landkreis Eichstätt, dem südlichen Landkreis Neumarkt (Opf.) und dem westlichen Landkreis Regensburg mit den Orten Beratzhausen und Hemau. Damit ist ein Halbkreis mit einem Außenradius von 30 km um die Stadt Dietfurt erkennbar. Mehrheitlich ist aber das Frachtaufkommen, das in Dietfurt umgeschlagen wird, bisher nicht weiter als 20 km Luftlinie vom Hafenstandort entfernt. Einzige Ausnahme bildet der Versand der Hochofenschlacke in das westlich von Eichstätt im Altmühltal gelegene Solnhofen, das auf der Straße rund 60 km und in der Luft rund 46 km entfernt ist. Die kartographische Darstellung (vgl. Karte 8) hat für die ersten eineinhalb Betriebsjahre der Lände Dietfurt Gültigkeit, für zukünftige Entwicklungen hingegen bildet sie nur eine Orientierungshilfe. Die Asymmetrie des Einzugsbereiches der Lände Dietfurt verdeutlicht bildhaft die stark von der Entfernung der einzelnen Hafenstandorte zueinander bedingte Konkurrenzsituation von Binnenhäfen. Während die Lände Dietfurt als einziger Güterumschlagplatz an der Südrampe des Main-Donau-Kanals frei von wasserseitigen Mitbewerbern ist, bildet der umschlagsstarke Hafen Kelheim/Saal in nur 34 Wasserstraßenkilometer Entfernung einen potenten Konkurrenten.

---

[4](...Fortsetzung)
port aus EU-Beständen prädestiniert. Vgl. dazu o.V.: RMD-Kanal: Start an der Lände Dietfurt. In: Schiffahrt und Strom, Folge 141, Dezember 1992, S.9.
[1]Gespräch mit Herrn Ernst Dietlmeier von der Hafenverwaltung der Stadt Dietfurt am 23.6. 1994.
[2]Gespräch mit Herrn Dietlmeier am 16.8. 1994.
[3]o.V.: Umschlagslände Dietfurt expandiert: Güterdurchsatz +50%. In: Verkehr - Die internationale Wochenzeitung der Verkehrswirtschaft, Nr.31 vom 5.8. 1994, S.11.

## 6.2.8. Zwischenergebnis

Grundlegend müssen bei einer Untersuchung der Häfen am Main-Donau-Kanal gemäß wirtschaftsgeographischer Kriterien zwei Regionen unterschieden werden. Als Unterscheidungsmerkmal fungiert dabei die europäische Wasserscheide. Während die Hafenstädte Bamberg, Forchheim, Erlangen, Fürth, Nürnberg und Roth hydrologisch dem Rheinstromgebiet zuzuordnen sind, liegt die Stadt Dietfurt bereits im hydrologischen Einzugsgebiet der Donau. Schiffahrtsrechtlich wird diese Differenzierung nicht vollzogen. Hier gilt der Main-Donau-Kanal in seiner gesamten Länge als Bestandteil des Rheinstromgebietes. Bezogen auf die zentrale Fragestellung nach den seit dem 25.9. 1992 induzierten Verkehrsverflechtungen zwischen den Häfen des Rheinstromgebietes und den Häfen an der Donau ergibt sich für die Dietfurter Lände eine gewisse Sonderstellung. Im ersten Kalenderjahr der durchgängig befahrbaren Main-Donau-Wasserstraße zeigt sich für die Häfen zwischen Bamberg und Roth in Bezug auf die wasserseitigen Verkehrsverflechtungen mit dem Donauraum ein bedeutend heterogeneres Ergebnis, als dies bei den besprochenen Mainhäfen der Fall gewesen ist. Dabei reicht das Spektrum vom Fehlen jedweder wasserseitiger Verkehrsverflechtung im Falle von Erlangen und Roth bis hin zu einem Anteil von 16% am wasserseitigen Güterumschlag im Falle des Hafens Fürth. Der nachfolgenden tabellarischen Aufstellung kann der Güterumschlag ausgewählter Häfen am Main-Donau-Kanal mit den Donauhäfen entnommen werden.

|  | **Umschlag 1993** | **% Donauhäfen** | **Güterart** |
|---|---|---|---|
| Bamberg | 850 000 t | 7,3% | Empfang: rd. 45 000 t insbesondere Kunstdünger aus Budapest<br>Versand: rd. 17 000 t |
| Forchheim | 13 000 t | 8% | Empfang: Kunstdünger aus Linz<br>Versand: - |
| Erlangen | 160 000 t | 0% | |
| Fürth | 125 000 t | 16% | Empfang: rd. 18 500 t Kunstdünger aus Linz u.1 600 t Bleche aus den Häfen Linz, Budapest und Dunaujvaros.<br>Versand: 255 t geleichtertes Eisenerz nach Linz. |
| Nürnberg | 1 053 000 t | 10% | Empfang: primär Düngemittel (rd. 30 000 t), Schlakkensand (rd. 10 000 t), Koks (rd. 5 000 t) und Sonnenblumenkerne (rd. 4 000 t)<br>Versand: rd. 50 000 t geleichtertes Eisenerz mit dem Bestimmungsort Linz |
| Roth | 2 188 t | 0% | |

Faßt man die Verkehrsverflechtungen der ausgewählten Häfen am Main-Donau-Kanal über die neugeschaffene Südrampe des Kanals zusammen, so lassen sich die Untersuchungsergebnisse auch graphisch (vgl. Abb. 7) darstellen.

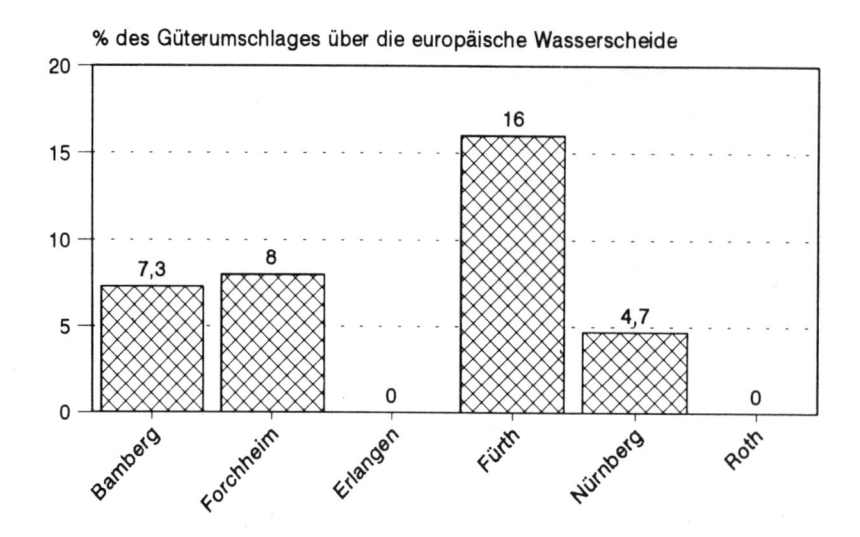

% des Güterumschlages über die europäische Wasserscheide

| Bamberg | Forchheim | Erlangen | Fürth | Nürnberg | Roth |
|---------|-----------|----------|-------|----------|------|
| 7,3     | 8         | 0        | 16    | 4,7      | 0    |

Abb. 7: Verflechtung der öffentlichen Häfen am Main-Donau-Kanal mit den Häfen an der Donau

Hinsichtlich der Lände der Stadt Dietfurt erscheint es aus den zuvor genannten Gründen zweckmäßig, auf eine Integration in dieses Schema zu verzichten. Faßt man die Ergebnisse dieser Gegenüberstellung zusammen, so ist bezüglich der transportierten Güter eine erhebliche Dominanz beim Bezug von Düngemitteln und beim Versand von geleichtertem Eisenerz erkennbar. Betrachtet man das absolute Güteraufkommen zwischen den Häfen am Main-Donau-Kanal und an der Donau, so bilden einerseits die Häfen Nürnberg und Bamberg sowie anderseits die Häfen Linz und Budapest die umschlagsstärksten Hafenstandorte. Die Häfen Erlangen und Roth hingegen haben sich im ersten Kalenderjahr nach der Eröffnung der Südrampe des Kanals wasserseitig noch nicht nach Südosten orientiert. Bezüglich der landseitigen Einzugsbereiche der Binnenhäfen am Main-Donau-Kanal ergeben sich, ebenfalls für das Kalenderjahr 1993, die in Karte 8 gezeigten Verkehrsbeziehungen. Als quantitatives Kriterium wurde dabei angesetzt, rund 95% des landseitigen Versand- bzw. Empfangsaufkommens zu erfassen.

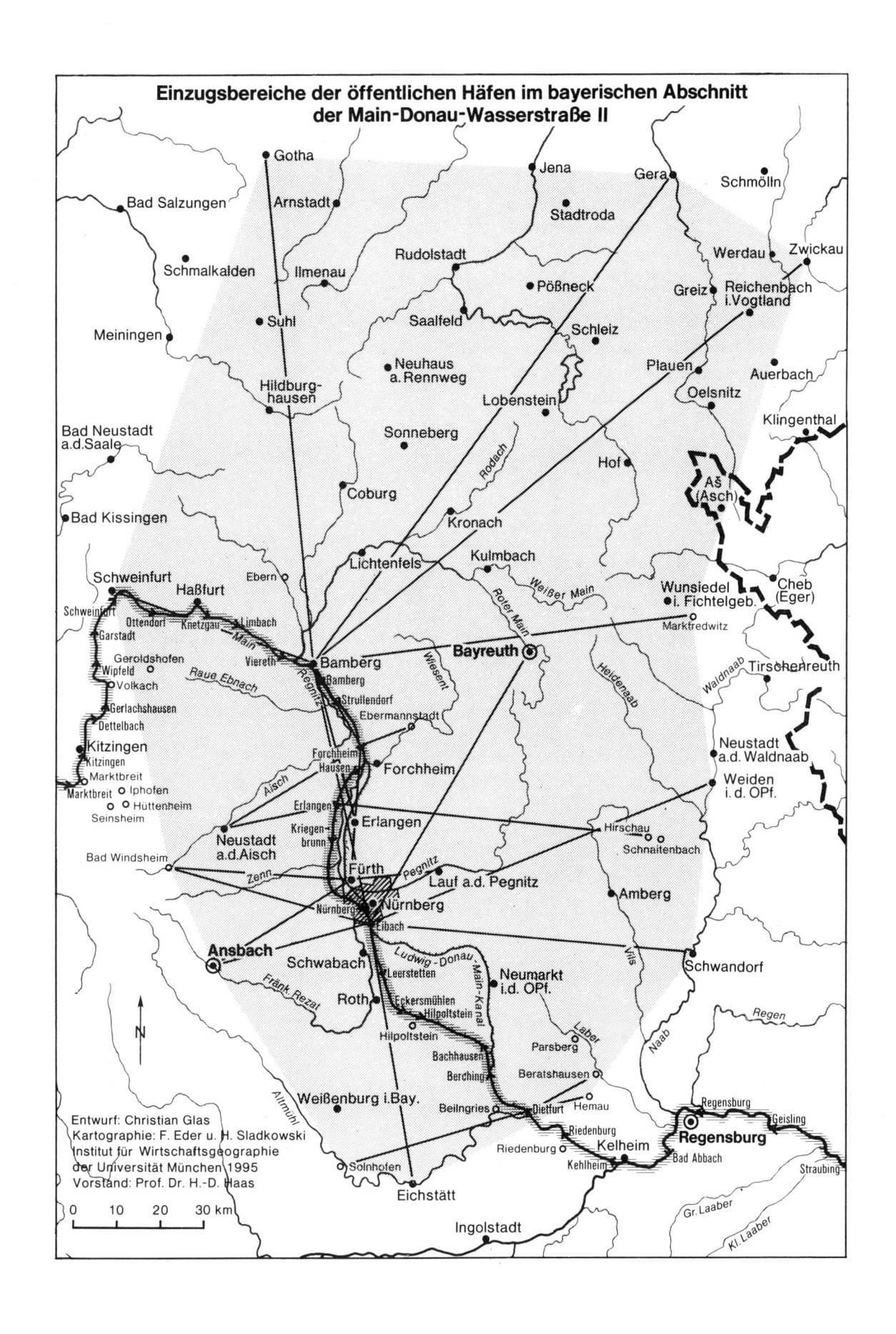

Karte 8: Einzugsbereiche der öffentlichen Häfen im bayerischen Abschnitt der Main-Donau-Wasserstraße (II)

## 6.3. Die Donau-Häfen

Nach 171 km endet der Main-Donau-Kanal unterhalb der Befreiungshalle innerhalb der Gemarkung der Stadt Kelheim. Binnenschiffe, die sich von Rhein oder Main kommend, von der Scheitelhaltung des Kanals talwärts schleusen lassen, erreichen bei Donaukilometer 2411 in Kelheim-Saal den ersten Güterhafen an der Donau. Dabei ist zu beachten, daß sich die Kilometrierung ändert, da die Messung des Flußlaufes der Donau - im Gegensatz zu Rhein und Main - nicht an ihrer Quelle in Württemberg, sondern an der Mündung des Schwarzen Meeres ihren Anfang findet.

Beginnend mit dem Hafen Kelheim führt die Untersuchung flußabwärts über Regensburg, den künftigen Hafen Straubing und über Deggendorf bis hin zur Dreiflüssestadt Passau. Der mittlere Abstand zwischen diesen Donauhäfen beträgt rund 43 km und ist damit mehr als doppelt so groß wie der Abstand zwischen den Häfen am Main-Donau-Kanal, in denen gegenwärtig Güter umgeschlagen werden. Zielsetzung der nachfolgenden Ausführungen ist es, den Einfluß der Eröffnung des Main-Donau-Kanals auf das Güteraufkommen und die landseitigen Einzugsbereiche der zukünftig 5 Hafenstädte in Niederbayern und der Oberpfalz zu spezifizieren.

### 6.3.1. Kelheim

Mit seiner Lage bei Donaukilometer 2411,0 bildet der 1978 eröffnete Hafen Kelheim den westlichsten Donauhafen an der Rhein-Main-Donau-Transversale. Als Eigentümer und Betreiber des Hafens fungiert, als Körperschaft des öffentlichen Rechts, der Zweckverband Häfen im Landkreis Kelheim. Das Hafengebiet umfaßt ohne Straßen, Gleisanlagen, Hafenbecken und Grünanlagen eine nutzbare Fläche von 35 ha. Gegenwärtig sind auf dem Gelände 12 Betriebe mit gesamt rund 200 Arbeitsplätzen angesiedelt. Nur 6 dieser Betriebe sind hafenaffin. Der Hafenstandort Kelheim ist dabei von der Besonderheit gekennzeichnet, daß ausschließlich 3 dieser 6 Ansiedler 1993 und im ersten Halbjahr 1994 direkten wasserseitigen Umschlag vollzogen haben.[1] Der Pachtzins für die Hafenfläche liegt bei Neuverträgen im Jahr 1994 bei rund 7 DM/qm und Jahr und ist damit bedeutend niedriger als die Pachtsätze in den bayerischen Staatshäfen. Der Hafen Kelheim ist aus bayerischer Sicht zweifelsfrei einer der größten Nutznießer der seit dem 25.9. 1992 durchgängig befahrbaren Rhein-Main-Donau-Wasserstraße. Folgende Kennzahlen belegen diese Aussage:

- Bereits im 4. Quartal 1992 wurden in Kelheim 120 Schiffe abgefertigt, die den Kanal erstmals nutzten. Das Ladungsaufkommen dieser Neuverkehre belief sich auf 91 259 t. Hiervon löschten 41 ankommende Schiffe eine Tonnage von 30 314 t und 79 Schiffe mit einer Zuladung von 60 945 t verließen den Hafen.[2]

-Bezüglich des wasserseitigen Empfangs und Versands erreichte der Hafen Kelheim im Kalenderjahr 1992, primär bedingt durch den neuen Verkehrsweg nach Nordwesten, mit einem Nettoumschlag von 278 976 t[3] sein bis dahin bestes Umschlagsergebnis.

---

[1] Anfrage des Bayerischen Staatsministeriums für Wirtschaft und Verkehr vom 19.10. 1993 Nr.8834 - VII/7 - 48 691, München 1993, sowie Gespräch mit dem Geschäftsführer des Zweckverbandes Häfen im Landkreis Kelheim, Herrn D. Kalmer am 23.6. 1994.

[2] Heilmeier, K.: Kelheimer Umschlag 1992 - Eröffnung des Kanals brachte deutliche Steigerung. In: Binnenschiffahrt - Zeitschrift für Binnenschiffahrt und Wasserstraßen, Nr.9 - Mai 1993, S.27.

[3] Bei der Analyse des Güterumschlages im Hafen Kelheim ist es zielführend, die Ergebnisse der Hafenstatistik um den Kiesumschlag zu bereinigen, weil sich im Bereich des Zusammenflusses von Altmühl und Donau über Dekaden hinweg eine Geschiebemenge von rund 1 Mill. t Flußkies angesammelt hat. Seit dem Jahr 1983 wird dieser Kies von der in Regensburg ansässigen Firma Almer ausgebaggert, im Hafen Kelheim entladen und von dort per Lkw zur Weiterverarbeitung verbracht. Diese äußerst tonnageintensive Sonderform des Lokalverkehrs mit Baggerschiffen wird mit Erschöpfung der Kiesvorkommen in der Sohle der Donau in den kommenden Jahren zu Ende gehen. Das Einbeziehen dieses Sonderfaktors Kies würde die effektiven Umschlagsmengen nur verfälschen, da es sich dabei primär um eine wasserbauliche Maßnahme und weniger um eine klassische Verkehrsleistung handelt. Vgl. dazu auch Zweckverband Häfen im Landkreis Kelheim: Interne Wasserankunfts- und Abgangsverkehrsstatistik, Fortschreibung 1994, Kelheim 1994.

- Diese Entwicklung setzte sich im Kalenderjahr 1993 noch dynamischer fort. Mit einem wasserseitigen Nettoumschlag von 621 639 t (incl. Kies 792 885 t) erzielte der Hafen Kelheim 1993 ein neues Rekordergebnis. Gegenüber dem Vorjahr, als die Verkehrsrelation ins Rheinstromgebiet erst für rund drei Monate befahrbar war, nahm die bereinigte Umschlagsmenge um 342 663 t bzw. 112% zu. Rund 400 000 t wurden nach bzw. aus Westen abgefertigt. Mit Ausnahme von chemischen Erzeugnissen sowie Stückgütern waren alle Gütergruppen von kräftigen Wachstumsraten gekennzeichnet. Auffallende Steigerungen verzeichnen land- und forstwirtschaftliche Erzeugnisse (plus 67 660 t bzw. 142,6%; primär Getreide aus dem Umland des Hafens, das mehrheitlich in das Rheinstromgebiet verschifft wird), Nahrungs- und Futtermittel (plus 115 380 t bzw. 300% - hier dominieren Sonnenblumenkerne aus Ungarn, die in die Benelux-Staaten weiterverschifft wurden)[1] sowie Erz und Metallabfälle (plus 81. 662 t bzw. 795%). Letztere Steigerung rührt zu rund zwei Dritteln vom Umschlag von brasilianischem Eisenerz her, das auf seinem Binnenschiffstransport von Rotterdam nach Linz in einem gewissen Umfang in Kelheim zwischengelagert wird, sowie zu rund einem Drittel vom Versand von Metallabfällen über die Rheinschiene nach Pakistan.

- Ungebremst setzte sich diese Entwicklungstendenz auch im ersten Halbjahr 1994 fort. In den ersten 6 Monaten erfolgte, bereinigt um den direkten Schiff/Schiff-Umschlag[2] und den Kiesumschlag, ein Nettogüterumschlag von rund 400 000 t. Ein Gesamtergebnis von bis zu 800 000 t für das Kalenderjahr 1994 wird seitens der Geschäftsführung des Hafenzweckverbandes als realistisch eingeschätzt.[3]

Als Zwischenergebnis läßt sich festhalten, daß der Hafen Kelheim seit der Eröffnung des Main-Donau-Kanals einen beachtlichen Umschlagboom verzeichnet. Im kumulierten Ergebnis von Ende September 1992 bis Ende Juni 1994 dominiert bezüglich der Tonnage mit rund 65% der Verkehr über die europäische Wasserscheide hinweg. Für den Hafenstandort Kelheim kann man von einer sich äußerst rasch entwickelnden Westorientierung der Verkehrsströme sprechen. Nur etwa 35% des Güterumschlages erfolgen nach Aussage des Geschäftsführers des Hafenzweckverbandes Herrn Kalmer im Donauverkehr. Dabei ist hervorzuheben, daß sich sowohl im West- als auch im Ostverkehr Versand und Empfang in etwa die Waage halten.

Richtet man den Blick auf die Einschätzung zukünftiger Entwicklungspotentiale des Kelheimer Hafens, so ist eine kritische Beurteilung einer Vielzahl von Determinanten notwendig: Die Jugoslawienkrise, mögliche Entwicklungstendenzen im gebrochenen Schiff/Schiff-Verkehr und die sich im permanenten Wandel befindende Struktur der im Kelheimer Hafen umgeschlagenen Güter.

Gemäß dem Verkehrsaufkommen zwischen dem Hafenstandort Kelheim und den flußabwärts der ungarisch-serbischen Grenze gelegenen Donauhäfen in den vergangenen 10 Jahren, ist es annäherungsweise möglich, den Tonnageausfall durch die Jugoslawienkrise für den Kelheimer Hafen zu beziffern. Der Geschäftsführer des Hafenzweckverbandes Herr Kalmer geht dabei von einer Größenordnung in Höhe von 50 000 - 100 000 Jahrestonnen aus. Traditionell dominierten, bezogen auf die Ziel- und Quellregionen des wasserseitigen Verkehrsaufkommens des Kelheimer Hafens bis zur Kanaleröffnung, primär Österreich und das ehemalige Jugoslawien. Donauverkehre von und nach Ungarn, Rumänien, Bulgarien oder der ehemaligen Sowjetunion wurden hingegen auch vor der Jugoslawienkrise nur in äußerst geringem Maße vollzogen. Den Hintergrund dieser Situation bildete der Umstand, daß die Bundesrepublik Deutschland die Donau ab Regensburg stromaufwärts bis 1992 als nationale Wasserstraße definierte.[4] Dies hatte zur

---

[1] o.V. Binnenschiffahrt - Zeitschrift für Binnenschiffahrt und Wasserstraßen Nr.7/8 - April 1993, S.48.

[2] Als direkter Schiff/Schiff-Umschlag wird branchenüblich der Güterumschlag definiert, der ohne landseitige Zwischenlagerung der Ware erfolgt.

[3] Von Interesse ist in diesem Zusammenhang die für Verkehrsprognosen ungewöhnliche Vorhersagesicherheit einer im Jahre 1974 veröffentlichten Studie der zur Kienbaum Beratungsgruppe gehörenden Intertraffic GmbH. Diese als Entscheidungshilfe seitens der Obersten Baubehörde im Bayerischen Staatsministerium des Innern in Auftrag gegebene Studie zur ökonomischen Beurteilung des Hafenprojekts bezifferte die unmittelbar nach der Kanaleröffnung im Hafen Kelheim umgeschlagene Gütermenge auf rund 765 000 t. Vgl. dazu: Intertraffic GmbH (Hrsg.): Kosten-Nutzen-Untersuchung für einen Hafen Kelheim. Düsseldorf/München 1974, S.28.

[4] Bis zum heutigen Tag ist die Bundesrepublik Deutschland kein Mitglied der in Budapest tagenden Donaukommission, deren Legitimation auf der Belgrader Akte aus dem Jahre 1948 beruht. Diese Situation ermöglicht es der Bundesrepublik, den völkerrechtlichen Status der Donau innerhalb des deutschen Staatsgebietes in einem gewissen Umfang eigenständig zu definieren.

Folge, daß der Hafen Kelheim von den Flotten des ehemaligen Ostblocks kaum angesteuert wurde. Das blockfreie Jugoslawien hingegen bildete vom Zeitpunkt der Hafeneröffnung an die Ausnahme. Folglich entwickelten sich zwischen Kelheim und den jugoslawischen Donauhäfen wichtige Handelsverflechtungen, die momentan kriegsbedingt unterbrochen sind. Nach Ende der militärischen Auseinandersetzungen im ehemaligen Jugoslawien ist davon auszugehen, daß diese traditionellen Handelsbeziehungen vergleichsweise rasch reaktiviert werden können.

Ein weiterer Aspekt, der das Ladungsaufkommen im Hafen Kelheim mittelfristig weiter steigern könnte, liegt in dem Umstand begründet, daß Kelheim die Schnittstelle zwischen dem Rheinstromgebiet und der Donau bildet. Die unterschiedlichen, den Stromsystemen angepaßten Schiffstypen, aber auch divergierende Rechtsvorschriften und Patente lassen bereits in den Jahren 1993 und 1994 eine deutlich zunehmende Tendenz zu einem gebrochenem Schiff/Schiffsverkehr in Kelheim erkennen. Zwischen- bzw. auch Pufferlagerung der Güter in Kelheim ist zumeist die Folge. Diese Tendenz wird sich nach dem Ende der Donaublockaden in Serbien noch verstärkt fortsetzen, da es vielen - teilweise noch aus der Zeit der Österreichisch-Ungarischen Monarchie stammenden rumänischen, bulgarischen oder ukrainischen Schiffen aufgrund ungenügender technischer Standards verwehrt bleiben wird, das Rheinstromgebiet zu befahren.

Ein dritter wesentlicher Aspekt zur Beurteilung des künftigen Umschlagsaufkommens ist in der schiffsaffinen Güterstruktur des landseitigen Ziel- und Quellverkehrs im Einzugsbereich des Kelheimer Hafens zu suchen. Charakteristisch für den Hafen Kelheim ist ein Wandel in der Güterstruktur, der sich nachhaltig in einem sich permanent ändernden landseitigen Einzugsbereich des Hafenstandortes widerspiegelt. Anhand zweier relevanter Gütergruppen soll diese Dynamik skizziert werden. Exemplarisch ausgewählt wurden dabei der Umschlag der Kelheimer Südchemie sowie Zementlieferungen nach Rosenheim. Während, nach Aussage des Geschäftsführers des Hafenzweckverbandes die unmittelbar an das Hafengelände angrenzende Südchemie AG in den Anfangsjahren des Hafens zu rd. 80% am gesamten Güterumschlag beteiligt war, reduzierte sich ihr Umschlaganteil in den vergangenen Jahren auf 5% bis maximal 10%. Seit 1993 treffen in Kelheim gar keine Schwefelkieslieferungen mehr ein, obwohl diese noch Mitte der 80er Jahre wesentlich zum Güterumschlag im Hafen beigetragen haben. Begründet wird dies in dem Umstand, daß der Empfänger Südchemie im Werk Kelheim seine Schwefelsäureerzeugung auf der Grundlage der Pyritröstung eingestellt hat. Eingestellt wurde ebenso die in Bezug auf das Transportaufkommen schiffsaffine Düngemittelherstellung in Kelheim. Dabei wurde noch 1988 dem Transport von marokkanischem Rohphosphat über Rhein-Main-Donau-Wasserstraße seitens der Süd-Chemie AG eine erhebliche unternehmenspolitische Bedeutung beigemessen.[1]

Veränderungen in der industriellen Struktur des Standortes Kelheim lassen gegenwärtig auch Aufträge anderer schiffsaffiner Verlader in unmittelbarer Nähe des Hafens wegbrechen. So entgeht auf Grund der Betriebsschließung der Papierfertigung der Bayerischen Zellstoff dem Kelheimer Hafen ein jährliches Umschlagsvolumen von 30 000 - 40 000 t.[2] Retrospektiv ist daran zu erinnern, daß die Entscheidung, in Kelheim einen Hafen zu bauen, mehrheitlich aus strukturpolitischen Überlegungen zu Verbesserung der Standortgunst der Kelheimer Chemie- und Papierindustrie erfolgte. Es läßt sich feststellen, daß das Oberziel beim Bau eines Binnenhafens, nämlich der heimischen Wirtschaft günstige Transportmöglichkeiten anzubieten, somit auch zur Ansiedlung neuer Betriebe beizutragen und dadurch die gesamte ökonomische Struktur in diesem Raum zu verbessern, häufig durch veränderte technologische, preispolitische oder auch konjunkturelle Rahmenbedingungen überlagert wird. Dies ist auch in Kelheim der Fall.

Überkompensiert wurden die genannten Ladungsverluste durch neue Gütergruppen, die in Kelheim einen Umschlagshafen fanden. Exemplarisch soll in diesem Zusammenhang der wasserseitige Empfang von Zement, insbesondere aus der Slowakei, angesprochen werden. Gerade an diesem Beispiel läßt sich die Wechselhaftigkeit der Verkehrsströme in Hafenstandorten eingehend darstellen. In den Jahren 1988-1990

---

[1] Dietrich, K.: Aus der Sicht eines Verladers. In: Fertigstellung der Rhein-Donau-Verbindung 1992 - eine Region bereitet sich vor. Schriftenreihe der Industrie- und Handelskammer Regensburg, Heft 12, 1988, S.24.

[2] Gespräch mit der Geschäftsführer des Zweckverbandes der Häfen im Landkreis Kelheim Degenhard Kalmer am 23.6. 1994 in Kelheim.

wurden jeweils rund 150 000 t Zement aus der Slowakei und Ungarn über die Donau nach Bayern transportiert.[1] Rund ein Drittel dieses preiswerten Importzements wurde im Kelheimer Hafen gelöscht. Diese Anlieferungsmenge machte in diesem Zeitraum fast ein Viertel des gesamten Güterumschlages des Kelheimer Hafens aus.[2] Auf Grund unternehmensstrategischer Entscheidungen der Heidelberger Zement kamen 1991 die Zementtransporte via Binnenschiff nach Kelheim zum Erliegen. Die gleiche Situation betraf auch den Hafen Regensburg, während in Deggendorf 1991 noch Restmengen angeliefert wurden. Zur Jahresmitte 1992 wurden die Transporte per Binnenschiff durch ein anderes Unternehmen wieder aufgenommen, um kurz darauf, trotz einer projizierten jährlichen Umschlagsmenge von 100 000 t[3], wieder eingestellt zu werden. Seit dem 11.4. 1994 wird der Zementimport via Donau nach Kelheim mit einem Monatsdurchsatz von 10 000 t nun unter Federführung des Kelheimer Transport und Kontrollbüros (TKB) vollzogen.[4]

Zusammenfassend läßt sich sagen, daß das Güterverkehrsaufkommen bezüglich Gütermenge und Güterstruktur bereits seit rund 10 Jahren erheblichen Veränderungen unterworfen ist. Der Fall des Eisernen Vorhangs und die nun durchgehende Befahrbarkeit der Rhein-Main-Donau-Wasserstraße haben diese Entwicklung in großem Maße verstärkt. Charakteristisch für den Hafen sind nunmehr seine starke Westorientierung und die zunehmende Bedeutung des gebrochenen Schiff/Schiffsumschlag. Bezüglich des Entwicklungspotentials des Kelheimer Hafens prognostiziert man seitens der Hafenververwaltung, unter Einbeziehung der angesprochenen Determinanten, einen maximalen Güterumschlag von 1 Mio. t pro Jahr.[5]

Schwierig ist es, auf Grund des dargestellten Wandels in der Güterstruktur des Hafens Kelheim den landseitigen Einzugsbereich des Hafenstandortes festzulegen. Zu diesem Zwecke wurden am 27.6. 1994 bei den Hafenansiedlern, die wasserseitigen Güterumschlag betreiben, Betriebsbefragungen durchgeführt. Im gewählten Zeitraum vollzogen 3 Unternehmen den gesamten Umschlag von Schiffsgut im Kelheimer Hafen. Als Ansprechpartner dienten im Falle des Kelheimer Transport- und Kontrollbüros (TKB) der Geschäftsführer Herr Weider, Herr Osterhuber bei der Firma Lagerhaus Osterhuber und Herr Fichtel jun. bei der Firma Lagerhaus Fichtel. Aufgeschlüsselt nach landseitigem Empfang und Versand wurde anhand der Hauptgütergruppen der Einzugsbereich des Kelheimer Hafens ermittelt. Die Ergebnisse lassen sich dabei wie folgt zusammenfassen:
- Die Güter, die in Kelheim gelöscht werden, haben ihre landseitigen Zielorte primär innerhalb des Dreiecks Schwandorf, Mühldorf und Ingolstadt. Hauptgütergruppen bilden Dünge- und Futtermittel. Seit dem 18.7. 1994 treffen in Kelheim über die Rheinschiene auch Containertransporte mit südafrikanischem Zellstoff ein. Dabei handelt es sich wöchentlich um ca. 40 Container mit einem Ladungsgewicht von jeweils 21 t. Das projizierte jährliche Transportaufkommen an Zellstoff, das im - unmittelbar in Hafennähe gelegenen - Zellstoffwerk verbleibt, wird auf 50 000 t geschätzt.[6] Demgegenüber bildet Rosenheim das Zielgebiet von gegenwärtig rund 10 000 t monatlich in Kelheim umgeschlagenem Zement. Darüberhinaus

---

[1] Heilmeier, K.: Bootet Heidelberger Zement die Donauschiffahrt aus? In: Schiffahrt und Strom, Folge 138 März/April 1992, S.9.
[2] IFO-Institut für Wirtschaftsforschung (Hrsg.): Umschlagsperspektiven im Hafen Kelheim. München 1990, S.8f.
[3] Die als Verlader fungierende Firma Donau Zement hat zu diesem Zwecke in Umschlags- bzw. Siloanlagen in Kelheim und Bratislava rund 4 Mio. DM investiert. Vgl. o.V.: Wieder Zement auf der Donau. In: Verkehr Nr.23/1992, S.9.
[4] Heilmeier, K.: Wieder Zement auf der Donau. In: Binnenschiffahrt - Zeitschrift für Binnenschiffahrt und Wasserstraßen, Nr.9 - Mai 1994, S.19.
[5] Gespräch mit dem Geschäftsführer der Häfen im Landkreis Kelheim, Herrn Degenhard Kalmer, am 23.6. 1994 in Kelheim.
[6] o.V.: Neues Transportsubstrat für Main-Donau-Kanal. In: Verkehr - Internationale Wochenzeitung für Verkehrswirtschaft, vom 5.8. 1994, S.10. Ob diese Zellstofftransporte aber von Dauer sein werden, ist zum gegenwärtigen Zeitpunkt nicht absehbar. Zu begründen ist dies mit massiven Schwankungen der Weltmarktpreise für Zellstoff. So hat sich beispielsweise der Zellstoffpreis im Zeitraum zwischen September 1993 und August 1994 um 57% erhöht. Eine weitere Erhöhung der Bezugspreise könnte dabei die gegenwärtigen Bezugsmärkte erheblich verändern.

werden einige der in Kelheim durch die Firma TKB umgeschlagenen Güter auch in den Verdichtungsraum München transportiert.

- Bezüglich der Güter, die in Kelheim auf Binnenschiffe geladen werden, ergab sich im Betrachtungszeitraum ein räumlicher Schwerpunkt in dem Gebiet zwischen Donauwörth, Augsburg, München, Landshut und Kelheim. Aus dem Raum nördlich von Kelheim wurden hingegen kaum Güter verschifft. Im landseitigen Quellverkehr des Kelheimer Hafens dominierten landwirtschaftliche Erzeugnisse, insbesondere Weizen und Braugerste. Aus den Verdichtungsräumen Augsburg und München kommen vor allem Schlacken bzw. Erden, die zur Aufbereitung ins Ruhrgebiet verschifft werden.

Anzumerken ist in diesem Zusammenhang, daß das räumliche Einzugsgebiet von Kelheim vom wasserseitigen "Ost"- oder "Westverkehr" abhängig ist. Während der umschlagsstarke Regensburger Hafen nur 31 Donaukilometer entfernt ist, müssen zum Nürnberger Hafen[1] rund 100 km zurückgelegt werden. Diese unterschiedliche regionale Konkurrenzsituation hat eine gewisse Assymetrie des Einzugsbereiches zur Folge. Graphisch läßt sich, bei einer Kumulierung von Empfang und Versand, der Einzugsbereich des Hafens Kelheim im Betrachtungszeitraum so darstellen, wie in Karte 9 gezeigt. Richtungsweisend für den Hafen Kelheim ist seit 18.7 1994 die Integration in eine Containerlinie. Schwerstgutumschlag erfolgt auf Grund fehlender Umschlagseinrichtungen bisher nicht. Als ein neues Marktsegment interessant erscheint zweifellos der von der Firma Harms für Herbst 1994 geplante Umschlag von Pkw aus österreichischer und ungarischer Produktion. Eine gewisse Diversifikation der gegenwärtig nahezu ausschließlich von Schüttgütern bestimmten Güterstruktur könnte die Position Kelheims im Wettbewerb mit dem Regensburger Hafen sicherlich verbessern.

### 6.3.2. Regensburg

Der umschlagstärkste und flächenmäßig größte bayerische Hafen ist gegenwärtig mit sich derart rasch verändernden Rahmenbedingungen konfrontiert, wie bisher kaum in seiner traditionsreichen Geschichte. Der Verlust der Kopfhafenfunktion an der internationalen Wasserstraße, die Auswirkungen des Nationalitätenkonflikts im ehemaligen Jugoslawien auf den Donauverkehr, die erheblich zunehmende Konkurrenz durch den nur 30 km stromaufwärts gelegenen Kelheimer Hafen und der zukünftig neue Wettbewerber im 45 km stromabwärts gelegenen Hafen Straubing-Sand stehen dabei im Vordergrund. Neben diesen Einflußgrößen, die sich bezüglich ihrer Wirkung kumulieren, wirkten sich bereits seit Anfang der 80er Jahre die Montankrisen, aber auch die Konkurrenz des Adriahafens Koper beim Umschlag von Kohle und Eisenerz für die Linzer Voest-Alpine Stahl AG, negativ auf den wasserseitigen Güterumschlag im Staatshafen Regensburg aus. Um dieser schwierigen Gesamtsituation besser begegnen zu können, stellte die Bayerische Landeshafenverwaltung, rund 8 Wochen vor der Eröffnung des Main-Donau-Kanals, ein Entwicklungskonzept für den Hafen Regensburg vor. In einem Zeithorizont bis in das Jahr 2002 sollen nach heutiger Preisgestaltung rund 100 Mio. DM investiert werden, um den Hafen Regensburg zu einem modernen Logistikzentrum auszubauen.[2] Kritisch anzumerken ist, daß es sinnvoller gewesen wäre, dieses Maßnahmenpaket nicht erst mit der Vollendung des Kanals zu verabschieden, sondern bereits zu realisieren.

Die veränderten Rahmenbedingungen spiegeln sich markant im wasserseitigen Frachtaufkommen des Regensburger Staatshafens wider. So erreichte der Hafen Regensburg im Jahre 1970 mit rund 3,7 Mio. t Schiffsgüterumschlag das beste Umschlagsergebnis seiner Hafengeschichte, um bis ins Jahr 1991 auf knapp 1,3 Mio. t abzusinken. Dabei ist als Erklärung wichtig, daß Regensburg bis Ende der 70er Jahre beinahe eine Monopolstellung für den Güterumschlag auf der bayerischen Donau innehatte. Rund 95% aller auf der bayerischen Donau transportierten Güter wurden hier umgeschlagen. In dieser zweifelsfrei sehr schwierigen Gesamtsituation ist es aber gelungen, ausgehend vom extrem schlechten Ergebnis des Jahres 1991, ein gewisses Umschlagswachstum zu erreichen. 1992 steigerte sich der Güterumschlag auf 1,46 Mio. t und 1993 auf 1,84 Mio. t. Dieser Wachstumstrend konnte aber im ersten Halbjahr 1994 nicht

---

[1]Die Lände Dietfurt ist in dieser Betrachtung aufgrund ihrer vergleichsweise geringen Umschlagsmenge nicht als nennenswerte Konkurrenz zu sehen.

[2]o.V.: Entwicklungsplan für Regensburg. In: Verkehr Nr.32/1992, S.11.

mehr fortgesetzt werden. Insbesondere der reduzierte Umschlag von Eisenerz führte, verglichen mit den ersten sechs Monaten des Vorjahres, zu einer Verringerung der Umschlagsmenge um rund 11%.

Interessant ist in diesem Zusammenhang eine gewisse Kompensation des Verlusts der Kopfhafenfunktion[1] einerseits und den Neuverkehren aus dem Rheinstromgebiet andererseits. So erreichte der Güterumschlag, der über den Main-Donau-Kanal lief, im Jahre 1993 mit 806 770 t bereits nahezu 44% des Gesamtumschlags. Unter dem Druck des durch die Jugoslawienkrise erheblich reduzierten Donauverkehrs kam es zu einer raschen Westorientierung über den neugeschaffenen Kanal. Aus der Sicht des Regensburger Staatshafens liegt eine erhebliche Unpaarigkeit in den Verkehren über die neue Nordwestroute vor. Während 1993 im Schiffszulauf vom Kanal bei 862 beladenen Schiffen insgesamt 580 497 t Fracht gelöscht wurden, verließen Regensburg nur 359 Schiffe mit 226 273 t Ladung in Richtung Rheinstromgebiet. Auch im ersten Halbjahr 1994 änderte sich dieser Umstand nicht. Von Interesse ist auch, daß seit der Kanaleröffnung der bis dahin nie praktizierte Umschlag von Schiff zu Schiff aufgrund der unterschiedlichen nautischen Bedingungen zwischen dem Rheinstromgebiet und der Donau erheblich zugenommen hat. Bereits 16,4 % des Gesamtumschlags entfielen 1993 auf diese Umschlagsform.[2] Im Zusammenhang mit der Diskussion um den künftigen Ausbau der Donau zwischen Straubing und Vilshofen ist darauf zu verweisen, daß 1993 rund ein Viertel der Güter, die über den Kanal kommend Regensburg erreichten, primär zum Zwecke der Schiffsleichterung entladen wurden.[3] Würden an Donau und im Rheinstromgebiet ähnliche Fahrwasserbedingungen vorherrschen, so könnte auf diese volkswirtschaftlich schädlichen Umladevorgänge verzichtet werden.

Die Möglichkeit, Regensburg nun über den Main-Donau-Kanal vom Rhein her anzulaufen, veränderte auch die Herkunftsländer der Schiffe im Regensburger Hafen in einem erheblichen Maße. Während die deutsche Flotte, aufgrund der neugeschaffenen Verbindung über den Main-Donau-Kanal, aus ihrer bisherigen zweiten Position mit einem Frachtanteil von nun 34,8% im Jahre 1993 an die Spitze rückte, mußte sich die bisher dominierende österreichische Flotte mit rund 20% des Frachtaufkommens, noch hinter den niederländischen Reedereien, mit Platz drei begnügen.[4] Schiffe aus den ehemaligen Staatshandelsländern hingegen zeigten, mit Ausnahme von Ungarn (9,9 %), in Regensburg bisher nur geringe Präsenz. Zu begründen ist dies zum gegenwärtigen Zeitpunkt zweifelsfrei mit dem UNO-Embargo gegen Restjugoslawien. Längerfristig werden die bereits unterzeichneten bilateralen Verträge zwischen der Bundesrepublik Deutschland und den Donaustaaten als notwendiges Regulativ ein massives Eindringen der ehemaligen "Roten Flotte" verhindern können. Diese zumeist Ende der 80er Jahre ausgehandelten Verträge regeln - mit dem Instrument einer jeweils paritätischen Frachtenaufteilung zwischen der Bundesrepublik Deutschland und den jeweiligen Unterzeichnerländern - den Zugang der ausländischen Donauflotten zum deutschen Markt. Viel übermächtiger hingegen erscheint aus der Sicht des deutschen Binnenschiffahrtsgewerbes die Konkurrenz der niederländischen Kollegen. Oftmals unter Beugung von EU-Recht subventioniert die niederländische Regierung ihr Binnenschiffahrtsgewerbe. Entsprechend ungleich gestaltet sich die Wettbewerbsbeziehung zwischen den deutschen und holländischen Kollegen in einem von unterschiedlichen Verkehrstarifen bereinigten Europa. Auf den europäischen Wasserstraßen jedenfalls wird das niederländische Binnenschiffahrtsgewerbe seinem Anspruch als "größter Transporteur Europas" mehr als gerecht.

Differenziert man den wasserseitigen Güterverkehr im Regensburger Hafen nach Quell- und Zielgebieten, so nehmen die Niederlande beim Quellverkehr und Österreich beim Zielverkehr eine herausragende Stellung ein. Während beim Quellverkehr der Anteil der Güter aus bundesdeutschen Häfen mit 3,8%

---

[1] Dabei ist sich ins Gedächtnis zu rufen, daß Regensburg bis Ende der siebziger Jahre beinahe eine Monopolstellung für den Güterumschlag auf den bayerischen Donau innehatte. Rund 95% aller auf der bayerischen Donau transportierten Güter wurden hier umgeschlagen.

[2] Hafenverwaltung Regensburg (Hrsg.): Hafenstatistik - 1993 - Regensburg und Passau, a.a.O., S.1.

[3] Gemäß eines Gespräches mit dem Hafendirektor des Staatshafens Regensburg Dipl.-Ing. Dieter Häckl vom 20.7. 1994 belief sich im Jahre 1993 die gesamte aus Gründen von Schiffsleichterungen vorgenommene Umschlagsmenge auf 302 150 t. Im ersten Halbjahr 1994 verringerten sich die Leichterungen, bedingt durch einen ausgeglichenen Wasserstand der Donau und durch den Umstand, daß die häufig zur Leichterung anstehenden Erzfrachter Regensburg in den ersten 4 Monaten des Jahres überhaupt nicht ansteuerten, auf 83 659 t.

[4] Hafenverwaltung Regensburg (Hrsg.): Hafenstatistik - 1993 - Regensburg und Passau, a.a.O., S.1.

marginal ist, kamen 1993 die meisten in Regensburg gelöschten Güter über die Niederlande (46,3%). Im Vordergrund stehen dabei Verkehre, die über Rotterdam, den größten Seehafen der Welt, abgewickelt werden. Hingegen werden nur 11,1% der in Regensburg geladenen Güter nach Holland versandt, während rund 55% dieser Güter ihre Zielhäfen in Österreich haben. Gliedert man die in Regensburg wasserseitig umgeschlagene Fracht in Hauptgütergruppen, so dominierte 1993 im Empfang über die neugeschaffene Nordwestroute Eisenerz mit rund 260 000 t. Ähnlich wie in Nürnberg und Kelheim wird das Eisenerz in Regensburg zwischengelagert, um dann, zumeist auf Donauschiffe umgeladen, nach Linz weitertransportiert zu werden.[1] Ein verändertes Logistikkonzept der im Erztransport dominierenden Bayerischen Lloyd AG aber, in dem der Anteil des in Regensburg zwischengelagerten Eisenerzes erheblich reduziert werden soll, halbierte bereits im ersten Halbjahr 1994 den Erzumschlag gegenüber dem Vorjahreszeitraum.[2] Tendenziell wird sich diese Entwicklung, nach Aussagen der Geschäftsleitung der Bayerischen Lloyd AG, auch in den kommenden Jahren fortsetzen.

Im wasserseitigen Verkehr von Regensburg ins Rheinstromgebiet, der, bezogen auf die Tonnage, 1993 nur 39% des Verkehrs der gegenteiligen Richtung umfaßt, bilden Ölsaaten und Ölfrüchte sowie Futtermittel, Eisen und Stahl die Hauptschiffsgüter. Für den Hafenstandort Regensburg sind nach der Eröffnung des Main-Donau-Kanals aus der Sicht des Jahres 1994 folgende Entwicklungstendenzen festzuhalten:
- Es erfolgte eine rasche Westorientierung des Staatshafens Regensburg. Im Jahre 1993 erreichte der Güterumschlag, der über den Main-Donau-Kanal lief, nahezu 44% des Gesamtumschlags, im ersten Halbjahr 1994 bereits 46%.
- Es entwickelte sich eine erhebliche Unpaarigkeit im sogenannten Westverkehr. Dabei übertrifft das Ladungsaufkommen, das von der Rheinschiene her Regensburg erreicht, die Tonnage in nordwestliche Richtung um mehr als das Doppelte.
- Das Umschlagsaufkommen an Eisenerz, welches anfänglich trotz des Verlustes des Zug/Schiff-Umschlages durch Zunahme am gebrochenen Schiffstransport vergleichsweise stabil gehalten werden konnte, wird zukünftig erheblich abnehmen.

Die Untersuchungen zum Einzugsbereich ergaben für den Hafenstandort Regensburg folgendes Bild: Die Umlandverflechtung des Hafens Regensburg ist gering. Gemäß den Schätzungen des Bayerischen Lloyd[3] stammen bzw. verbleiben nur weniger als 20% der im Hafen umgeschlagenen Güter im Umland. Der Regensburger Staatshafen wurde nach Aussagen des Hafendirektors "... von der Region nie richtig angenommen."[4] Gemäß den Schätzungen des Bayerischen Lloyd[5], des größten und umschlagsstärksten Ansiedlers im Regensburger Hafen, erstreckt sich der Einzugsbereich des Staatshafens, in Abhängigkeit von den Hauptgüterarten, primär nur auf die Stadt und den Landkreis Regensburg. Massenstatistisch relevante Ausnahmen bilden seitens des landseitigen Empfangs des Hafens gegenwärtig Holz aus der gesamten Oberpfalz, Schlacke aus München und Schwandorf und Mineralölerzeugnisse aus Ingolstadt. Im Versand werden bulgarische und rumänische Pflastersteine in den Raum zwischen Amberg, Weiden und Waldmünchen im Norden und Landshut und München im Süden verbracht. Darüberhinaus werden Rohstoffe für die Vereinigten Aluminiumwerke vom Hafen nach Schwandorf, sowie Stahl bis nach München transportiert. Diese Gütergruppen bilden dabei rund ein Zehntel der gesamten wasserseitig in Regensburg umgeschlagenen Tonnage (vgl. Karte 9).

Dennoch darf die Bedeutung des Hafens Regensburg als regionaler Wirtschaftsfaktor nicht unterschätzt werden. Näherungsweise 1680 Arbeitsplätze verfügen in Regensburg über einen unmittelbaren Bezug zum

---

[1] In diesem Zusammenhang sei noch einmal darauf verwiesen, daß in den Hafenstatistiken in der Regel nur der gesamte Umschlag der jeweiligen Gütergruppen erfaßt wird. Beispielhaft sei dieser Umstand am Umschlag von Eisenerz im Staatshafen Regensburg skizziert. Da Regensburg für Eisenerz nur als Durchgangslager fungiert und kein Erz im landseitigen Einzugsgebiet des Hafens verbleibt, gilt es, die gesamte Umschlagsmenge an Eisenerz - 1993 waren es 524 686 t - paritätisch in Empfang und Versand zu unterteilen.
[2] Gespräch mit Herrn Frank, Bayerischer Lloyd AG, am 21.7. 1994 in Regensburg.
[3] Gespräch mit Herrn Frank, Bayerischer Lloyd AG, am 21.7. 1994 in Regensburg.
[4] Gespräch mit dem Direktor des Staatshafens Regensburg Dipl.-Ing. D. Häckl am 30.6. 1994 in Regensburg.
[5] Gespräch mit Herrn Rückerl, Bayerischer Lloyd AG, am 21.7. 1994 in Regensburg.

Hafen und rund 1,7% des Bruttoinlandsproduktes der Stadt Regensburg wird im Hafen erwirtschaftet.[1] Durch die Kombination der Verkehrsträger Straße, Schiene und Wasserstraße könnte, die Bereitschaft der Verkehrstreibenden und der Hafenverwaltungen vorausgesetzt, insbesonders die überregionale Bedeutung des Hafens gestärkt werden. Zielsetzung wäre dabei, im Zuge einer verstärkten Containerisierung multimodale Transportketten zu schaffen, die eine Integration des Wassertransportes zulassen. Würde dies, aus der Sicht der Verlader, zu einem attraktiven Preis/Leistungsverhältnis geschehen, so wäre eine Ausweitung des Einzugsbereiches des Regensburger Hafens bis Innsbruck und Prag denkbar. Als entscheidende Einflußgrößen sind dabei neben der industriellen Struktur der Teilräume, der infrastrukturellen Anbindung des Hafens sowie der Ausstattung und des Service des Hafens selbstverständlich auch die individuellen Einzugsbereiche konkurrierender Hafenstandorte anzusetzen.

### 6.3.3. Straubing-Sand

Der geplante Hafen im Industriegebiet Straubing-Sand liegt am südlichen Donauufer, rund 6 km östlich des Stadtzentrums von Straubing, und greift teilweise auf die Gemeindegebiete Aiterhofen und Parkstetten (Landkreis Straubing-Bogen) über. Der 1. Spatenstich des Hafens erfolgte am 14.9. 1994, und mit der Inbetriebnahme wird für April 1996 gerechnet.[2] Entsprechend struktur- und verkehrspolitischer Zielsetzungen der Staatsregierung soll durch gewerbliche Neuansiedlungen ein gewisser struktureller Wandel in dieser stark agrarisch geprägten Region erreicht werden, wobei aber die daraus erwachsende Güterverkehrsbelastung zumindest teilweise über die Wasserstraße gelenkt werden soll. Nach dem derzeitigen Stand der Planung besitzt der neue Hafen an der Großschiffahrtstraße Rhein-Main-Donau bei einer Kailänge von 1 100 m eine jährliche Güterumschlagskapazität von 400 000 t.[3] Zunächst werden drei Kräne mit einer Tragfähigkeit von jeweils 25 t, eine Schwergutplatte mit einer Tragfähigkeit von bis zu 300 t, eine Anlegemole für Flüssiggutumschlag und eine RO/RO-Rampe die Grundausstattung des Hafens bilden. Ein Gleisanschluß zu den Eisenbahnstrecken Frankfurt-Wien und München-Straubing ist geplant.

Das Industriegebiet Straubing-Sand umfaßt laut Rahmenplan eine Gesamtfläche von über 218 ha. 13% dieser Fläche, rd. 28 ha, bilden das Sondergebiet Hafen. Trotz der, verglichen mit den Staatshäfen, äußerst niedrigen Pacht von 5,80 DM/qm (zuzüglich einmaliger Erschließungskosten von DM 29/qm) konnten seitens des Zweckverbandes bis Juli 1994 noch keine Interessenten gefunden werden, die sich verbindlich zur Ansiedlung am unmittelbaren Hafengelände bereiterklärten. Im Industriegebiet, welches sich südlich an das Hafengelände anschließt, konnte bisher ein Briefverteilzentrum der Post und ein Lebensmitteldistributionszentrum angesiedelt werden.[4] Dabei ist zu berücksichtigen, daß die Rezession der Jahre 1993 und 1994, bei erheblich reduzierter Investitionsbereitschaft der Wirtschaftstreibenden, die Anwerbung transportintensiver Betriebe durch den Zweckverband trotz monetärer Anreize erschwert. Entsprechend ist die Wertung zulässig, daß zum gegenwärtigen Zeitpunkt seitens der Wirtschaft noch kein entsprechender Bedarf an Gewerbeflächen dieser Größenordung und Lage existiert. Daher ist es aus der Sicht des Jahres 1994 äußerst schwierig, sowohl das zukünftige Güteraufkommen und die Güterstruktur als auch den zukünftigen Einzugsbereich des Donauhafens Straubing zu prognostizieren. Entscheidend dafür dürften Zahl und Struktur der Hafenansiedler sein.

Nach Aussage des Geschäftsführers des Zweckverbandes, Josef Keller, soll sich der Hafen aufgrund seines fruchtbaren Umlandes zu einem Kristallisationspunkt für den Umschlag, die Lagerung und Verarbeitung von landwirtschaftlichen Produkten, Düngemitteln und Futtermitteln entwickeln. Dabei sollte die Lage des Hafens im Zentrum des größten zusammenhängenden Anbaugebietes von Getreide und

---

[1] Kaspar, T.: Die Bedeutung des Hafens Regensburg für die Regionalwirtschaft - Eine wirtschaftsgeographische Studie, München 1994, S.141.

[2] Gespräch mit Herrn Josef Keller, Geschäftsführer des Zweckverbandes Industriegebiet mit Donauhafen Straubing-Sand, am 11.7. 1994 in Straubing.

[3] Zweckverband Industriegebiet mit Donauhafen Straubing-Sand (Hrsg.): Industriegebiet mit Donauhafen Straubing-Sand. Straubing 1994.

[4] Neben den genannten Ansiedlern bestehen intensive Verhandlungen (Stand 7/94) mit den Firmen Völk, Rosenmühle, Baywa, Beiselen, Brüterei Süd und Oiltanking.

Hackfrüchten in Bayern eine entscheidungsrelevante Standortgunst bedeuten.[1] Keller kalkuliert, daß sich der Umschlag von Getreide sowie von Futter- und Düngemitteln auf schätzungsweise 300 000 t p.a. belaufen wird.[2] Dies würde exakt zwei Drittel der, nach dem gegenwärtigen Stand der Planung, anvisierten Kapazitätsgrenze des Hafens entsprechen. Diese quantitative Vorgabe erscheint bei einem räumlich stark begrenzten landseitigen Einzugsbereich des Hafenstandortes, wie er bei diesen Produktgruppen zu unterstellen ist, nur vor dem Hintergrund wirklichkeitsnah, daß die Ansiedlung weiterverarbeitender Betriebe im Hafen erfolgt. Im Vordergrund stehen hierbei Mühlen und Futtermittelwerke.

Für diese landwirtschaftlichen Produkte ist, gemäß existierender Erfahrungswerte, von einem landseitigen Einzugsbereich von maximal 40 km um den Hafenstandort herum auszugehen. Zu dem 60 Donaukilometer entfernten Hafen Regensburg erfolgt, entsprechend dieser Annahme, bei diesen Gütergruppen nur eine geringe Konkurrenzbeziehung. Ein bedeutend härterer Wettbewerb beim Umschlag landwirtschaftlicher Güter hingegen deutet sich zu dem nur 29 Donaukilometer entfernten Deggendorfer Hafen an. Hierbei wird eine deutliche Überschneidung der Einzugsgebiete sichtbar. Aufgrund des kurvenreichen Verlaufs der Donau übertrifft die Entfernung zwischen den bayerischen Donauhäfen auf dem Wasserweg den Luftlinienabstand durchschnittlich um fast 30%. Dies ergibt eine nochmalige Verstärkung der räumlichen Konkurrenz. Anhand von Karte 9 soll der theoretische Einzugsbereich des Hafens Straubing-Sand ansatzweise dargestellt werden.

Unterzieht man den zukünftigen Hafenstandort Straubing aus der Sicht des Jahres 1994 einer Bewertung, so lassen sich folgende Thesen ableiten:
- Der Hafen Straubing wird, aufgrund der herausragenden landwirtschaftlichen Prägung seines Umlandes, primär die Funktionen von Sammlung, Lagerung und Verarbeitung regionaler landwirtschaftlicher Produkte erfüllen.
- Dem landseitigen Empfang, der Lagerung und Veredelung dieser Gütergruppe wird deren wasserseitiger Versand gegenüberstehen. Gemäß der Analyse der Verkehrsströme der anderen bayerischen Donauhäfen ist davon auszugehen, daß nur rund ein Drittel der landwirtschaftlichen Erzeugnisse, die verschifft werden, ihren Absatzmarkt über den Main-Donau-Kanal erreichen. Rund zwei Drittel sind reine Donauverkehre.
- Unterstellt man dem Standort Donauhafen Straubing-Sand die gewünschte Ansiedlung eines Kraftfutterwerkes, so ist mit einem wasserseitigen Bezug von rund 50 000 t an Vorprodukten jährlich zu rechnen. Die anteilsmäßig dominierenden Vorprodukte, die für den Bezug über die Wasserstraße relevant sind, sind Soja und Mais.[3] Während die Verkehrsrelation des Sojaschrots klar durch den Standort der Mannheimer Sojamühlen definiert wird, ist der Quellverkehr bei Mais traditionell von differierenden nationalen Preisniveaus abhängig. Eine verbindliche Zuordnung, ob ein Bezug von den ehemaligen Staatshandelsländern über die Donau erfolgt oder der Standort Straubing-Sand über Rhein und Main beliefert wird, kann demzufolge nicht getroffen werden.
- Die dritte Säule des Güterumschlags im Hafen wird der wasserseitige Empfang von Düngemitteln bilden. Aus den Erfahrungswerten anderer bayerischer Donauhäfen und vor dem Hintergrund des niedrigen Preisniveaus slowakischer Produkte ist ein starker Bezug von Düngemitteln aus dem Donauraum zu erwarten. Neben Bratislava bilden noch Linz und Budapest Quellhäfen für den Transport von Düngemitteln. Ein Bezug von Düngemitteln über den Main-Donau-Kanal wird aufgrund höherer Produkt- und Transportpreise kaum erfolgen.

Zusammenfassend ist die Bedeutung des zukünftigen Donauhafens Straubing-Sand für das Transportaufkommen auf dem Main-Donau-Kanal als gering einzustufen. Weder als Quell- noch als Zielhafen für Verkehre mit dem Rheinstromgebiet bildet der Donauhafen Straubing-Sand, unter der Prämisse eines primär an den Belangen der Landwirtschaft orientierten Güterumschlages, eine entscheidungsrelevante Größe. Mit der Vollendung des Donau-Hafens Straubing-Sand wird die letzte "Lücke" im Gefüge der bayerischen Häfen geschlossen. Von weiteren Neugründungen öffentlicher Binnenhäfen auf dem Staats-

---

[1] Heilmeier, K.: Startschuß für Donauhafen Straubing. In: Verkehr Nr.50/93, S.10.

[2] Gespräch mit dem Geschäftsführer des Zweckverbandes Industriegebiet mit Donauhafen Straubing-Sand, Josef Keller, am 11.7. 1994 in Straubing.

[3] Gespräch mit Herrn Josef Keller, Geschäftsführer des Zweckverbandes Industriegebiet mit Donauhafen Straubing-Sand am 27.7. 1994.

gebiet des Freistaates Bayern ist definitiv abzuraten, da eine infrastrukturelle Überdeckung nur zu einer Forcierung des Verdrängungswettbewerbes zwischen den Hafenstandorten führen würde.

### 6.3.4. Deggendorf

Bei der Analyse der Wechselbeziehung zwischen dem Hafenstandort Deggendorf und dem Main-Donau-Kanal ist es notwendig, zwischen dem Ölhafen, dem konventionellen Hafen und dem Freihafen Deggendorf zu unterscheiden. Integriert in ein Hafengelände von 55 ha Größe, erfolgte 1993 in Deggendorf ein wasserseitiger Gesamtumschlag von insgesamt 391 267 t.[1] Auf den Ölhafen entfielen davon 67% der umgeschlagenen Tonnage, auf den originären Hafen 23% des Umschlages. Im Deggendorfer Freihafen[2] hingegen, der am 18.6. 1992 und somit rund 3 Monate vor dem Main-Donau-Kanal eröffnet wurde, konnte bis Anfang Juli 1994 überhaupt noch kein wasserseitiger Umschlag vollzogen werden. Erst am 27.6. 1994 wurde der Freihafen mit einem Kran ausgestattet, der aufgrund seiner geringen Tragkraft von nur 15 t aber nicht zum Umschlag von Containern geeignet ist.

Primär bedingt durch die Auswirkungen des Bürgerkrieges im ehemaligen Jugoslawien auf den Donauverkehr blieb der Freihafen in den ersten beiden Jahren seit seiner Eröffnung bedeutungslos. Ursprünglich sollte das Freihandelszentrum Deggendorf den nordwestlichen Eckpunkt in einer ganzen Kette von Freizonen und Freihäfen entlang der Donau bilden. Bisher sind an der Donau bei Sulina in Rumänien, Ruse in Bulgarien, im kroatischen Osijek, das nahe der Mündung der Drau in die Donau gelegen ist, in Budapest sowie in Wien und Linz Freihäfen entstanden.[3] Auf dem Gelände des Freihafens konnten bisher nur ein Teppichhandel, das Lagerhaus Schweiger mit einer Siloanlage für Düngemittel, Getreide und Saatgut sowie die im Stahlbereich aktive Firma Hacker angesiedelt werden.[4] Somit konnte zwar bereits rund die Hälfte der Ansiedlungsfläche im Freihafen vergeben werden. Kritisch anzumerken ist aber, daß mit Ausnahme des Teppichhandels die anderen Ansiedler nur in einem geringen Umfang freihafenaffin sind.[5]

Eine bei der Einschätzung des Freihafenprojektes erhebliche Diskrepanz zwischen Anspruch und Wirklichkeit war bereits in der Planungsphase, bei der Definition des Kernbereiches des Einzugsgebietes des Freihandelszentrums Deggendorf, erkennbar. Der ursprünglich auf eine Größe von 300 ha am Südufer der Donau projizierte Freihafen sollte über einen engeren Einzugsbereich in Form eines 400 km großen Radius um die Stadt Deggendorf verfügen. Über diesen Kernbereich hinaus ist, gemäß den Visionen der Denkschrift zum Freihafen, der Einzugsbereich auf einen Radius von 700 km Luftlinie um den Hafenstandort zu erweitern.[6] Diese Vorstellungen konnten bisher weder den realen Gegebenheiten des europäischen Güterverkehrsmarktes gerecht werden, noch werden sie dies zukünftig tun. Die Export-, insbesondere aber die Importaktivitäten werden sich, nach Ende der Jugoslawienkrise, entlang der industriellen Zentren an der Donau bis hin zur Donaumündung bündeln. Das Entstehen bedeutsamer Verkehrsverflechtungen mit den Städten Genua, Marseille, Paris, Kiel oder Warschau, welche noch Mitte der 80er Jahre unterstellt wurden[7], erscheint hingegen als unrealistisch.

---

[1] Donau-Hafengesellschaft Deggendorf GmbH: Hafenstatitik 1993, Deggendorf 1994.

[2] Freihäfen sind Zollfreigebiete, die dem Umschlag und der Lagerung von Waren zu Außenhandelszwecken dienen. Das Hauptziel von Freihäfen ist es, den internationalen Handel anzuziehen, indem eine verkehrsgeographisch günstige Lage genutzt wird sowie eine Reduktion von Zollformalitäten und ein Dispens von der Erhebung fiskalischer Abgaben (Zölle, Mehrwertsteuer) gewährt werden. Basierend auf dem "Gesetz zur Errichtung neuer Freihäfen und zur Änderung des Zollgesetzes" vom 25.7. 1989 wurden im Duisburger Rhein-Ruhr-Hafen und am Deggendorfer Hafen Freihandelszonen errichtet. Vgl. dazu Bundesgesetzblatt Teil I, Z 5702 A, Nr.39 vom 29.7. 1989.

[3] Zweckverband Donau-Hafen Deggendorf (Hrsg.): Zentraleuropäisches Freihandelszentrum Deggendorf - Denkschrift zur Errichtung eines binnenkontinentalen Umschlagplatzes. Deggendorf 1986, S.9.

[4] o.V.: Deggendorfer Freihafen expandiert. In: Schiffahrt und Strom, Folge 144 Okt./Nov. 1993, S.2.

[5] Gespräch mit Herrn Eckl, Geschäftsführer des Zweckverbandes Donau-Hafen Deggendorf, am 30.6. 1994 in Deggendorf.

[6] Zweckverband Donau-Hafen Deggendorf (Hrsg.): Zentraleuropäisches Freihandelszentrum, a.a.O., S.34.

[7] ebd., S.35.

Zusammenfassend läßt sich für den Freihafen Deggendorf aus der Sicht des Jahres 1994 feststellen:
- In seinen ersten beiden Betriebsjahren war der Freihafen Deggendorf nahezu bedeutungslos.
- Nach der Beendigung des Krieges im ehemaligen Jugoslawien und unter der Annahme, daß freihafenaffine Betriebe angesiedelt werden sowie eine zweckmäßige Ausstattung mit Umschlagseinrichtungen erfolgt, könnte der Freihafen Deggendorf einen Brückenkopf im Austausch schiffsaffiner Güter mit den ehemaligen Staatshandelsländern entlang der Donau bilden.
- Der Einzugsbereich, der dem Freihafen Deggendorf während der Planungsphase Mitte der 80er Jahre beigemessen wurde, wird sich auch nach Behebung der beiden Störfaktoren - Jugoslawienkrise und unzureichender Ausbauzustand der Donau zwischen Straubing und Vilshofen - keinesfalls realisieren lassen.

Auch lassen sich, mangels wasserseitigem Verkehrsaufkommen im Freihafen, zwischen dem Main-Donau-Kanal und dem Freihafen Deggendorf in deren ersten beiden Betriebsjahren keine Korrelationen erkennen. Mittel- bzw. langfristig besteht aber ein erhebliches Potential im Warenverkehr über die Donau, das sich zweifellos auch des Freihafens Deggendorf bedienen wird. Dabei ist zu berücksichtigen, daß durch die Erweiterung der Europäischen Union um die Republik Österreich und in späteren Jahren eventuell auch um die Slowakei und Ungarn, eine gewisse Verlagerung des wasserseitigen Einzugsbereiches des Freihafens donauabwärts bis in den Schwarzmeerraum erfolgen könnte.

Keine Verkehrsverflechtungen mit den Main-Donau-Kanal existieren derzeit auch beim Deggendorfer Ölhafen.[1] Während die Heizöle und Dieselkraftstoffe bis 1991 primär über bulgarische, rumänische und jugoslawische Häfen bezogen wurden, erfolgt nun kriegsbedingt der Bezug über Budapest. Die landseitige Verteilung erfolgt im Hafenumland per Lkw in einem maximalen Radius von 50 km.[2] Während durch die Existenz des Deggendorfer Ölhafens gegenwärtig keine wasserseitigen Verkehrsverflechtungen mit dem Rheinstromgebiet erfolgen und auch vom Deggendorfer Freihafen bisher keine Auswirkungen auf das Verkehrsaufkommen auf dem Main-Donau-Kanal abgeleitet werden konnten, laufen zwischen der im Sinne von Zoll- und Steuerrecht konventionellen Deggendorfer Hafenlände und den Häfen im Rheinstromgebiet langsam Güterverkehre an. So wurden in Deggendorf 1993 rd. 23 000 t Fracht gelöscht, die über die europäische Wasserscheide kamen, und rund 13 000 t geladen, die ins Rheinstromgebiet verbracht wurden. Anzumerken ist dabei, daß die Güterstruktur der von Deggendorf über den Main-Donau-Kanal versandten Fracht äußerst homogen ist. Es handelt sich dabei fast ausschließlich um den Versand von Abfallprodukten aus dem Plattlinger Zuckerwerk, die als Grundstoffe für die Futtermittelproduktion nach Holland und Belgien verschifft werden. Bezüglich der Verkehre über den Main-Donau-Kanal weist der Hafenstandort Deggendorf bisher folglich, wie alle bayerischen Donauhäfen, eine erhebliche Diskrepanz zwischen Empfang und Versand auf.

Die bisher, absolut betrachtet, geringe Güterverkehrsverflechtung des Deggendorfer Hafens ist - verglichen mit den Donauhäfen Kelheim und Regensburg - vor dem Hintergrund einer traditionell vergleichsweise geringen Umschlagsmenge im Deggendorfer Hafen zu interpretieren. So wurden an der Deggendorfer Lände, exklusive dem Ölhafen, 1993 wasserseitig rund 129 000 t umgeschlagen. Bezüglich der Warengruppen dominierten dabei Düngemittel und Zucker.[3] Der rasche Wandel in der Struktur der umgeschlagenen Güter in den bayerischen Donauhäfen läßt sich auch in Deggendorf eindrucksvoll am Beispiel von Zementlieferungen darstellen. Während 1990 rund 120 000 t Zement an der Deggendorfer Hafenmauer entladen wurden, reduzierte sich die Umschlagsmenge 1991 auf 11 000 t und 1992 auf nur 4200 t. 1993 erfolgte dann in Deggendorf, aufgrund veränderter Transportströme, überhaupt kein Zementumschlag.[4]

Als ein Zwischenergebnis läßt sich feststellen, daß im Donauhafen Deggendorf die durch die Eröffnung des Main-Donau-Kanals möglich gewordenen Westverkehre die Frachteinbußen aufgrund der Behinderun-

---

[1]Anfrage bei Herrn Kunkel von der Hauptverwaltung der DTL Donau-Tanklager GmbH & Co. KG in Deggendorf am 1.8. 1994.
[2]Gespräch mit Herrn Krauss, Geschäftsführer der Donau-Hafengesellschaft Deggendorf GmbH am 30.6.1994 in Deggendorf.
[3]Donau-Hafengesellschaft Deggendorf Gmbh (Hrsg.): Hafenstatistik 1993.
[4]Gespräch mit Herrn Eckl, Geschäftsführer vom Zweckverband Donau-Hafen Deggendorf am 30.6. 1994.

gen des Donauverkehrs in Serbien nicht kompensieren konnten. Während die Lände Deggendorf 1990 mit 213 000 t ihr bisher bestes Umschlagsergebnis erreichte und damit in etwa die gleiche Menge Schiffsgut umschlug wie Kelheim im selben Jahr, brachten die Jahre 1991, 1992 und 1993 nur Einbußen. Erst im ersten Halbjahr 1994 ist wieder eine deutliche Aufwärtsentwicklung erkennbar. Äußerst gering ist gegenwärtig in Deggendorf der Umschlag von Containern. Zwischen dem Rheinstromgebiet und Deggendorf erfolgte 1993 überhaupt noch kein Containerverkehr. Insgesamt wurden im Betrachtungszeitraum 1993 wasserseitig in Deggendorf nur rund 1 300 t Fracht in Containern umgeschlagen. Dieser geringe Containerverkehr steht damit im Gegensatz zu den vielversprechenden Containeraufkommen zu Beginn der achtziger Jahre.[1]

Für den Einzugsbereich des Hafenstandortes Deggendorf zeichnet sich, gegliedert nach Empfang und Versand der Hauptgütergruppen, nachfolgende Situation ab. Zu beachten ist in diesem Zusammenhang, daß, aufgrund fehlender Datenbasis der Hafenverwaltungen, die Umlandverflechtung des gesamten wasserseitigen Umschlags erörtert wird. Auf eine Differenzierung in Verkehre mit dem Rheinstromgebiet und reine Donauverkehre muß somit verzichtet werden. Im wasserseitigen Empfang dominieren in Deggendorf:
- Öl, welches in einem Radius von maximal 50 km um den Hafenstandort vertrieben wird.
- Düngemittel, die zumeist vom Endverbraucher, sprich von den Landwirten, direkt abgeholt werden. Gemäß branchenüblicher Erfahrungswerte beträgt die maximale Entfernung zwischen den Höfen und dem Hafen dabei 40 km. Im wasserseitigen Versand bildet der Zucker aus dem rund 12 km vom Hafen entfernten Plattlinger Werk der Südzucker AG das dominierende Umschlagsgut. Diese drei Gütergruppen bilden nahezu 90% des Deggendorfer Schiffsumschlages und determinieren damit das Umland des Hafens auf einen, in seiner Intensität entfernungsproportional abnehmenden, Einzugsbereich von maximal 50 km um den Hafenstandort (vgl. Karte 9).

### 6.3.5. Passau

Die Bayerische Landeshafenverwaltung verfügt in der "Drei-Flüsse-Stadt" Passau über die zwei Donauhäfen Passau-Racklau und Passau-Schalding. Bezüglich Umschlagsart und Umschlagsvolumen differieren diese Häfen in erheblichen Maße. Der als reiner Ro/Ro-Hafen konzipierte Hafen Schalding dient seit 1982 als nordwestlicher Eckpunkt der "Schwimmenden Landstraße" zwischen dem bulgarischen Vidin und Passau. Kriegsbedingt wurde die Linie Anfang der 90er Jahre auf die Strecke Budapest - Passau verkürzt. Im Jahr 1993 wurden auf der Ro/Ro-Anlage in Schalding 130 Schiffe abgefertigt. Der Umschlag belief sich dabei auf rund 145 000 t. Damit vollzog der Hafen Passau-Schalding, trotz des UNO-Embargos gegen Restjugoslawien, 1993 das zweithöchste Umschlagsergebnis in seiner noch jungen Geschichte. Dies zeigt, daß trotz der Jugoslawienkrise die Konzeption der "Schwimmenden Landstraße", wegen des schlecht ausgebauten Straßen- und Schienennetzes in Ostmittel- und Südosteuropa, erhebliche Erfolgspotentiale beinhaltet.

Der Hafen Passau-Racklau hingegen ist aus verkehrsgeographischer Sicht bedeutungslos. 1993 beschränkte sich der Umschlag auf 11 622 t Granitsteine. In einer extremen Form verringerte sich in den ersten 5 Monaten des Jahres 1994 das Umschlagsaufkommen im Hafen Passau-Racklau. Während dieses Zeitraumes erfolgten nur zwei Ausladungen mit zusammen 200 t. Dies entspricht etwa der Tonnage von 7 Lkw. Im Juni diesen Jahres erfolgte dann, aufgrund baulicher Schäden an der Hafenmauer, die völlige Sperrung des Hafens. Ob eine Sanierung oder die Auflassung des von der Güterverkehrswirtschaft nicht mehr angenommenen Hafens erfolgt, wird aller Voraussicht nach im Laufe des kommenden Jahres entschieden werden. Für den Fall einer Schließung Racklaus ist eine Verlegung der Hafenaktivitäten in den hochwassersicheren und rund 4,5 km stromaufwärts gelegenen Hafen Passau-Schalding wahrscheinlich. Seitens der Hafenverwaltung herrscht nunmehr die Meinung vor, daß der Hafenstandort Racklau keine Zukunft

---

[1] Während gegenwärtig nur rund ein Container pro Woche den Deggendorfer Hafen donauabwärts verläßt, wurden vor dem Krieg zwischen Iran und Irak wöchentlich rund 300-400 Container in Deggendorf eingeschifft. Damit manifestiert sich in Deggendorf, entgegen dem allgemeinen Trend zu einer stärkeren Containerisierung des Frachtaufkommens, aufgrund vergangener und aktueller militärischer Auseinandersetzungen, ein erheblicher Bedeutungsverlust des Containerverkehrs.

mehr hat. Zwei zentrale Argumente stützen diese Haltung. Zum einen ist das Hafengelände räumlich äußerst begrenzt, so daß Investitionen in moderne Umschlaganlagen unrentabel wären, zum anderen ist der Hafen nicht hochwassersicher umzubauen.[1]

In den ersten beiden Betriebsjahren des Main-Donau-Kanals weisen beide Passauer Häfen die Gemeinsamkeit auf, daß keine Ziel- oder Quellverkehre zwischen Passau und dem Rheinstromgebiet erfolgen. Es ist damit zu rechnen, daß aufgrund der angesprochenen baulichen Probleme in Racklau auch in den kommenden zwei Jahren im konventionellen Schiffsumschlag keine Verkehrsverflechtungen mit den Häfen an Rhein und Main erfolgen werden. Chancen in Verkehre auf dem Main-Donau-Kanal kurz- bis mittelfristig integriert zu werden, bieten sich einzig für den Hafen Passau-Schalding. Voraussetzung dafür wäre eine Verlängerung der "Schwimmenden Landstraße" über Passau hinaus bis nach Nürnberg. Konzeptionell ist dies seitens des Bayerischen Lloyd für die Zeit nach Beendigung des Krieges im ehemaligen Jugoslawien geplant.

Im Gegensatz zu den vorangegangenen Untersuchungen der übrigen bayerischen Donauhäfen ist es am Beispiel Passau nicht sinnvoll die Umlandbeziehungen des Hafenstandortes kartographisch zu erfassen. Folgende Aspekte begründen diese Vorgehensweise:
- Zum einen erfolgt in Passau gegenwärtig in konventioneller Form kein nennenswerter Schiffsumschlag. Bedeutende Umlandbeziehungen sind folglich nicht auszumachen.
- Zum anderen ist es bei der Schwimmenden Landstraße per definitionem sowohl beim landseitigen Ziel- als auch Quellverkehr nicht möglich, von einer Umlandbeziehung des Hafens zu sprechen. Der Staatshafen Passau-Schalding ist dabei als eine Transitstation innerhalb einer multimodalen Transportkette zu interpretieren, dessen landgebundener Vor- oder Nachlauf weiträumig in ganz Deutschland, der Schweiz, Ostfrankreich und in den Beneluxstaaten erfolgt. Die für konventionelle Binnenhäfen klassische Sammel- und Verteilfunktion im Umland ist somit nicht gegeben.

Vor dem Hintergrund der ersten beiden Betriebsjahre des Main-Donau-Kanals läßt sich als Resümee für den Hafenstandort Passau eine nur äußerst zurückhaltende Bilanz ziehen. Wasserseitige Verkehrsverflechtungen mit dem Rheinstromgebiet waren innerhalb des Betrachtungszeitraums nicht gegeben. Eine realistische Möglichkeit dazu wird erst wieder vorhanden sein, wenn in Passau-Schalding, als Substitut zu Racklau, konventioneller Schiffsumschlag möglich gemacht wird und wenn nach der Beendigung der Jugoslawienkrise wieder regelmäßige Verkehrsbeziehungen mit den Häfen an der unteren Donau aufgenommen werden können. Bei einer entsprechenden Verkehrszunahme wäre es aus betriebswirtschaftlicher Sicht durchaus begrüßenswert, eine Verlängerung der "Schwimmenden Landstraße" sowohl in südöstliche als auch in nordwestliche Richtung durchzuführen.

### 6.3.6. Zwischenergebnis

Bei der Untersuchung, ob und mit welcher Intensität die Binnenhäfen an der bayerischen Donau im ersten Kalenderjahr nach der Eröffnung der Südrampe des Main-Donau-Kanals die neugeschaffene Anbindung an das Rheinstromgebiet angenommen haben, ergaben sich folgende Ergebnisse:

Insbesondere sticht hervor, daß der Hafen Kelheim sich äußerst rasch und überaus stark nach Westen hin orientierte. Bereits 1993 wurden rd. 65 % der in Kelheim umgeschlagenen Güter entweder über den Main-Donau-Kanal hierher transportiert oder von Kelheim ins Rheinstromgebiet verschifft. Es wurden bereits in der Anfangsphase der durchgängigen Befahrbarkeit des Main-Donau-Kanals im Hafenstandort Kelheim mehr Güter mit den Häfen an Rhein und Main umgeschlagen als dies mit anderen Donauhäfen der Fall gewesen wäre. Konkret ergaben sich dabei für alle bayerischen Donauhäfen und ihre wasserseitigen Güterverkehrsverflechtungen mit dem Rheinstromgebiet folgende Werte:

---

[1]Gespräch vom 30.6. 1994 mit dem Regensburger Hafendirektor Häckl, dem auch die Verwaltung der Passauer Häfen obliegt.

|  | Gesamtumschlag | %Rheinstromgebiet | Güterart |
|---|---|---|---|
| Kelheim | 622 000 t | 65% | primär landwirtschaftliche Produkte, Futter- und Düngemittel, Eisenerz, Metallabfälle und Düngemittel |
| Regensburg | 1 838 000 t | 44% | primär Montangüter zur Leichterung und Zwischenlagerung |
| Deggendorf | 391 000 t | 9,2% | insbesondere Futter- und Düngemittel |
| Straubing | - | - | - |
| Passau | 157 000 t | - | - |

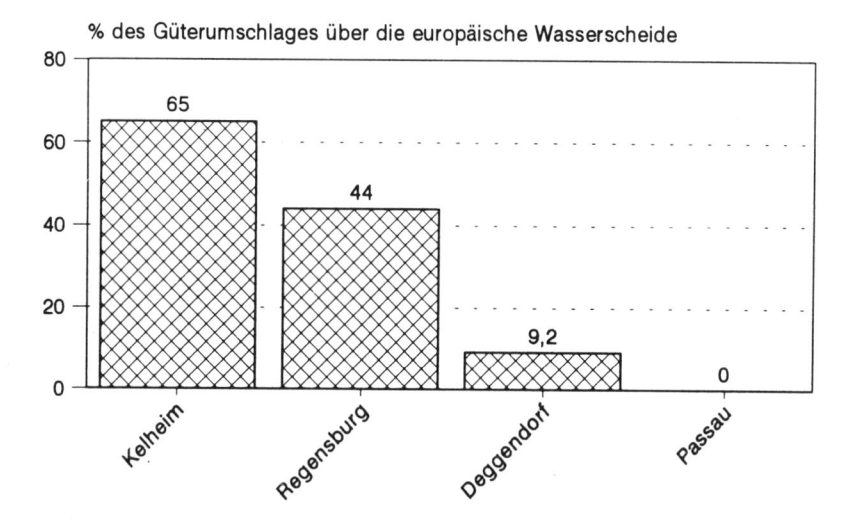

Abb. 8: Verflechtung der öffentlichen Häfen an der bayerischen Donau mit den Häfen im Rheinstromgebiet

Bei den bayerischen Donauhäfen ist eine deutliche Korrelation zwischen der Lage der jeweiligen Hafenstandorte und dem Grad der Verkehrsverflechtung mit dem Rheinstromgebiet erkennbar. Eine entscheidende Rolle ist dabei auch den unterschiedlichen Stromregimen, den unterschiedlichen technischen und baulichen Standards der Rhein- und Donauflotten und nicht zuletzt auch der Niedrigwasserproblematik zwischen Straubing und Vilshofen beizumessen. Diese genannten Gründe führen häufig zu Schiffsleichterungen bzw. Umladevorgängen, von denen insbesondere der Hafen Kelheim profitiert.

Bezüglich der landseitigen Einzugsbereiche der Hafenstandorte an der bayerischen Donau wurden für das Kalenderjahr 1993 die Verkehrsbeziehungen ermittelt. Dabei wurde, sozusagen als Vorgriff auf das Entwicklungspotential des Hafens Straubing-Sand, dessen möglicher künftiger Einzugsbereich mit eingearbeitet. Passau hingegen wurde aus genannten Gründen von dieser Darstellung ausgeschlossen. Analog zur Vorgehensweise bei der Erfassung der Einzugsbereiche der anderen 18 Hafenstandorte wurde anhand des projizierten Umschlagsaufkommens eine Differenzierung nach Hauptgütergruppen vorgenommen, und mittels dieser wurden individuelle Einzugsbereiche abgeleitet. Als quantitatives Kriterium gilt dabei rund 95% des landseitigen Empfangs- bzw. Versandaufkommens während des Zeitraumes eines Jahres zu erfassen. Mit Hilfe der Karte 9 wurden die derart ermittelten Einzugsbereiche der Donauhäfen in kumulierter Form dargestellt.

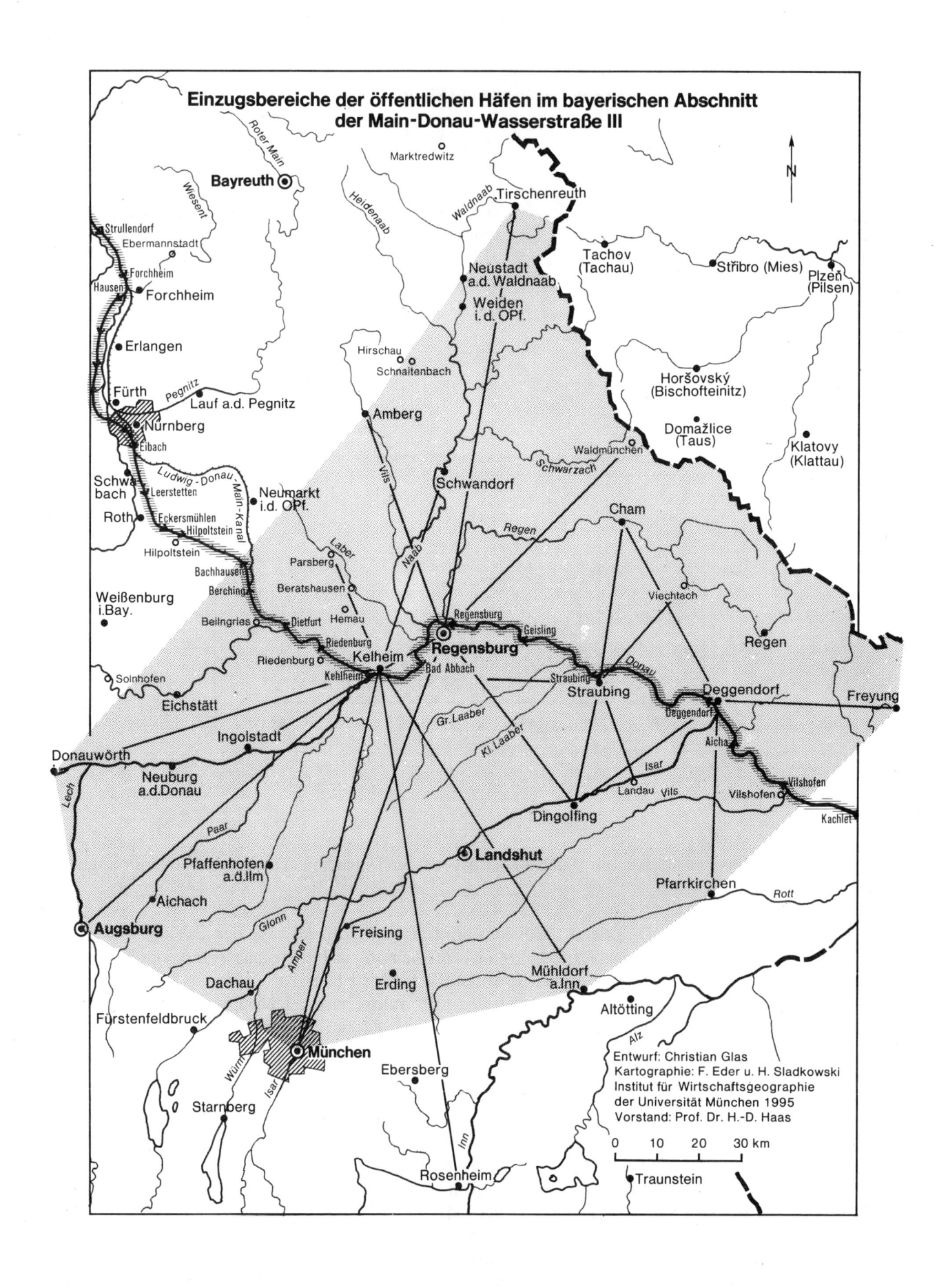

Karte 9: Einzugsbereiche der öffentlichen Häfen im bayerischen Abschnitt der Main-Donau-Wasserstraße (III)

## 6.4. Zusammenfassendes Ergebnis

Faßt man die erarbeiteten Einzelergebnisse der Streckenabschnitte Main, Main-Donau-Kanal und Donau zusammen, so wird deutlich, daß sich die öffentlichen Binnenhäfen in Bayern in einem höchst unterschiedlichen Maße auf die Vollendung des Main-Donau-Kanals eingestellt haben. Während die Häfen am bayerischen Main bis dato nur in sehr geringem Umfang von dem neuen Verkehrsweg profitieren konnten, auch die Häfen an der Nordrampe des Kanals zum Teil nur überraschend geringe Güterverkehrsverflechtungen mit Häfen an der Donau aufbauten, wurden insbesondere im Donauhafen Kelheim intensiv die Möglichkeiten genutzt, die sich durch die durchgängige Befahrbarkeit des Main-Donau-Kanals ergaben. Dabei läßt sich resümieren, daß die bayerischen Mainhäfen 1993 zum Teil noch keinen, im Höchstfall aber nur 3% ihres jeweiligen wasserseitigen Umschlags mit Häfen an der Donau vollzogen. Bei den Häfen an der Nordrampe des Main-Donau-Kanals bewegt sich der Anteil zwischen 0 und 16%. Bedeutend intensiver nutzten hingegen einige bayerische Donauhäfen das ökonomische Potential des Kanals. Herausragend ist dabei das Ergebnis des Kelheimer Hafens. Rd. 65% seines Umschlagsaufkommens werden mit Häfen im Rheinstromgebiet abgewickelt. Durch diese rasche Orientierung an den veränderten Gegebenheiten gelang es, das Kelheimer Umschlagsaufkommen 1993 gegenüber dem Vorjahr um 112% zu erhöhen. Als Gemeinsamkeit weisen die bayerischen Binnenhäfen auf, unabhängig davon, ob sie am Main, am Kanal oder an der Donau gelegen sind, daß Düngemittel und Eisenerz beim Verkehr über die europäische Wasserscheide ihre häufigsten und tonnageintensivsten Umschlagsgüter bilden.

Bei der Erfassung der landseitigen Einzugsbereiche der Hafenstandorte ergab sich, daß die häufig postulierte Darstellung eines im Radius 50 km messenden Einzugsbereiches um den Hafenstandort den realen Gegebenheiten im Raum zumeist nicht gerecht werden kann. Gegliedert nach Hauptgütergruppen wurden für das Kalenderjahr 1993 die Umlandverflechtungen der Hafenstandorte ermittelt und kartographisch umgesetzt. Faßt man dabei die Ergebnisse der Häfen an Main, Main-Donau-Kanal und Donau zusammen, so ergeben sich für den gewählten Zeitraum die Umlandbeziehungen, wie sie in den Karten 7-9 dargestellt sind. In den Gesprächen, die im Rahmen dieser Arbeit mit Hafendirektoren, Hafenmeistern, Hafenansiedlern, Reedern und Binnenschiffern geführt wurden, wurde sehr häufig darauf verwiesen, daß seitens des Binnenschiffahrtsgewerbes ein bedeutendes, zu einem gewissen Teil auch existentielles Interesse an der Verbesserung der Schiffahrtsbedingungen auf der bayerischen Donau im Teilabschnitt Straubing-Vilshofen gegeben ist. Entsprechend soll im nachfolgenden Kapitel dargestellt werden, daß im September 1992 zwar das "Jahrhundertbauwerk" Main-Donau-Kanal vollendet wurde, die Aufgaben des Wasserstraßenbaus in Bayern jedoch keineswegs vollendet sind.

## 6.5. Exkurs: Ausbau der niederbayerischen Donau

"Jede Kette ist so stark oder so schwach wie ihr schwächstes Glied - dies gilt auch für Transportketten."[1]

Die 69 km lange Donaustrecke zwischen Straubing und Vilshofen bietet derzeit die mit Abstand ungünstigsten Schiffahrtsbedingungen an der Rhein-Main-Donau-Wasserstraße zwischen der Nordsee und dem Schwarzen Meer. Zwar sollte eine dort bis in die späten 60er Jahre durchgeführte Niedrigwasserregulierung eine Wassertiefe von mindestens 2 m gewährleisten, Tatsache ist jedoch, daß die damalige Zielvorgabe nicht erreicht werden konnte. Die realisierten flußbaulichen Maßnahmen schufen nur ein Fahrwasser von 1,70 m bei Regulierungs-Niedrigwasserstand. In längeren Trockenperioden, insbesondere im Spätsommer und Herbst wird diese Tiefe mit 1,55 m häufig noch unterschritten. Das bedeutet, daß auf diesem Donauabschnitt eine zuverlässige und wirtschaftliche Schiffahrt unter den heute gegebenen verkehrswirtschaftlichen Rahmenbedingungen kaum möglich ist. Entsprechend negative Auswirkungen auf das Verkehrsaufkommen auf der übrigen Main-Donau-Wasserstraße sind die Folge.[2]

---

[1] Pisecky, F.: Die Schwachstelle sanieren. In: Schiffahrt und Strom, Folge 143, Juli/August 1993, S.7.
[2] o.V.: Raumordnungsverfahren für die Donaustrecke Straubing-Vilshofen. In: Deutscher Kanal- und Schiffahrtsverein Rhein-Main-Donau (Hrsg.): Mitteilungsblätter 74/75, Nürnberg 1993, S.5.

Im 10-jährigen Mittel beträgt, gemäß den Erhebungen der Wasser-und Schiffahrtsdirektion Süd, der Wasserstand des zur Diskussion stehenden Donauabschnittes an 70 von 365 Tagen nur eine Tiefe zwischen 1,55 m und 2,10 m, an 212 Tagen des Jahres ist der Wasserstand geringer als 2,50 m. Die Fahrrinnentiefe von 2,80 m, bei der eine maximale Abladung von modernen Güterschiffen gewährleistet wäre, wurde im Mittel sogar an 9 Monaten im Jahr nicht erreicht.[1]

Drei weitere die Binnenschiffahrt behindernde Aspekte müssen im Zusammenhang mit dem bisher unzureichenden Ausbauzustand der bayerischen Donau auf dem genannten Teilstück Beachtung finden:
1. Der Abschnitt Straubing-Vilshofen hat die engsten Kurvenradien der gesamten Rhein-Main-Donau-Wasserstraße.
2. Dieses Teilstück verfügt über die geringste Fahrrinnenbreite an der Großschiffahrtsstraße.
3. Die Donaustrecke Straubing-Vilshofen wird derart häufig von aperiodischen Abflußschwankungen heimgesucht, daß eine genaue Festlegung der Abladetiefe vor Fahrtantritt der Binnenschiffe kaum möglich ist. Deshalb ist eine Einbindung von Binnenschiffen auf der bayerischen Donau in das logistische System einer Transportkette sehr erschwert und nur mit vielen Unsicherheiten realisierbar. Entsprechend sind, sobald dieses Teilstück passiert werden muß "Just-in-time-Verkehre" überhaupt nicht und "In-time-Verkehre" nur unter großen Unwägbarkeiten oder mittels vorangegangener Leichterungen durchführbar.[2]

Neben den Forderungen des Binnenschiffahrtsgewerbes implizieren auch wasserwirtschaftliche Anforderungen zusätzliche Baumaßnahmen an der Donau, da sich der Fluß seit der ersten Mittelwasserkorrektur im 19. Jahrhundert zunehmend eingräbt. Wegen des abnehmenden Geschiebeeintrages vom Oberlauf der Donau sowie von der Isar sind derzeit erste Veränderungen an der Flußsohle erkennbar. Erfolgen keine Eingriffe, so muß innerhalb der nächsten zwei Jahrzehnten mit großräumigen Erosionserscheinungen gerechnet werden. Insbesondere unterhalb der Staustufe Straubing wird es zu einem Geschiebedefizit und somit zu Erosionserscheinungen an der Sohle kommen. Eine nahezu identische Situation wurde auch durch den Ausbau der Isar zur Wasserkraftnutzung verursacht. Die Geschiebemenge am Mündungsbereich der Isar in die Donau wurde reduziert und Sohleeintiefungen an der Donau, insbesondere an Außenkrümmungen des Flusses und an Engstellen, wie Brücken und Buhnen, sind die Folge. Die mit der Erosion verbundenen negativen Konsequenzen, wie die Destabilisierung von Brückenpfeilern oder Ufermauern, aber auch Grundwasserabsenkungen, müssen in jedem Fall verhindert werden.[3] Dieser Tatbestand ist keineswegs neu, sondern bereits vor rund 20 Jahren erkannt worden. Juristisch manifestiert wurden Lösungsansätze bereits 1966 im Duisburger Vertrag sowie 1976 im Donau-Kanalisierungsvertrag.[4]

Die zentrale Fragestellung, die gegenwärtig im Mittelpunkt der fachlichen, aber auch politischen Diskussion steht, ist deshalb nicht, ob oder ob nicht ausgebaut werden soll, sondern in welcher Form der Ausbau vollzogen wird. Grundsätzlich stehen sich dabei zwei konträre Ausbauvarianten gegenüber, die beide im Rahmen eines Raumordnungsverfahrens einer Prüfung unterzogen werden. Der eine Lösungsvorschlag, der von der als Bauherrin fungierenden Rhein-Main-Donau AG präferiert wird, sieht den Bau von drei Staustufen und einem 9,5 km langen Seitenkanalkanal vor. Anhand der nachfolgenden Systemskizze soll die Ausbauvariante der Rhein-Main-Donau-AG graphisch vorgestellt werden.

---

[1] Hauck, H.: Der Donauausbau Straubing-Vilshofen. In: Deutscher Kanal- und Schiffahrtsverein Rhein-Main-Donau (Hrsg.): Mitteilungsblätter 74/75, Nürnberg 1993, S.14ff.
[2] Contzen, H.: Neun Thesen zum Donauausbau. In: Deutscher Kanal- und Schiffahrtsverein Rhein-Main-Donau (Hrsg.): Mitteilungsblätter Nr. 76, Nürnberg 1993, S.18.
[3] ebd., S.19.
[4] vgl. dazu "Kap. 2.3. Main-Donau-Kanal" der vorliegenden Arbeit.

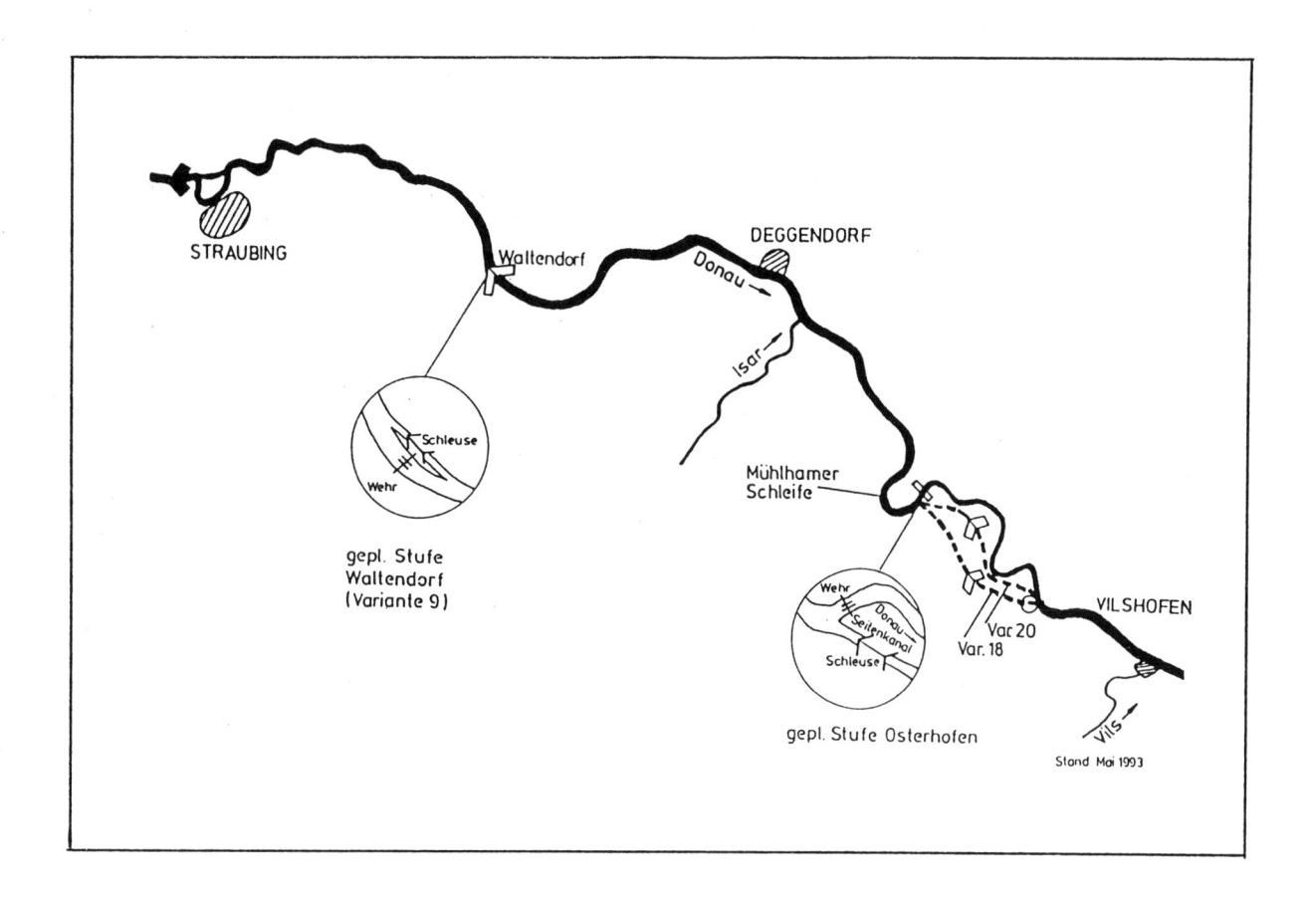

Karte 10: Systemskizze Donauausbau.

Quelle: Hauck, H.: Die Diskussion über den Donauausbau Straubing-Vilshofen, a.a.O., S.8.

Als Bauzeit für dieses Projekt werden seitens der Rhein-Main-Donau AG 8 bis 10 Jahre kalkuliert. Die Kosten dieser Baumaßnahme werden dabei auf 1,3 Mrd. DM geschätzt. Demgegenüber steht als zweiter Lösungsvorschlag eine Planungsvariante des Wiener Wasserbauprofessors Harald Ogris, der einen Ausbau der Donau nicht mit Staustufen und Seitenkanal, sondern mit dem Einbau von Buhnen und einer Sohlepflasterung mittels kindskopfgroßer Steine vorsieht. In diesem Zusammenhang anzumerken ist, daß eine erfolgreiche Umsetzung des letztgenannten theoretischen Konzepts bisher in der Wasserbaupraxis noch nicht erbracht werden konnte. Entsprechend sind weder die Erfolgsaussichten noch die Bauzeit und die anfallenden Baukosten klar abschätzbar.

# 7. Ausblick

Sowohl verkehrs- als auch umweltpolitisch ist in der Bundesrepublik Deutschland eine Steigerung des Anteils der Binnenschiffahrt am Modal-Split wünschenswert. Dennoch muß, ohne einschneidende politische Maßnahmen, vor undifferenzierten Hoffnungen auf eine Renaissance der Binnenschiffahrt gewarnt werden. Bezogen auf die Wachstumschancen seines Verkehrsaufkommens stellt sich die Perspektive des Main-Donau-Kanals im Vergleich zu anderen bundesdeutschen Binnenwasserstraßen jedoch äußerst positiv dar. So wurde der Main-Donau-Kanal in den ersten beiden Jahren seiner durchgängigen Befahrbarkeit von der Güter- und Personenschiffahrt sehr gut angenommen. Konkret ist für das Kalenderjahr 1994 mit einem Frachtaufkommen von rund 6 Mio. t und einem Passagieraufkommen von etwa 150 000 Fahrgästen zu rechnen. Entsprechend wirklichkeitsfremd muten demzufolge viele der Verkehrsprognosen an, die während der politischen Diskussion über eine sogenannte "Qualifizierte Beendigung" des Kanalprojektes in den Jahren 1976-1982 erstellt wurden und das künftige Verkehrsaufkommen auf rund 3 Mio. Jahrestonnen bezifferten.

Wegen der zeitlichen Parallele zwischen dem Fall des Eisernen Vorhangs und der Eröffnung der künstlichen Wasserstraße läßt der Main-Donau-Kanal langfristig ein noch weit größeres, bisher aber kaum genutztes, Potential erkennen. Als Hemmnisse für ein bisher suboptimales Verkehrsaufkommen sind exemplarisch
- die mit dem Bürgerkrieg im ehemaligen Jugoslawien einhergehenden Einschränkungen des Donauverkehrs,
- die ökonomischen Probleme des Transformationsprozesses der früheren RGW-Staaten,
- die technischen und politischen Schwierigkeiten, mit denen das slowakisch-ungarische Donaukraftwerk Gabcikovo behaftet ist,
- die inakzeptablen Schiffahrtsverhältnisse auf der niederbayerischen Donau im Streckenabschnitt Straubing-Vilshofen

zu nennen.

Unterstellt man, daß bis zur Jahrtausendwende einige dieser Einflüsse gemildert oder gar behoben sind, erscheint ein Transportaufkommen von 8-10 Millionen Jahrestonnen auf dem Main-Donau-Kanal als durchaus realistisch. Dies impliziert die Forderung, daß die Mehrzahl der bayerischen Binnenhäfen weit intensiver als bisher von den Möglichkeiten, die mit der Kanaleröffnung einhergehen, Gebrauch machen. Während beispielsweise im Donauhafen Kelheim bereits 1993 rund 65% der umgeschlagenen Güter entweder über den Main-Donau-Kanal in den niederbayerischen Hafen oder von Kelheim ins Rheinstromgebiet transportiert wurden, bauten die Häfen Marktbreit, Kitzingen, Erlangen, Roth und Passau keine Schiffsverbindungen über die europäische Wasserscheide hinweg auf. Hier muß unverzüglich eine Neuorientierung erfolgen.

Fraglich ist, ob langfristig der Betrieb aller bayerischen Häfen gesichert werden kann. Eine zu große Anzahl einander um Güterumschlag konkurrierender Häfen münden im Zweifelsfall in Auflassungen, wie dies bereits in Wipfeld geschehen ist. Eine mögliche Hilfestellung zur Abfederung dieses Konkurrenzdruckes bildet eine konsequente Spezialisierung von kleineren Hafenstandorten auf einzelne Umschlagsgüter. Mit Ausnahme einer Beendigung der Baumaßnahmen am künftigen Donauhafen Straubing-Sand sollte, aus der Sicht des Jahres 1994, im Freistaat Bayern auf die Planung und den Bau weiterer öffentlicher Güterhäfen verzichtet werden. Vielmehr ist es Aufgabe der kommenden Jahre, das bestehende Kontingent an Häfen gezielt zu strukturieren und zu modernisieren. Flankiert werden müssen diese Maßnahmen durch eine verstärkte Kooperation der bayerischen Häfen bei der Verbesserung ihres Leistungsangebotes und dessen Vermarktung. Die Ausarbeitung eines bereits im Staatsministerium für Wirtschaft und Verkehr projizierten Hafenplans bietet dabei eine sinnvolle Hilfestellung.

Abschließend läßt sich feststellen, daß der in der politischen Diskussion über Jahrzehnte hinweg höchst umstrittene Main-Donau-Kanal während seiner ersten Betriebsjahre im Zusammenspiel von wasserwirtschaftlichen, güterverkehrlichen und freizeitfunktionalen Aspekten eine durchaus positive Gesamtbewertung zuläßt.

**Zusammenfassung**

Die vorliegende Arbeit untersucht den von der Binnenschiffahrt bereits in seinen ersten beiden Betriebsjahren intensiv genutzten Main-Donau-Kanal in einem Zusammenspiel von historischen, verkehrs-, versorgungs- und freizeitfunktionalen Aspekten. Aus wirtschaftsgeographischer Sicht steht dabei eine Analyse der Einflüsse der künstlichen Wasserstraße auf die Raumstrukturen und die räumlichen Prozesse in Bayern im Vordergrund. Von besonderer Bedeutung ist hierbei die Erfassung von Wechselwirkungen zwischen der Vollendung des Main-Donau-Kanals und dem Umschlagsaufkommen der öffentlichen Binnenhäfen in Bayern. Zu diesem Zwecke wird systematisch ermittelt, in welchem Maße die öffentlichen Binnenhäfen bisher von dem neugeschaffenen Verkehrsweg profitieren konnten. Dabei wird deutlich, daß sich die öffentlichen Binnenhäfen in Bayern höchst unterschiedlich auf die Vollendung des Main-Donau-Kanals eingestellt haben. Während die Häfen am bayerischen Main sowie die Häfen an der Nordrampe des Kanals nur äußerst geringe Verkehrsverflechtungen mit den Häfen an der Donau aufbauen konnten, nutzten einige bayerische Donauhäfen das ökonomische Potential des Kanals in hohem Maße. Herausragend ist dabei das Ergebnis des Kelheimer Hafens. Rund 65% seines Umschlagsaufkommens werden gegenwärtig mit Häfen im Rheinstromgebiet abgewickelt. Durch diese rasche Orientierung an den veränderten Gegebenheiten gelang es, das Kelheimer Umschlagsaufkommen 1993 gegenüber dem Vorjahr um 112% zu erhöhen. Bei der Erfassung der landseitigen Einzugsbereiche der Hafenstandorte ergab sich, daß die häufig postulierte Darstellung eines im Radius 50 Kilometer messenden Einzugsbereiches um den Hafenstandort den realen Gegebenheiten im Raum zumeist nicht gerecht werden kann. Faßt man dabei die Ergebnisse der Häfen an Main, Main-Donau-Kanal und Donau zusammen, so ergibt sich ein äußerst heterogenes Bild, das von einem Einzugsbereich von nur wenigen Kilometern bis hin zu Distanzen von über 150 Kilometern reicht.

**Summary**

The available thesis examines the extensively used Main-Danube canal, stresses its history and infrastructure, and focuses on the influences the canal has on area structures and development in Bavaria. Of special importance is the description of the relationship between the canal and the public inland harbours within Bavaria. The extent to which the public harbours profited through their connection to the new waterway were systematically analysed and proved to vary widely. In contrast to some of the Bavarian harbours on the Danube which prospered greatly from the economic potential offered through use of the canal, the Bavarian harbours on the Main responded with only limited use. A good example for this finding is the Kelheim harbour whose transactions with harbours on the Rhine and Main rivers developed to approximately 65% of its turnover. As a result of the quick adaptation to the changing circumstances, Kelheim harbour's trade increased 112% between 1992-1993. The results of a survey of the harbours on the Main, the Danube, and the Main-Danube canal refuted the theory that a inland harbour serves an area of 50 kilometres, but has a reach of up to 150 kilometres.

## Literaturverzeichnis

**Aberle, G.**: Binnenschiffahrt - umweltpolitisch gelobt, verkehrswirtschaftlich auf dem Abstieg? In: Internationales Verkehrswesen Heft 10/1992.

**Achilles, F.W.**: Wasserstraßen und Häfen in Mitteleuropa und Nordrhein-Westfalen. Deutscher Planungsatlas Bd.I: Nordrhein-Westfalen 19. Hrsg. von der Akademie für Raumforschung und Landesplanung Hannover 1979.

**Alfs, M.**: Maßnahmen zur Bekämpfung binnenschiffahrtsbedingter Belastungen von Binnenwasserstraßen und ihrer ökonomischen Auswirkungen auf die Binnenschiffahrt. Inaugural-Dissertation München 1976.

**Althammer, W.**: Zukunftsperspektiven der Donauschiffahrt nach 1980. Vorträge gehalten am 21. und 22. September 1972 in Nürnberg auf der Kuratoriumssitzung der Südosteuropagesellschaft, München 1973.

**Arbeitsgemeinschaft Wasserkraft in Bayern (Hrsg.)**: Wasserkraft in Bayern, München 1992.

**Arnold, H./Hahn, W.**: Zukunftsperspektiven des Donauhafens in Regensburg. Erschienen in der Reihe Ifo-Studien zur Verkehrswirtschaft Bd.20, München 1989.

**Arnold, H./Josel, K.D./Ratzenberger, R.**: Wirtschaftliche Vorteile eines Freihafens an der Donau und Standortvoraussetzungen in Passau, Deggendorf, Straubing, Regensburg, Kelheim. Erschienen in der Reihe Ifo-Studien zur Verkehrswirtschaft Bd.19, München 1987.

**Arnold, H./Ratzenberger, R.**: Wirtschaftliche Impulse einer künftig durchgehend befahrbaren Rhein-Main-Donau-Wasserstraße und mögliche Entwicklung des Güterumschlags der Binnenschiffahrt in den niederbayerischen Regionen Donau-Wald und Landshut. Erschienen in der Reihe Ifo-Studien zur Verkehrswirtschaft Bd.18, München 1989.

**Bader, W.**: Die Verbindung von Rhein und Donau - zur Geschichte eines bemerkenswerten Wasserstraßenprojektes. Erschienen in der Reihe Abhandlungen und Berichte des Deutschen Museums 1982 Heft 2, München/Düsseldorf 1982.

**Bartschat, H.**: Der Bayerische Lloyd. Wirtschaftliche Probleme der Deutschen Donauschiffahrt 1913 bis 1970. In: Der Donauraum. Zeitschrift für Donauraumforschung 25. Jahrgang Heft 2, Wien 1980.

**Bauer, H.**: Der Rhein-Main-Donau-Kanal. Inaugural-Dissertation Köln 1938.

**Bauer, J.**: Das Tarifwesen der deutschen Donau-Wasserstraße, unter besonderer Berücksichtigung des Konkurrenzverhältnisses zwischen Binnenschiffahrt und Eisenbahn. Inaugural-Dissertation Kallmünz 1933.

**Bayerische Landeshafenverwaltung (Hrsg.)**: Wirtschaftsstandorte mit Zukunft: Die Bayerischen Staatshäfen, Regensburg 1994.

**Bayerischer Oberster Rechnungshof (Hrsg.)**: Gutachten Rhein-Main-Donau-Kanal. Untersuchungsbericht AZ VI-625133/95 vom 21.12.1966, München 1966.

**Bayerisches Landesamt für Statistik und Datenverarbeitung (Hrsg.)**: Statistische Berichte: Binnenschiffahrt in Bayern im Dezember 1992/1993, München 1993/1994.

**Bayerisches Landesamt für Wasserwirtschaft (Hrsg.)**: Deutsches Gewässerkundliches Jahrbuch Donaugebiet, Abflußjahr 1989, München 1991.

**Bayerisches Landesamt für Wasserwirtschaft (Hrsg.)**: Deutsches Gewässerkundliches Jahrbuch Rheingebiet, Teil II: Main, Abflußjahr 1989, München 1992.

**Bayerisches Staatsministerium für Landesentwicklung und Umweltfragen (Hrsg.)**: Main Donau Wasserstraße - Landschaftsgestaltung, München 1986.

**Bayerisches Staatsministerium für Landesentwicklung und Umweltfragen (Hrsg.)**: Landesentwicklungsprogramm Bayern, München 1994.

**Bayerisches Staatministerium für Wirtschaft und Verkehr (Hrsg.)**: Binnenhäfen in Bayern Angebot und Leistung, München 1976.

**Bayerisches Staatsministerium für Wirtschaft und Verkehr (Hrsg.)**: Binnenhäfen in Bayern, München 1987.

**Bayerisches Staatsministerium für Wirtschaft und Verkehr (Hrsg.)**: Verkehrsprognose Bayern 2000 und politische Schlußfolgerungen, München 1984.

**Bayerisches Staatsministerium für Wirtschaft und Verkehr (Hrsg.)**: Informationen zum Main-Donau-Kanal, München 1987/1991.

**Beyer, P.**: Das Europäische Wasserstraßennetz. In: Die Donau als Verkehrsweg Südosteuropas und die Großschiffahrtsstraße Rhein-Main-Donau. Erschienen in der Schriftenreihe Südosteuropastudien Bd.14, München 1969.

**Biro, G.**: Die Rhein-Main-Donau-Schiffahrt und die Außenwirtschaft Ungarns. In: Zukunftsperspektiven der Donauschiffahrt nach 1980. Erschienen in der Reihe Südosteuropa-Studien Bd.21, München 1973.

**Blumenberg, R.**: Das System der Raumplanung in der Bundesrepublik Deutschland - eine Organisationsprüfung. Erschienen in der Schriftenreihe Beiträge aus dem Institut für Verkehrswissenschaft an der Universität Münster Heft 83, Göttingen 1977.

**Bobek, H.**: Die Theorie der zentralen Orte im Industriezeitalter. In: Tagungsberichte und wissenschaftliche Abhandlungen des Deutschen Geographentages, Bad Godesberg 1967, Wiesbaden 1969.

**Bögel, H.D.**: Die Bedeutung der Binnenwasserstraßen für das regionale Wirtschaftswachstum und die Raumordnung. In: Zeitschrift für Verkehrswissenschaft 38/1967.

**Bögel gen. Stratmann, H.D.**: Raumordnung und Verkehr unter besonderer Berücksichtigung der Bedeutung von Binnenwasserstraßen und Binnenhäfen für die industrielle Standortbildung und die räumliche Entwicklung der Wirtschaft, Köln 1968.

**Bögenhold, D.**: Der Strukturwandel in der westdeutschen Binnenschifffahrt. Diskussions- und Forschungsbeiträge aus der Projektgruppe "Zum sozialen Wandel" an der Universität Oldenburg Heft 8, Oldenburg 1981.

**Böttger, W.**: Der Rhein-Main-Donau-Kanal - ein gesamteuropäisches Problem. In Zeitschrift für Verkehrswissenschaft 1973.

**Böttger, W.**: Die Rhein-Main-Donau-Wasserstraße als gesamteuropäisches Problem. Erschienen in der Reihe FS-Analysen 3/1975 der Forschungsstelle für gesamtdeutsche wirtschaftliche und soziale Fragen, o.O. 1975.

**Böventer, E. v.**: Standortentscheidungen und Raumstruktur. Veröffentlichung der Akademie für Raumforschung und Landesplanung - Abhandlungen Bd.76, Hannover 1979.

**Brecht, P.**: Die Kanalüberleitung - Teil des Überleitungsvorhabens. In: bau intern 19/1992, München 1992.

**Breschkov, I.**: Entwicklungsperspektiven der bulgarisch-deutschen Zusammenarbeit auf der Donau. In: Gumpel, W. (Hrsg.): Integration des bulgarischen Verkehrs in das europäische System. Erschienen in der Schriftenreihe Südosteuropa Aktuell Nr.16, München 1993.

**Bryson, B.**: Main-Danube Canal linking Europes Waterways. In: National Geographic, Vol. 182, No.2, August 1992.

**Der Bundesminister für Verkehr (Hrsg.)**: Binnenschiffahrt und Bundeswasserstraßen - Jahresberichte 1988/91/92, Bonn 1989/92/93.

**Der Bundesminister für Verkehr (Hrsg.)**: Bundesverkehrswegeplan 1992, Bonn 1992.

**Der Bundesminister für Verkehr (Hrsg.)**: Verkehrsblatt, Heft 20/1992, Bonn 1992.

**Bundesverband der Deutschen Binnenschiffahrt e.V. (Hrsg.)**: Stellungnahme des Bundesverbandes der Deutschen Binnenschiffahrt e.V. zu den Problemen des Ost-West-Verkehrs auf Binnenschiffahrtsstraßen, Duisburg 1977.

**Bundesverband der Deutschen Binnenschiffahrt e.V. (Hrsg.)**: Geschäftsberichte 1991/92/93 Duisburg/Ruhrort 1992/93/94.

**Bundesverband der Deutschen Binnenschiffahrt e.V. und Vereine für Binnenschiffahrt und Wasserstraßen (Hrsg.)**: Binnenschiffahrt in Zahlen Ausgaben 1992 sowie 1993, Duisburg-Ruhrort 1992/93.

**Burger, H./Kapfinger, H.**: Bayerns Weg zum Meer, Passau 1992.

**Busch, E.**: Beseitigung noch bestehender Engstellen an der Donau. In: Binnenschiffahrt - Zeitschrift für Binnenschiffahrt und Wasserstraßen, Nr.17/1992.

**Cerwenka, P./Rommerskirchen, S.**: Prospects for Freight Transport. In: Prospects for east-west european Transport. European Conference of Ministers of Transport, International Seminar, Paris 6th-7th december 1990, Paris 1991.

**Christaller, W.**: Die zentralen Orte in Süddeutschland. Eine ökonomisch-geographische Untersuchung über die Gesetzmäßigkeiten der Verbreitung und Entwicklung der Siedlungen mit städtischen Funktionen, Jena 1933.

**Claussen, T.**: Grundlagen des Güterverkehrsökonomie, Hamburg 1979.

**Deischl, E.**: Milliarden Steuergelder für sinnlose Kanalbauten. Erschienen in der Diskussionsschriftenreihe des Studieninstituts für angewandt Haushalts- und Steuerpolitik e.V. Heft 2, München 1973.

**Deutsch, R./Lechner W.H.**: Der Main-Donau-Kanal und die bayerischen Staatshäfen - Bedeutung für Handel und Verkehr. In: bau intern 10/1992, München 1992.

**Deutsches Institut für Wirschaftsforschung**: Zur Auslastung des Main-Donau-Kanals. Erwartete Kanalbelastung als Teilergebnis einer globalen Güterverkehrsprognose für das Jahr 2000. In: DIW-Wochenbericht 15/1982, Berlin 1982.

**Deutscher Kanal- und Schiffahrtsverein Rhein-Main-Donau e.V. (Hrsg.)**: Rhein-Main-Donau Großschiffahrtsstraße. Bedeutung und Bauwürdigkeit der Kanalstrecke Bamberg-Nürnberg, Nürnberg 1958.

**Deutscher Kanal- und Schiffahrtsverein Rhein-Main-Donau e.V. (Hrsg.)**: Fertigstellung der Rhein-Main-Donau-Verbindung 1992 - eine Region bereitet sich vor. Mitteilungsblätter Nr.58, Nürnberg 1988.

**Deutscher Kanal- und Schiffahrtsverein Rhein-Main-Donau e.V. (Hrsg.)**: 1892-1992 100 Jahre Deutscher Kanal- und Schiffahrtsverein Rhein-Main-Donau e.V., Festschrift, Nürnberg 1992.

**Deutsch-Oesterreichisch-Ungarischer Verband für Binnenschiffahrt**: Verbandsschriften No.III. Das Donau-Main-Kanalprojekt. Heft 1 - Geschichtliches. Gegenwärtige Lage des Projekts, dessen geographische, technische und wirtschaftliche Bedeutung, Berlin 1897.

**Diederich, H.**: Verkehrsbetriebslehre, Wiesbaden 1977.

**Dollhopf, H./Endres, K./Liedel, H.**: Der alte Kanal - Der neue Kanal. Landschaftsverluste im Altmühltal, Würzburg 1992.

**Durgeloh, H.**: Binnenschiffahrt zwischen wirtschaftlicher und sozialer Verantwortung. In: Seidenfus, H.St.: Verkehr zwischen wirtschaftlicher und sozialer Verantwortung. Erschienen in der Reihe Forschungen aus dem Institut für Verkehrswissenschaft an der Universität Münster Bd.18, Göttingen 1984.

**ECE-Wirtschaftskommission für Europa (Hrsg.)**: Die wirtschaftliche Bedeutung der Rhein-Main-Donau-Verbindung. Dokument-Nr.W/TRANS/WP 34/62, München 1970

**Eder, F.**: Kraftwerke finanzieren die Rhein-Main-Donau-Wasserstraße. In: Mitteilungsblätter des Deutschen Kanal- und Schiffahrtvereins Rhein-Main-Donau e.V. Nr.22, Nürnberg 1976.

**Ellmers, D.**: Die Rolle der Binnenschiffahrt für die Entstehung der mittelalterlichen Städte. In: Frühgeschichte der europäischen Stadt. Erschienen in der Schriftenreihe zur Ur- und Frühgeschichte des Zentralinstituts für Alte Geschichte und Archäologie Bd.44, Berlin 1991.

**Ertl, W.**: Die Donau zwischen Kelheim und Jochenstein als Teilstrecke der Main-Donau-Wasserstraße. In: Mitteilungsblätter des Deutschen Kanal-und Schiffahrtvereins Rhein-Main-Donau e.V. Nr.60, Nürnberg 1989.

**Europäische Gemeinschaft - Generaldirektion Verkehr (Hrsg.)**: Europatransport - Beobachtungen der Verkehrsmärkte. Jahresbericht 1988, Luxemburg 1991.

**Faber, E.**: Denkschrift zu dem technischen Entwurft einer neuen Donau-Main-Wasserstraße von Kelheim nach Aschaffenburg, Nürnberg 1903.

**Faber, E.**: Denkschrift über die Verbesserung der Schiffbarkeit der bayerischen Donau und über die Durchführung der Gross-Schiffahrt bis nach Ulm, Nürnberg 1905.

**Faber, E.**: Die Großschiffahrtswege in Bayern als notwendige Teile des deutschen Wasserstraßennetzes, Nürnberg 1912.

**Faller, P./Gürtlich, G. (Hrsg.)**: Die Donau als Verkehrsweg der Zukunft. Erschienen in der Schriftenreihe der österreichischen Verkehrswissenschaftlichen Gesellschaft Bd.10, Wien 1984.

**FDP-Fraktion im Bayerischen Landtag (Hrsg.)**: Anhörungsverfahren der FDP-Fraktion im Bayerischen Landtag zum Thema Rhein-Main-Donau-Schiffahrtsverbindung, München 1966.

**Fekete, G.**: Eine europäische Rechtsordnung für die Binnenschiffahrt. In: Güterverkehrsströme in Europa - Horizont 2000 Plus. Erschienen in der Schriftenreihe der Deutschen Verkehrswissenschaftlichen Gesellschaft e.V. Reihe B: Seminar B151, Nürnberg 1992.

**Fischer, M.M./Rammer, C./Essletzbichler, J.**: Zur Entwicklung des grenzüberschreitenden Warenverkehrs im Einzugsbereich der RMD-Wasserstraße und der Mengenpotentiale der Binnenschiffahrt. Erschienen in der Schriftenreihe des Instituts für Wirtschafts- und Sozialgeographie WSG-Reseach Report Nr.4, Wien 1993.

**Fleskes, G.**: Schiffahrtsbetrieb auf der Main-Donau-Wasserstraße. In: Binnenschiffahrt - Zeitschrift für Binnenschiffahrt und Wasserstraßen vom 11.9.1992.

**Flohn, H.**: Beiträge zur Problematik der Talmäander. Erschienen in der Reihe Frankfurter Geographische Hefte, Heft 1/1935, Frankfurt a.M. 1935.

**Fochler-Hauke, G.**: Verkehrsgeographie, Braunschweig 1959.

**Förster, K.**: Der volkswirtschaftliche Wert der großen Binnengewässer. Möglichkeit und Ergebnis seiner zahlenmäßigen Erfassung und Berücksichtigung des Verkehrs und der außerhalb des Verkehrs liegenden Funktionen der Gewässer. In: Verwaltung für Verkehr des Vereinigten Wirtschaftsgebietes (Hrsg.): Studien zu Bau- und Verkehrsproblemen der Wasserstraßen. Sonderdruck der Rhein-Main-Donau AG, München 1949.

**Förster, K.**: Wasserstraßen und Raumplanung. Erschienen in der Schriftenreihe des Zentral-Vereins für deutsche Binnenschiffahrt e.V., Heft 66, Duisburg 1954.

**Förster, K.**: Der heutige Stand und die mögliche Entwicklung des internationalen Donauverkehrs. Sonderdruck aus der Zeitschrift für Verkehrswissenschaft 31. Jahrgang, Heft 2 1960, Düsseldorf 1960.

**Förster, K.**: Die Rhein-Main-Donau Großschiffahrtsstraße in der Raumplanung. Erschienen in der Reihe Raumforschung und Landesplanung - Beiträge zur regionalen Aufbauplanung in Bayern. Erweiterter Nachdruck aus der Zeitschrift Raumforschung und Raumordnung, Heft 4, Bad Godesberg/München 1963.

**Förster, K.**: Der Europakanal und seine Wirkungen auf die südosteuropäischen Donauländer. In: Zukunftsperspektiven der Donauschiffahrt nach 1980. Erschienen in der Reihe Südosteuropa-Studien, Bd.21, München 1973

**Förster, K.**: Die Rhein-Main-Donau Großschiffahrtsstraße unter wirtschaftsgeographischen Gesichtspunkten. Sonderdruck aus Tijdschrift voor economische en sociale Geografie, o.O., o.J.

**Fourastie', J.**: Die große Hoffnung des 20. Jahrhunderts, Köln-Denk 1954.

**Fourvez, S.**: Prospects for inland-waterways. The Rhine-Main-Danube-Link. In: Prospects for East-West-European Transport. European Conference of Ministers of Transport, International Seminar, Paris 6th-7th december 1990, Paris 1991.

**Frohner, K.**: Der Rhein-Main-Donau-Kanal und die Auswirkungen seiner Fertigstellung auf die Wirtschaft Österreichs. Eine Wirtschafts- und Verkehrsgeographische Untersuchung, Wien 1958.

**Fuchs, H.**: Wasserwirtschaftliche Probleme ders Main-Donau-Kanals. Vortrag auf der Deutschen Gewässerkundlichen Tagung 1966 in Regensburg am 10. Mai 1966, Regensburg 1966.

**Fülling, F.**: Überlegungen im Jahre 1978 zur Wirtschaftlichkeit und Wirkung des Rhein-Main-Donau-Kanals mit Nutzen-Kosten-Rechnung, Düsseldorf 1978.

**Gebhardt, T.**: Denkschrift zu dem technischen Entwurf einer Main-Donau-Wasserstraße mit dem Anschluß der Städte München und Augsburg, Nürnberg 1913.

**Geer, J.S.**: Die internationale Bedeutung der fertiggestellten Rhein-Main-Donau-Großschiffahrtsstraße. Erschienen in den Mitteilungsblättern des Deutschen Kanal-und Schiffahrtvereins Rhein-Main-Donau e.V. Nr.8, Nürnberg 1971.

**Geiger, L.**: Allgemeine und spezielle Probleme der landesplanerischen Tätigkeit in der Oberpfalz von 1945 bis 1970. In: Arbeitsmaterial der Akademie für Raumforschung und Landesplanung Nr. 125. Beiträge zur Entwicklung der Landesplanung in Bayern, Hannover 1988.

**Geile, W.**: Die Rhein-Main-Donau-Verbindung - ihre wirtschaftspolitische Bedeutung. Erschienen in der Schriftenreihe der Deutschen Verkehrswissenschaftlichen Gesellschaft e.V. Reihe D: Vorträge Bd.25, Köln 1971.

**Georgiev, G.**: Die Perspektiven der Binnenschiffahrt nach der Öffnung des Rhein-Main-Donau-Kanals. In: Gumpel, W. (Hrsg.): Integration des bulgarischen Verkehrs in das europäische System. Erschienen in der Schriftenreihe Südosteuropa Aktuell Nr.16, München 1993.

**Glenz, K.F.**: Binnen- Nachbarhäfen als geographisch-ökonomisches Phänomen. Erschienen in der Schriftenreihe Mannheimer Geographische Arbeiten Heft 8, Mannheim 1981.

**Gräf, P.**: Zur Raumrelevanz infrastruktureller Maßnahmen. Kleinräumige Struktur- und Prozeßanalyse im Landkreis Miesbach, ein Beitrag zur sozialgeographischen Infrastrukturforschung. Erschienen in der Reihe Münchner Studien zur Sozial- und Wirtschaftsgeographie Bd.18, Kallmünz/Regensburg 1978.

**Gröbl, W.**: Die Bedeutung der Bundeswasserstraßen als Alternative zu Straße und Schiene in der verkehrspolitischen Konzeption der Bundesregierung. In: Politische Studien - Zweimonatszeitschrift für Politik und Zeitgeschehen, Heft 325, September/Oktober 1992.

**Gross, H.**: Die wirtschaftspolitische Entwicklung im Südosten unter besonderer Berücksichtigung der Großschiffahrtsstraße Rhein-Main-Donau, Nürnberg 1956.

**Gross, H.**: Die wirtschaftspolitischen Probleme des Südosthandels und die Großschiffahrtsstraße Rhein-Main-Donau. Vortrag im Rahmen der Jahresmitgliederversammlung des Deutschen Kanal- und Schiffahrtvereins Rhein-Main-Donau am 25. November 1964 in Nürnberg.

**Gumpel, W. (Hrsg.)**: Die Interessen der Anliegerstaaten am Rhein-Main-Donau-Kanal. Erschienen in der Schriftenreihe Südosteuropa-Aktuell der Südosteuropa-Gesellschaft, Nr.8, München 1990.

**Hahn, W./Müller, J./Weitzel, G.**: Der Main-Donau-Kanal. Argumentationsstudie zu einer kontroversen Diskussion. Erschienen in der Reihe Ifo-Studien zur Verkehrswirtschaft Bd.14, München 1982.

**Hahn, W./Ratzenberger, R./Arnold, H./ Weitzel, G./Müller, J.**: Verkehrsprognose Bayern 2000 - Verkehrsträgerbezogenes Orginär- und Transitaufkommen Bayerns. Großräumige Verkehrsströme der bayerischen Planungsregionen. Erschienen in der Reihe Ifo-Studien zur Verkehrswirtschaft, Bd.16, München 1984.

**Hafenverwaltung Aschaffenburg (Hrsg.)**: Hafenstatistik 1993 - Hafen Aschaffenburg, Aschaffenburg 1994.

**Hafenverwaltung Bamberg (Hrsg.)**: Hafenstatistik 1993 - Hafen Bamberg, Bamberg 1993.

**Hafenverwaltung Regensburg (Hrsg.)**: Hafenstatistik 1993 - Regensburg und Passau, Regensburg 1994.

**Hallinger, J.**: Die Großwasserkräfte an der Main-Donau-Wasserstraße in Bayern, München 1920.

**Hamm, W./Neumann, W.**: Binnenwasserstrassenpolitik - Systemmängel und Reformvorschläge, Berlin 1973.

**Hauck, H.**: Der Donauausbau Straubing-Vilshofen. In: Deutscher Kanal- und Schiffahrtsverein Rhein-Main-Donau (Hrsg.): Mitteilungsblätter 74/75, Nürnberg 1993.

**Hauck, H.**: Die Diskussion über den Donauausbau Straubing-Vilshofen. In: Deutscher Kanal- und Schiffahrtsverein Rhein-Main-Donau (Hrsg.): Mitteilungsblätter 77, Nürnberg 1994.

**Harrer, B.**: Freizeitoase und Touristenattraktion? - Der Kanal in der Kritik. In: Politische Studien - Zweimonatszeitschrift für Politik und Zeitgeschehen, Heft 325 September/Oktober 1992.

**Hassert, K.**: Allgemeine Verkehrsgeographie, 2. Band, Berlin/Leipzig 1931.

**Hauser, F.**: Die verbesserte Standortsituation der Wirtschaft durch den Main-Donau-Kanal. In: Binnenschiffahrt - Zeitschrift für Binnenschiffahrt und Wasserstraßen vom 11.9.1992.

**Heilmeier, K.**: Bootet Heidelberger Zement die Donauschiffahrt aus? In: Schiffahrt und Strom, Folge 138, März/April 1992.

**Heilmeier, K.**: Kelheimer Umschlag 1992 - Eröffnung des Kanals brachte deutliche Steigerung. In: Binnenschiffahrt - Zeitschrift für Binnenschiffahrt und Wasserstraßen, Nr.9 - Mai 1993.

**Heine, B.**: Grundfragen der Deckungsbeitragsrechnung in der Binnenschiffahrt, Opladen 1972.

**Heinze, W.G.**: Raumordnung und Verkehr. In: Seidenfus, H.St. (Hrsg.): Verkehr zwischen wirtschaftlicher und sozialer Verantwortung. Erschienen in der Schriftenreihe Forschungen aus dem Institut für Verkehrswissenschaft an der Universität Münster Bd.18. Festschrift zum 50-jährigen Bestehen des Instituts für Verkehrswissenschaft an der Westfälischen Wilhelms-Universität Münster, Göttingen 1984.

**Held, H.**: Die Geschichte des Rhein-Main-Donau-Wasserstraßen-Gedankens. In: Bayerische Industrie- und Handelszeitung. Bayerisches Zentralwirtschaftsorgan für Handel, Industrie, Bergbau und Gewerbe Heft 7/1925, München 1925.

**Held-Brüschwien, H.**: Rhein-Main-Donau. Die Geschichte einer Wasserstraße. Regensburg 1929.

**Hellberg, H.**: Zentrale Orte als Entwicklungsschwerpunkte in ländlichen Gebieten. Kriterien zur Beurteilung ihrer Förderungswürdigkeit. In: Beiträge zur Stadt- und Regionalforschungen, Göttingen 1972.

**Hentfling, Th.**: Die Wasserkräfte der Rhein-Main-Donau-Großschiffahrtsstraße und ihre wirtschaftliche Bedeutung. In: Bayerische Industrie- und Handelszeitung. Bayerisches Zentralwirtschaftsorgan für Handel, Industrie, Bergbau und Gewerbe Heft 7/1925, München 1925.

**Hermes, K.**: Zur Frage eines Freihafens an der Donau - Überlegungen aus der Sicht der Geographie. In: Industrie- und Handelkammer Regensburg (Hrsg.): Zollfreihäfen an der Donau. Erschienen in der Schriftenreihe der Industrie- und Handelskammer Regensburg Heft 11, Regensburg 1986.

**Hessenberg, M.**: Der Ausbau der oberen Donau, des Rhein-Main-Donau-Kanals und des Unteren Lechs. Dissertation München 1963.

**Hettler, F.H.**: Von der Nordsee zum Schwarzmeer. In: Der Staatsbürger - Beilage der Bayerischen Staatszeitung, August 1992.

**Hettner, A.**: Allgemeine Geographie des Menschen Bd.III: Verkehrsgeographie, Stuttgart 1952.

**Hilfer, K.**: Die westdeutschen Wasserstraßen - Ausbau und Verkehr. Erschienen in der Schriftenreihe Verkehrswissenschaftliche Veröffentlichungen des Ministeriums für Wirtschaft und Vekehr des Landes Nordrhein-Westfalen, Düsseldorf o.J.

**Hofmann, H.H.**: Kaiser Karls Kanalbau. Wie Künig Carl der Große unterstünde die Donau und den Rhein zusamenzugraben. Sigmaringen 1969.

**Hofmann, H.**: Die deutsche Binnenschiffahrt im Europäischen Markt und im Hinblick auf die Öffnung des Main-Donau-Kanals. In: Binnenschiffahrt - Zeitschrift für Binnenschiffahrt und Wasserstraßen Nr.17/1992.

**Hogefeld, W.**: Abhängigkeiten zwischen Güterverkehrs- und Raumstrukturen. Erschienen in der Reihe Frankfurter Geographische Hefte Bd.54, Frankfurt a.M. 1983.

**Hulsmann, G.W.**: Gute Zusammenarbeit zwischen Binnenschiffahrt und Häfen. In: Binnenschiffahrtsreport 2/1993.

**Ifo-Institut für Wirtschaftsforschung (Hrsg.)**: Die wirtschaftliche Bedeutung der Rhein-Main-Donau-Großschiffahrtsstraße. Erschienen in der Schriftenreihe des Ifo-Instituts für Wirtschaftsforschung Bd.10, München 1951.

**Ifo-Institut für Wirtschaftsforschung (Hrsg.)**: Die internationale Bedeutung der fertiggestellten Rhein-Main-Donau-Großschiffahrtsstraße, München 1970.

**Ifo-Institut für Wirtschaftsforschung (Hrsg.)**: Der Main-Donau-Kanal, Argumentationsstudie einer kontroversen Diskussion. Erschienen in der Schriftemreihe Ifo-Studien zur Verkehrswirtschaft Bd.14, München 1982.

**Ifo-Institut für Wirtschaftsforschung (Hrsg.)**: Wirtschaftliche Vorteile eines Freihafens an der Donau und die Standortvoraussetzungen in Passau, Deggendorf, Straubing, Regensburg und Kelheim. Erschienen in der Schriftenreihe Ifo-Studien zur Verkehrswirtschaft Bd. 19, München 1987.

**Ifo-Institut für Wirtschaftsforschung (Hrsg.)**: Wirtschaftliche Impulse einer künftig durchgehend befahrbaren Rhein-Main-Donau-Wasserstraße und die mögliche Entwicklung des Güterumschlags der Binnenschiffahrt in den niederbayerischen Regionen Donau-Wald und Landshut. Erschienen in der Schriftenreihe Ifo-Studien zur Verkehrswirtschaft Bd. 18, München 1989.

**Ifo-Institut für Wirtschaftsforschung (Hrsg.)**: Zukunftsperspektiven des Donauhafens in Regensburg. Erschienen in der Schriftenreihe Ifo-Studien zur Verkehrswirtschaft Bd.20, München 1989.

**Ifo-Institut für Wirtschaftsforschung (Hrsg.)**: Umschlagsperspektive im Hafen Kelheim. München 1990.

**Ifo-Institut für Wirtschaftsforschung (Hrsg.)**: Verkehrsprognose Bayern 2005. Erschienen in der Schriftenreihe Ifo-Studien zur Verkehrswirtschaft Bd.24, München 1991.

**Ihde, G.-B.**: Logistik, Physische Aspekte der Güterdistribution, Stuttgart 1972.

**IHK Aschaffenburg (Hrsg.)**: Bericht über die Umfrage der IHK Aschaffenburg hinsichtlich des kombinierten Verkehrs in der Region Bayerischer Untermain, Aschaffenburg 1986.

**IHK Regensburg (Hrsg.)**: Zollfreihäfen an der Donau. Erschienen in der Schriftenreihe der Industrie- und Handelskammer Regensburg Heft 11, Regensburg 1986.

**IHK Regensburg (Hrsg.)**: Ergebnisprotokoll über die Sitzung des Verkehrsausschusses vom 29.10.1992 auf dem Schiff "Bayern" der Wasser- und Schiffahrtsdirektion Süd.

**Illetschenko, L.L.**: Transport-Betriebswirtschaftslehre, Wien 1966.

**Institut für Verkehrswissenschaft an der Universität Köln (Hrsg.)**: Dokumentation der deutschen Binnenschiffahrt Teil I und II, Köln 1986.

**Internationale Binnenschiffahrtsunion (Hrsg.)**: Die Krise in der Binnenschiffahrt, o.O. 1968.

**Intertraffic GmbH (Hrsg.)**: Kosten-Nutzen-Untersuchung für einen Hafen Kelheim. Bearbeitet von Flechtner, A./Hoffmann, J.F./Vervoorts, H., Düsseldorf/München 1974.

**Jansen, P.G.**: Infrastrukturinvestitionen als Mittel der Regionalpolitik, Gütersloh 1968.

**Jaenicke, G.**: Die neue Großschiffahrtsstraße Rhein-Main-Donau. Eine völkerrechtliche Untersuchung über den rechtlichen Status der künftigen Rhein-Main-Donau-Großschiffahrtsstraße. Erschienen in der Reihe Völkerrecht und Außenpolitik Bd.21, Frankfurt a.M. 1973.

**Jong, J. de**: The Rhine-Main-Danube-Connection and its economical implications for Europe. Published by the Netherlands Maritime Institute Monograph M9, o.O. 1976.

**Jurisch, G.**: Wasserwege zwischen Rhein und Donau. Gekürzter Sonderdruck aus: Die Wasserwirtschaft, Offenbach o.J.

**Kagerer, K.**: Landschaftsplan Donautalraum; Abschnitt Matting-Regensburg, Gauting 1975.

**Kalcker, W.**: Die Bedeutung der Binnenschiffahrt für ein Unternehmen der Chemischen Industrie. In: Binnenschiffahrt - Zeitschrift für Binnenschiffahrt und Wasser- straßen Nr.5/1993.

**Kamer van Koophandel en Fabrieken voor Rotterdam (Hrsg.)**: Rhein Main Donau Verbindung. Ergebnisse einer von der Arbeitsgruppe Rhein-Main-Donau, unter Schirmherrschaft der Industrie- und Handelskammern Amsterdam und Rotterdam, Amsterdam/Rotterdam 1974.

**Kaspar, A.**: Die Rhein-Main-Donau-Großschiffahrtsstraße, Nürnberg 1952.

**Kaspar, C.**: Verkehrswirtschaftslehre im Grundriß. Erschienen in der Schriftenreihe St. Gallener Beiträge zum Fremdenverkehr und zur Verkehrswirtschaft; Reihe Verkehrswirtschaft Bd.7, Bern/Stuttgart 1977.

**Kaspar, T.**: Die Bedeutung des Hafens Regensburg für die Regionalwirtschaft. Eine wirtschaftsgeographische Studie. Diplomarbeit im Fach Wirtschaftsgeographie an der Ludwig-Maximilians-Universität München, München 1994.

**Kersting, H.**: Industrie in der Standortgemeinschaft neuer Binnenhäfen, Paderborn 1978.

**Kesseler, H.J.**: Aufgaben und Betrieb des Main-Donau-Kanals. In: Wasserwirtschaft - Zeitschrift für das gesamte Wasserwesen Heft 12/1988.

**Kinnemann, S.**: Implikationen des wirtschaftlichen Strukturwandels für die zukünftigen Aufgaben der deutschen Binnenschiffahrt. In: Seidenfus, H.St. (Hrsg.): Wirtschaftlicher Strukturwandel und Verkehr. Erschienen in der Schriftenreihe Beiträge des Instituts für Verkehrswissenschaft an der Universität Münster Heft 89, Göttingen 1979.

**Kirsch, F./Pilz, H.**: Schiffe auf dem Ludwigskanal. In: Arbeitskreis Schiffahrts-Museum Regensburg e.V. (Hrsg.): Donauschiffahrt Bd.6, Regensburg 1992.

**Kistenmacher, H.**: Zentrale-Orte-Konzepte in der BRD - bisherige Entwicklungen und Zukunftsperspektiven. In: Aspekte der Raumentwicklung und Raumplanung in der Tschechoslowakei und der Bundesrepublik Deutschland. Erschienen in der Arbeitsmaterialien der Akademie für Raumforschung und Landesplanung, Hannover 1992.

**Klaus, J./Fehm, K./Lerch, B.**: Freizeitnutzen und wirtschaftsfördernder Wert von Naherholungsprojekten. Erschienen in der Schriftenreihe zu Regional- und Verkehrsproblemen in Industrie- und Entwicklungsländern Bd.16, Berlin 1975.

**Koch, R./Leininger, G.**: Der Karlsgraben - Ergebnisse neuer Erkundungen. In: bau intern, Sonderdruck Fossa Carolina - 1200 Jahre Karlsgraben, München 1993.

**Koehler, R.**: Verkehrsablauf auf Binnenwasserstrassen. Eine Untersuchung zur Leistungsfähigkeitsberechnung und Reisezeitverkürzung. Erschienen in der Schriftenreihe des Instituts für Verkehrswesen der Universität (TH) Karlsruhe Heft 3, Karlsruhe 1968.

**Körsting , R.**: Der Werkverkehr auf Straße und Binnenwasserstraße in der Bundesrepublik Deutschland. Gutachten im Auftrag des Bundesministers für Verkehr. Erstellt von der Messerschmitt-Bölkow-Blohm-GmbH. Erschienen in der Schriftenreihe des Bundesministers für Verkehr Heft 55/1979, Stuttgart/Berlin/Köln/Mainz 1979.

**Kösters, C.**: Binnenhäfen im Wettbewerb - Eine Analyse am Beispiel der Regionen Niederrhein und Rhein-Main. Erschienen in der Schriftenreihe Beiträge aus dem Institut für Verkehrswissenschaft an der Universität Münster Heft 124, Göttingen 1991.

**Kreeb, H.**: Die Rhein-Donau Großschiffahrtsstraße. Wie steht es mit ihrer Bauwürdigkeit? Stuttgart/Konstanz 1953.

**Krezmar, H. v./Horix, C.**: Zentraleuropäisches Freihandelszentrum Deggendorf-Donau. Denkschrift zur Errichtung eines binnenkontinentalen Umschlagplatzes. Hrsg. vom Zweckverband Donau-Hafen Deggendorf, Deggendorf 1986.

**Kühl, K.H.**: Binnenschiffahrt heute und morgen. In: Bartels, W. (Hrsg.): Verkehr 2000 - Neue Verkehrssysteme verändern unser Leben, Hamburg 1988.

**Lang, A.R.**: Rückkehr in die Mitte Europas. Wirtschafts- und Verkehrspolitik für die 90er Jahre. Haushaltsrede des Bayerischen Staatsministers für Wirtschaft und Verkehr 1991 vor dem Bayerischen Landtag, München 1991.

**Lang, A.R.**: Der Main-Donau-Kanal - was bringt er für Bayern? Reihe Dokumentation Nr.2/1992, München 1992.

**Lauer, M.**: Volkswirtschaftliche Kosten der Westdeutschen Wasserstraßen. Erschienen in der Schriftenreihe Verkehrswirtschaftliche Studien aus dem Institut für Verkehrswissenschaft der Universität Hamburg Bd.3, Göttingen 1967.

**Lauth, W.**: Die Standort- und geographische Leistungsstruktur der Unternehmensformen in der Binnenschiffahrt der BRD und ihre Abhängigkeit von den verkehrsgeographischen Gegebenheiten des bundesdeutschen Wassernetzes. Erschienen in der Reihe Frankfurter Wirtschafts- und Sozialgeographische Schrifen Heft 15, Frankfurt a.M. 1974.

**Lechner, W.H.**: Die Bayerischen Häfen und die Rhein-Main-Donau. In: Schiffahrt und Strom, Folge 128/129, Okt./Dez. 1989.

**Linden, W.**: Grundzüge der Verkehrspolitik, Wiesbaden 1961.

**Lose, H.**: Verkehrsplanung für wirtschaftsschwache Regionen. Erschienen in der Schriftenreihe der Gesellschaft für Wirtschafts- und Verkehrswissenschaftliche Forschung der Universität Bonn Bd.2, Bad Godesberg 1969.

**Maier, J.**: Zur Geograpie verkehrsräumlicher Aktivitäten. Theoretische Konzeption und empirische Überprüfung an ausgewählten Beispielen in Südbayern. Erschienen in der Schriftenreihe Münchner Studien zur Sozial- und Wirtschaftsgeographie Bd.17, Kallmünz/Regensburg 1976.

**Maier, J./Paesler, R./Ruppert, K./Schaffer, F.**: Sozialgeographie, Braunschweig 1977.

**Main-Donau-Stromverband (Hrsg.)**: Denkschrift über den Großschiffahrtsweg Rhein-Main-Donau, München 1920.

**Maushardt, V.**: Die Nekarkanalisierung und ihre raumwirtschaftlichen Auswirkungen. Erschienen in der Schriftenreihe des Instituts für Verkehrswissenschaft an der Universität Köln Bd.20, Düsseldorf 1966.

**Mayer, H.**: Mit innovativer Transportlogistik zu neuen Verkehrssystemen über die Donau. Unveröffentlchtes Manuskript eines Vortrag zum Thema "Donau - die logistische Chance für Mitteleuropa", gehalten am Deutsch-Österreichischen Donautag am 22.10.1987 in München.

**Mayer, H.**: Main-Donau-Kanal - Chancen und Herausforderung für die deutsche Donauschiffahrt. Neue Möglichkeiten für den europäischen Transportmarkt. In: Gumpel, W. (Hrsg.): Die Interessen der Anliegerstaaten am Rhein-Main-Donau-Kanal. Erschienen in Schriftenreihe der Südosteuropa-Gesellschaft Südosteuropa Aktuell Bd.8, München 1990.

**Meyer, S.**: Die Großschiffahrtsstraße Nordsee-Donau-Verbindung, Hameln 1915.

**Meyer v. Gonzenbach, R.**: Binnenschiffahrt und Landesplanung, Zürich 1966.

**Mierka, H.**: Güterverkehrszentren und Binnenhäfen. In: Güterverkehrsströme in Europa - Horizont 2000 Plus. Erschienen in der Schriftenreihe der Deutschen Verkehrswissenschaftlichen Gesellschaft e.V. Reihe B, Seminar B151, Nürnberg 1992.

**Mitev, V.**: Die bulgarischen Flußhäfen - ihre Bereitschaft zur Zusammenarbeit. In: Integration des bulgarischen Verkehrs in das Europäische System. Erschienen in der Schriftenreihe Südeuropa Aktuell Nr.16, München 1993.

**Mittelstädt, U.**: Die Entwicklung des Mains als Wasserstraße. In: Mitteilungsblätter des Deutschen Kanal- und Schiffahrtsverein Rhein-Main-Donau e.V., Nr.48/49, Nürnberg 1985.

**Mönninger, M.**: Das kontinentale Wasserspiel. In: Bilder und Zeiten - Beilage der Frankfurter Allgemeinen Zeitung vom 26.9.1992.

**Moosbrugger, P.**: Linienführung und Querschnitt des Main-Donau-Kanals. In: Wasserwirtschaft - Zeitschrift für das gesamte Wasserwesen Nr.12/1988.

**Most, O.**: Zur europäischen Idee der Rhein-Main-Donau-Straße. Sonderdruck aus Revue de la Navigation Interieure et Rhenaue, Straßbourg Nr.1 vom 10.1.1962, Nürnberg 1962.

**Most, O. (Hrsg.)**: Die deutsche Binnenschiffahrt, Bad Godesberg 1964.

**Niederösterreichische Raumplanungskonferenz (Hrsg.)**: Donauausbau - Grenzlandförderung. Dokumentation der 6. Niederösterreichischen Raumplanungskonferenz, Wien 1972.

**Oberste Baubehörde im Staatsministerium des Inneren (Hrsg.)**: Überleitung von Altmühl- und Donauwasser in das Regnitz-Maingebiet. Baustufe I: Altmühlsee - Überleiter -Kleiner Brombachsee - Igelsbachsee, München o.J.

**Oberster Bayerischer Rechnungshof (Hrsg.)**: Gutachten Rhein-Main-Donau-Kanal. Untersuchungsbericht unter dem AZ VI-625133/95, München 1966.

**Obst, E.**: Allgemeine Wirtschafts- und Verkehrsgeographie, Berlin 1965.

**Oettle, K.**: Verkehrspolitik, Stuttgart 1967.

**Oettle, K.**: Wasserstraßen in betriebswirtschaftlicher und volkswirtschaftlicher Sicht. In: Die Kanalschiffahrt im Jahre 1968/69. Bericht über die Ordentliche Mitgliederversammlung des Schiffahrtsverbandes für das westdeutsche Kanalgebiet e.V., Dortmund 1969.

**Oettle, K.**: Verkehrspolitik und Rheinschiffahrt. Festvortrag anläßlich des 100. Jahrestages der Ratifizierung der Mannheimer Akte, gehalten am 16.10.1968 vor der Mitgliederversammlung des Oberrheinischen Wasserstraßen- und Schiffahrtsverbandes e.V., Mannheim/Heidelberg 1969.

**Oettle, K.**: Raumwirtschaftliche Aspekte einer Betriebswirtschaftslehre des Verkehrs. Veröffentlicht in der Schriftenreihe der Akademie für Raumforschung und Landesplanung Abhandlungen Bd.77, Hannover 1978.

**Oettle, K.**: Ergänzungsbeziehungen im Verkehr am Beispiel der Binnenschiffahrt. In: die Donau als Verkehrsweg der Zukunft. Erschienen in der Schriftenreihe der Österreichischen Verkehrswissenschaftlichen Gesellschaft ÖVG-Spezial 10/1987.

**Oettle, K.**: Die historische Entwicklung der Verkehrsbeziehungen in Mitteleuropa - eine Skizze. In: 1. Internationale Verkehrskonferenz für Mittel- und Osteuropa 1990. Erschienen in der Schriftenreihe 3.23 der Hanns-Seidel-Stiftung e.V., München 1990.

**Otremba, B.**: Standortbedingungen und Standortverflechtungen der Industrie der Bundesrepublik Deutschland, Paderborn 1962.

**Partzsch, D.**: Stichwort Daseinsgrundfunktionen. In: Handwörterbuch für Raumforschung und Raumordnung, Hannover 1972.

**Paul, W.**: Die Verkehrsentwicklung auf dem Main-Donau-Kanal. In: Rhein-Main-Donau AG (Hrsg.): Baubericht 1993, München 1994.

**Pirath, C.**: Die Grundlagen der Verkehrswirtschaft, Berlin/Göttingen/Heidelberg 1949.

**Piseckey, F.**: Die Rhein-Main-Donau-Verbindung und deren Bedeutung für die Wirtschaft in Österreich. Erschienen in der Schriftenreihe Verkehrswissenschaft der Hochschule der Bundeswehr München Bd.2, Neubiberg 1984.

**Pisecky, F.**: Der europäische Wasserstraßenverkehr in österreichischer Sicht. In: Gumpel, W.: Die Interessen der Anlieger am Rhein-Main-Donau-Kanal. Erschienen in der Schriftenreihe Südosteuropa-Aktuell der Südosteurpoa-Gesellschaft Bd.8, München 1990.

**Pisecky, F.**: Umbruch im Osten und seine Auswirkungen auf den europäischen Wasserstraßenverkehr. In: Schiffahrt und Strom, Folge 136, September/Oktober 1991.

**Pisecky, F.**: Österreich und Rhein-Main-Donau. In: Schiffahrt und Strom, Folge 139, Juni/Juli 1992.

**Pisecky, F.**: Österreich und Rhein-Main-Donau - erste Zwischenbilanz. In: Schiffahrt und Strom, Folge 141, Dezember 1992.

**Pisecky, F.**: RMD-Prognose schon zu zwei Drittel erreicht. In: Schiffahrt und Strom, Folge 143, Juli/August 1993.

**Pohl, A.**: Österreichs Interesse am Rhein-Main-Donau-Kanal. Hrsg. vom Donaueuropäischen Institut und vom Österreichischen Rhein-Main-Donau-Institut, Wien 1952.

**Poschwatta, W.**: Industrialisierung und Regionalpolitik in Bayern. In: Raumplanung in den 90er Jahren - Festschrift für Karl Ruppert, Augsburg 1991.

**Predöhl, A.**: Verkehrspolitik. Erschienen in der Reihe: Grundriß der Sozialwissenschaft Bd.15, Göttingen 1964.

**Press, H.**: Binnenwasserstraßen und Binnenhäfen, Berlin 1956.

**Puf, P.R.**: Wirtschaftlicher Wandel in der Bundesrepublik Deutschland. In: Wirtschaftlicher Strukturwandel und Verkehr. Erschienen in der Schriftenreihe des Instituts für Verkehrswissenschaft an der Universität Münster Heft 89, Göttingen 1979.

**Reinhold, E.**: Brücken am Main-Donau-Kanal. In Wasserwirtschaft - Zeitschrift für das gesamte Wasserwesen Nr.12/1988.

**Rehmann, D.**: Rationalität, Effizienz und Effektivität der staatlichen Förderungspolitik zugunsten des kombinierten Ladungsverkehrs. Erschienen in der Schriftenreihe Beiträge aus dem Institut für Verkehrswissenschaft an der Universität Münster Heft 113, Göttingen 1988.

**Reske, D.**: Der Rhein-Rhone-Kanal aus regionaler und überregionaler Sicht. Erschienen in der Schriftenreihe Frankfurter Wirtschafts- und Sozialgeographische Schriften Heft 33, Frankfurt a.M. 1980.

**Reza, L.**: Möglichkeiten und Grenzen einer Binnenwasserstraßenpolitik. Erschienen in der Schriftenreihe des Instituts für Industrie- und Verkehrspolitik der Universität Bonn Bd.30, Berlin 1977.

**Rhein-Main-Donau AG (Hrsg.)**: Großschiffahrtsstraße Rhein-Main-Donau. Die wasserwirtschaftliche Bedeutung der Kanalstrecke Bamberg-Nürnberg für Landwirtschaft und Industrie, München 1960.

**Rhein-Main-Donau AG (Hrsg.)**: Die wirtschaftliche Bedeutung der Rhein-Main-Donau-Verbindung, München 1970.

**Rhein-Main-Donau AG (Hrsg.)**: Landschaftsplan Altmühltal. Main-Donau-Kanal Strecke Dietfurt - Kelheim, München 1974.

**Rhein-Main-Donau AG (Hrsg.)**: Informationen zum Main-Donau-Kanal, München 1992.

**Rhein-Main-Donau AG (Hrsg.)**: Bau- und Geschäftsberichte 1991/1992/1993, München 1992/93/94.

**Ritter, W.**: Die Innovation des Containerverkehrs und ihre geographischen Auswirkungen. In: Der Containerverkehr aus geographischer Sicht. Erschienen in der Schriftenreihe Nürnberger Wirtschafts- und Sozialgeographische Arbeiten Bd.33, Nürnberg 1981.

**Roehle, W.**: Die Donau als Wasserstraße. In: Binnenschiffahrt - Zeitschrift für Binnenschiffahrt und Wasserstraßen Nr.5/1992.

**Ronellenfitsch, M.**: Beschleunigungsgesetz - Investitionsmaßnahmengesetz - Die Beschleunigung von Verkehrsprojekten. In: Verkehrsplanung in Deutschland. Erschienen in der Schriftenreihe Speyerer Forschungsberichte Bd.105, Speyer 1991.

**Rümelin, B.**: Wasserstraßenprojekte im Einzugsgebiet der Donau. In: Donau-Schiffahrt Bd.6, hrsg. vom Arbeitskreis Schiffahrts-Museum Regensburg e.V., Regensburg 1992.

**Ruppert, K.**: Wirtschaftsgeographische Grundstrukturen Bayerns, Würzburg 1968.

**Ruppert, K.**: Die gruppentypische Reaktionsweite - Gedanken zu einer sozialgeographischen Arbeitshypothese. In: Zum Standort der Sozialgeographie. Erschienen in der Schriftenreihe Münchner Studien zur Sozial- und Wirtschaftsgeographie Bd.4, Kallmünz/Regensburg 1968.

**Ruppert, K.**: Zur Konzeption der Sozialgeographie. In: Geographische Rundschau Heft 6/1969.

**Ruppert, K.**: Zur Stellung und Gliederung einer Allgemeinen Geographie des Freizeitverhaltens. In: Geographische Rundschau Heft 1/1975.

**Ruppert, K.**: Wasserflächen als Freizeitpotential - Beispiel Bodensee. In: Wasser, Energie, Luft Heft 1/2 1991.

**Ruppert, K. (Hrsg.)**: Europa: Neue Konturen eines Kontinents, München 1993.

**Ruppert, K./Haas, H.-D.**: Industrialisierung und Urbanisierung in sozialistischen Staaten Südosteuropas, Regensburg 1981.

**Ruppert, K./Haas, H.-D.**: Beiträge zur Landeskunde Jugoslawiens. Erschienen in der Schriftenreihe Münchner Studien zur Sozial- und Wirtschaftsgeographie Bd.23, Kallmünz/Regensburg 1983.

**Rutte, E.**: Rhein-Main-Donau. Wie - wann - warum sie wurden. Eine geologische Geschichte, Sigmaringen 1987.

**Rutz, W.**: Umlandbeziehungen von Wasserstraßen, erläutert am Beispiel der Oberweser. Erschienen in der Schriftenreihe Göttinger geographische Abhandlungen Heft 25, Göttingen 1960.

**Schanz, G.**: Der Donau-Main-Kanal und seine Schicksale. Erschienen in der Reihe Studien über die Bayerischen Wasserstraßen, Bamberg 1894.

**Scharl, K.**: Die Auswirkungen des Kanals auf den Güterverkehr - Infrastrukturelle Desiderate und transportunternehmerische Perspektiven. In: Politische Studien - Zweimonatszeitschrift für Politik und Zeitgeschehen, Heft 325 September/Oktober 1992.

**Schaub, F.**: Vom Main zu Donau und Rhein, Würzburg 1979.

**Schecher, K.L.**: Verkehrslehre der Binnenschiffahrt, Halle a.S. 1911.

**Scheidl, L.**: Österreichs Verkehrslage, Verkehrseignung und Verkehrsentwicklung. Erschienen in der Schriftenreihe des Instituts für Österreichkunde. Sonderdruck aus: Geographie und Wirtschaftsentwicklung, Wien 1970.

**Scheuring, H.**: Die Grosschiffahrtsstrasse Rhein-Main-Donau im Lichte der Entwicklungstendenzen moderner Energieversorgung - Eine wirtschaftsgeographische Untersuchung, Nürnberg 1954.

**Schlenkermann, H.-G.**: Die Konzentration in der Binnenschiffahrt - Ursachen und Entwicklungen. Erschienen in der Schriftenreihe Beiträge aus dem Institut für Verkehrswissenschaften an der Universität Münster Heft 94, Göttingen 1982.

**Schleßmann, H.**: Der "Ludwig-Donau-Main-Kanal". In: Donauschiffahrt Bd.6, hrsg. vom Arbeitskreis Schiffahrts-Museum Regensburg e.V., Regensburg 1992.

**Schliephake, K.**: Geographische Erfassung des Verkehrs - Ein Überblick über die Betrachtungsweisen des Verkehrs in der Geographie mit praktischen Beispielen aus dem mittleren Hessen. Erschienen in der Schriftenreihe Giessener Geographische Schriften Heft 28, Gießen 1973.

**Schmitt, A.**: Binnenschiffahrt auf dem Scheideweg. Erschienen in der Schriftenreihe Verkehrswissenschaftliche Forschungen aus dem Institut für Verkehrswissenschaft an der Westfälischen Landesuniversität zu Münster, Heft 8, München 1951.

**Schmitt, H.L.**: Die Binnenwasserstraßen und Hafenstandorte in Süddeutschland. Typologie und Regionalwirtschaftliche Betrachtung. Erschienen in der Schriftenreihe Frankfurter Wirtschafts- und Sozialgeographische Schriften Heft 34, Frankfurt a.M. 1980.

**Schmitt, P.H.**: Die geographischen Grundlagen der Verkehrswirtschaft, Jena 1934.

**Schnabel, L./Keller, W.**: Vom Main zur Donau. 1200 Jahre Kanalbau in Bayern, Bamberg 1985.

**Schneider, M./Wirth, E.**: Binnenschiffahrtskanäle in Franken. In: Hopfinger, H. (Hrsg.): Franken - Planung für eine bessere Zukunft, Nürnberg 1986.

**Schnell, R./Hill, P./Esser, E.**: Methoden der empirischen Sozialforschung, München/Wien 1989.

**Schönfeld, R.**: Die Donau als Faktor der wirtschaftlichen Entwicklung Regensburgs. Sonderdruck Sigmaringen 1978.

**Schroiff, F.J.**: Die Bedeutung der Binnenwasserstraßen für die räumliche Entwicklung. In: Informationsbriefe für Raumordnung R 6.2.4., Mainz 1969.

**Schroiff, F.J.**: Das Binnenschiffahrt-Verkehrssystem: Die Bedeutung der Wasserstraßen und der Binnenschiffahrt für die räumliche Entwicklung. Erschienen in der Schriftenreihe der Akademie für Raumforschung und Landesplanung, Abhandlungen Bd.84, Hannover 1984.

**Schwarz, K.**: Der "Main-Donau-Kanal" Karls des Großen. Erschienen in der Schriftenreihe zur bayerischen Landesgeschichte Bd.62, hrsg. von der Kommission für bayerische Landesgeschichte bei der Bayerischen Akademie der Wissenschaften, München 1962.

**Seidel, H.**: Die Großschiffahrtsstraße Rhein-Main-Donau. Eine wirtschaftliche Idee und ihre Wirklichkeit, Aschaffenburg 1960.

**Seidel, H.P.**: Landschaftsgestaltung und Ökologie beim Main-Donau-Kanal. In: Wasserwirtschaft - Zeitschrift für das gesamte Wasserwesen Nr.12/1988.

**Seidel, H.P.**: Die Rolle des Main-Donau-Kanals für die europäische Integration. In: Güterverkehrsströme in Europa - Horizont 2000 Plus. Erschienen in der Schriftenreihe der Deutschen Verkehrswissenschaftlichen Gesellschaft e.V. Reihe B, Seminar B151, Nürnberg 1992.

**Seidel, H.P.**: Zur Inbetriebnahem des Main-Donau-Kanals. In: Binnenschiffahrt - Zeitschrift für Binnenschiffahrt und Wasserstraßen vom 11.9.1992.

**Seidenfus, H.St.**: Ostverkehr. Das Eindringen der östlichen Staatshandelsländer in die Verkehrswirtschaft der westlichen Welt, Berlin 1977.

**Seidenfus, H.St./Meyke, U.**: Nutzen-Kosten-Analyse für Wasserstraßenprojekte. Eine methodenkritische Überlegung am Beispiel der Rhein-Main-Donau-Verbindung. Erschienen in der Schriftenreihe Vorträge und Studien aus dem Institut für Verkehrswissenschaft an der Universität Münster Heft 12, Göttingen 1971.

**Seiler, E.**: Der ECE-Bericht zu Rhein-Main-Donau. Die wirtschaftliche Bedeutung der Rhein-Main-Donau-Verbindung. Vortrag gehalten am 26.6.1969 vor dem Österreichischen Kanal- und Schiffahrtsverein in Wien, Wien 1969.

**Sengpiel, J.**: Der Rhein-Main-Donau-Kanal. Prüfstein und Garant für einen fairen Wettbewerb zwischen Donau- und Rheinschiffahrt. In: Mitteilungsblätter des Deutschen Kanal- und Schiffahrtvereins Rhein-Main-Donau e.V. Nr.57, Nürnberg 1988.

**Sengpiel, J.**: Der Rhein-Main-Donau-Kanal - Auswirkungen auf die Donau- und Rheinschiffahrt. In: Gumpel, W. (Hrsg.): Die Interessen der Anliegerstaaten am Rhein-Main-Donau-Kanal. Erschienen in der Schriftenreihe der Südosteuropa-Gesellschaft Südosteuropa Aktuell Bd.8, München 1990.

**Seufert, C./Schneider, J.**: Binnenschiffahrt und Bundesbahn: Kooperation oder Konfrontation? Aufgezeigt am praktischen Beispiel des Main-Donau-Kanals. In: Die Bundesbahn, Heft 7/8 1991.

**Simon, W./Zigic, B.**: Die Donau - Übersicht über den Schiffsverkehr auf der Donau. Erschienen in der Schriftenreihe des Europäischen Entwicklungszentrum für die Binnenschiffahrt e.V. Heft 1, Duisburg 1992.

**Sonnberger, P.**: Verkehr zwischen Flut und Flaute. In: Raum 7/92.

**Statistisches Bundesamt (Hrsg.)**: Binnenschiffahrt - Fachserie 8 Verkehr, Reihe 4, Wiesbaden 1993.

**Steinbach, J./Jurinka, K.**: Die Veränderung der Standortqualität der Regionen Europas durch den Ausbau der Verkehrssysteme. In: Mitteilungen der Österreichischen Geographischen Gesellschaft, Jahresband, Wien 1992.

**Steller, G.**: Der wirthschaftliche Werth einer Bayerischen Grosschiffahrtsstrasse, Nürnberg 1908.

**Straßer, H.**: L'avenir de la cooperation danubienne. Vortrag im Rahmen des Symposiums "L'Espace Politique et Eqonimique le Danube - la Mer noir" vom 10.-12. September 1992 in Bukarest und Constanta. Unveröffentlichtes Vortragsmanuskript 1992.

**Straßer, H.**: Der Main-Donau-Kanal in seiner Bedeutung für Österreich und Europa. Vortrag gehalten am 12.1.1993 vor der Österreichischen Geographischen Gesellschaft. Unveröffentlichtes Vortragsmanuskript 1993.

**Strobl, Th./Weber, H.**: Altmühl- und Donauwasser für das Regnitz-Maingebiet - Ein großräumiges Wasserbauvorhaben in Bayern. In: TBG Tiefbaugenossenschaft Heft 5 1987.

**Sympher, L.**: Die zukünftige Entwicklung der deutschen Wasserwirtschaft. Erschienen in den Vereinsschriften der Deutschen Weltwirtschaftlichen Gesellschaft Heft 9, Berlin 1918.

**Talsperren-Neubauamt Nürnberg (Hrsg.)**: Überleitung von Altmühl- und Donauwasser in das Regnitz-Main-Gebiet, Nürnberg 1992.

**Tarifamt der Bayer. Staatseisenbahnen rechts des Rheins in München (Hrsg.)**: Untersuchung über die verkehrswissenschaftliche Bedeutung eines Main-Donau-Kanals, München 1919.

**Thomson, M.J.**: Grundlagen der Verkehrspolitik, Bern/Stuttgart 1978.

**Thünen, J.H. v.**: Der isolierte Staat in Beziehung auf Landwirtschaft und Nationalökonomie, 4. Auflage, Stuttgart 1966.

**Töpner, K.**: Zwischen Karl und Ludwig. Die Idee der Wasserstraße bleibt lebendig. In: bau intern, Sonderdruck Fossa Carolina - 1200 Jahre Karlsgraben, München 1993.

**Ullmer-Schulz, E./Böttger, C.-U.**: Verkehrslehre des Außenhandels, Hamburg 1991.

**Verein für Binnenschiffahrt und Wasserstraßen e.V. (Hrsg.)**: Wasserstraßen und Binnenschiffahrt im Vergleich zum Schienen- und Straßenverkehr, Duisburg-Ruhrort 1992.

**Vince, J.**: River and Canal Transport, London 1970.

**Vogel, J.**: Regionale Siedlungsstruktur und regionaler Güterverkehr. In: Vom Güterverkehr zum Regionalverkehr. Beiträge aus dem Institut für Verkehrswissenschaft an der Universität Münster Heft 80, Göttingen 1976.

**Voigt, F.**: Verkehr Bd.1&2, Berlin 1973.

**Voppel, G.**: Verkehrsgeographie, Darmstadt 1980.

**Wasser- und Schiffahrtsamt Regensburg (Hrsg.)**: Benutzungsbedingungen für den Main-Donau-Kanal. Schriftstück Nr.3-312.4/0 vom 13.11.1992, Regensburg 1992.

**Wasser- und Schiffahrtsdirektion Süd (Hrsg.)**: Verkehr und Güterumschlag auf den Bundeswasserstraßen Main, Main-Donau-Kanal und Donau im Jahre 1992, Würzburg 1993.

**Wasser- und Schiffahrtsdirektion Süd (Hrsg.)**: Verkehr und Güterumschlag auf den Bundeswasserstraßen Main, Main-Donau-Kanal und Donau im Jahre 1993, Würzburg 1994.

**Wasser- und Schiffahrtsdirektion Südwest (Hrsg.)**: Einnahmen aus Schiffahrtsabgaben auf den süddeutschen Bundeswasserstraßen, Mainz 1994.

**Weckerle, K.**: Innovationen auf dem Gebiet der Transportorganisation und ihre Auswirkungen auf die Binnenschiffahrt. In: Donau-Schiffahrt Bd.3 der Schriftenreihe des Arbeitskreises Schiffahrts-Museum Regensburg e.V., Regensburg 1985.

**Weckerle, K.**: Ökonomische Vernunft und ökologische Verantwortung. In: Binnenschiffahrt - Zeitschrift für Binnenschiffahrt und Wasserstraßen vom 11.9.1992.

**Weckerle, K.**: Chancen des Main-Donau-Kanals für Europa und die Donauanlieger. In: Gumpel, W. (Hrsg.): Integration des bulgarischen Verkehrs in das europäische System. Erschienen in der Schriftenreihe Südosteuropa Aktuell Nr.16, München 1993.

**Weckerle, K.**: Der Main-Donau-Kanal hat im ersten Jahr alle Erwartungen übertroffen - Kritiker sind widerlegt. In: Bayerischer Monatsspiegel 5/1993.

**Wehrli-Burkhard, E.**: Die Französischen Rhone-Rhein-Projekte und ihre Bedeutung für die Schweiz. Zürich 1963.

**Weis, H.J.**: Was erwartet Österreich von der Rhein-Main-Donau-Wasserstraße? In: Praxis Geographie 3/1986.

**Weißleder, G.**: Donauraum und Rhein-Main-Donau-Kanal. Erschienen in der Schriftenreihe Verkehrswissenschaftliche und Volkswirtschaftliche Arbeiten des Instituts für Verkehrswissenschaft an der Universität Leipzig, Jena 1944.

**Wirth, E.**: Die Ohnmacht der Vernunft. Vom Sinn und Unsinn eines Schiffahrtsweges Rhein-Main-Donau. In: Weiger, H. (Hrsg.): Der Rhein-Main-Donau-Kanal. Das Für und Wider seiner Fertigstellung, München 1983.

**Wirth, E.**: Der Rhein-Main-Donau-Kanal. In: Deutschland - Porträt einer Nation. Bd.8: Bayern, Baden-Württemberg, Saarland. Gütersloh 1986.

**Wirth, E.**: Die wirtschaftlichen Aspekte des "Europa-Kanals". In: Brix, M. (Hrsg.).: Main-Donau-Kanal. Ersatzlandschaft im Altmühltal, München 1988.

**Wirtschaftskammer Wien (Hrsg.)**: Die Donau als Großschiffahrtsstraße. Gesamtbericht der Abteilung Verkehrswirtschaft der Industrie- und Handelskammer Wien, Wien 1941.

**Wissmann, H.J.**: Der Deutsche Kanal- und Schiffahrtsverein informiert: Das Tor zum größeren Markt, Nürnberg o.J.

**Witt, D.**: Nachfrageentwicklung und Strukturwandel im Güterverkehr, insbesondere in räumlicher Wirkung und Differenzierung. In: Gestaltung künftiger Raumstrukturen duch veränderte Verkehrskonzepte. Erschienen in der Schriftenreihe der Akademie für Raumforschung und Landesplanung, Forschungs- und Sitzungsberichte Bd.164, Hannover 1986.

**Witte, H./Voigt, F.**: Die Bewertung von Infrastrukturprojekten, Berlin 1985.

**Wöhl, H.**: Verteilung und Wachstum zentraler Orte in Bayern und ihre Verwendung als Raumplanungsinstrument. Erschienen in der Schriftenreihe Frankfurter Wirtschafts- und Sozialgeographische Schriften, Heft 29, Frankfurt a.M. 1979.

**Wulf, D.**: Verkehrswege, Aufgaben und Leistungen der Binnenschiffahrt. In: Geographische Rundschau Heft 2/1961.

**Wulf, D.**: Der Schiffahrtsweg Rhein-Main-Donau. In: Geowissenschaften unserer Zeit Heft 1, Weinheim 1983.

**Zahn, F.C.**: Der Grossschiffahrtsweg Donau-Main-Rhein, Nürnberg 1917.

**Zemanek, K.**: Die Schiffahrtsfreiheit auf der Donau und das künftige Regime der Rhein-Main-Donau-Großschiffahrtsstraße. Eine völkerrechtliche Untersuchung. Erschienen in der österreichischen Zeitschrift für öffentliches Recht, Supplementum 4, Wien/New York 1976.

**Zentralausschuß der Deutschen Binnenschiffahrt (Hrsg.)**: Binnenschiffahrt - Was sie ist - was sie leistet - was sie bedeutet, Beuel a.R. 1956.

**Zentralausschuß der deutschen Binnenschiffahrt (Hrsg.)**: Die Binnenschiffahrt zu verkehrspolitischen Grundsatzfragen, o.O. 1960.

**Zweckverband Donau-Hafen Deggendorf (Hrsg.)**: Zentraleuropäisches Freihandelszentrum. Denkschrift zur Erreichtung eines binnenkontinentalen Umschlagplatzes, Deggendorf.

**Zweckverband Industriegebiet mit Donauhafen Straubing-Sand (Hrsg.)**: Industriegebiet mit Donauhafen Straubing-Sand, o.O. 1994.

**o.V.**: Die Region blickt auf den Main-Donau-Kanal. In: Mitteilungen der Industrie- und Handelkammer Regensburg 10/1992.

**o.V.**: Raumordnungsverfahren für die Donaustrecke Straubing-Vilshofen. In: Deutscher Kanal- und Schiffahrtsverein Rhein-Main-Donau (Hrsg.): Mitteilungsblätter 74/75, Nürnberg 1993.

**o.V.**: Donaublokade bei Gabcikovo. In: Schiffahrt und Strom, Folge 146, März/April 1994.

**o.V.**: Neues Transportsubstrat für den Main-Donau-Kanal. In: Verkehr - Internationale Wochenzeitung für Verkehrswirtschaft vom 5.8.1994.

**o.V.**: Umschlagslände Dietfurt expandiert: Güterdurchsatz plus 50%. In: Verkehr - Internationale Wochenzeitung für Verkehrswirtschaft vom 5.8.1994.

# Münchner Studien zur Sozial- und Wirtschaftsgeographie

Band 1: MEIENBERG, PAUL: Die Landnutzung nach Pan-, Infrarot- und Farbluftbildern. Ein Beitrag zur agrargeographischen Luftbildinterpretation und zu den Möglichkeiten der Luftbildphotographie. 133 S., 43 Abb., 7 Tab., 1 Bildmappe. 1966, DM 58,–.

Band 2: SCHÄTZL, LUDWIG: Die Erdölwirtschaft in Nigeria. Eine wirtschaftsgeographische Sektoralanalyse. 215 S., 26 Abb., 105 Tab. 1967, DM 38,–.

Band 3: BOPST, WOLF-DIETER: Die arabischen Palästinaflüchtlinge, ein sozialgeographischer Beitrag zur Erforschung des Flüchtlingsproblems. Erich Thiel zum 70. Geburtstag gewidmet. 202 S., 16 Karten, 4 Abb., 58 Tab., 9 Lichtbilder. 1968, DM 30,–.

Band 4: Zum Standort der Sozialgeographie. – W. Hartke zum 60. Geburtstag. 1968. *Vergriffen*.

Band 5: Almgeographische Studien in den slowenischen Alpen. Mit Beiträgen von RUPPERT, KARL und VOJVODA, M. 55 S., 3 Farbkarten, 1 Abb., 5 Tab. 1969, DM 25,–.

Band 6: Zur Geographie des Freizeitverhaltens. 1970. *Vergriffen*.

Band 7: Sozialgeographische Probleme Südosteuropas. 1973. *Vergriffen*.

Band 8: Bevölkerungs- und Sozialgeographie. Deutscher Geographentag in Erlangen 1971. Ergebnisse der Arbeitssitzung 3. 123 S., 72 Abb. in separatem Kartenband. 1972, ISBN 3 7847 6508 4, DM 42,–.

Band 9: MAIER, JÖRG UND RUPPERT, KARL: Geographische Aspekte kommunaler Initiativen im Freizeitraum, der „Verein zur Sicherstellung überörtlicher Erholungsgebiete in den Landkreisen um München e.V." als Beispiel. 32 S., 3 Abb. 1974, ISBN 3 7847 6509 2, DM 8,–.

Band 10: POLENSKY, THOMAS: Die Bodenpreise in Stadt und Region München – Räumliche Strukturmuster und Prozeßabläufe. 100 S., 14 Karten. 1974, ISBN 3 7847 6510 6, DM 58,–.

Band 11: LEVEDAG, ROLF: Industrialisierungstendenzen in den Kibbuzim. Wirtschafts- und sozialgeographische Aspekte. 252 S., 9 Karten, 40 Tab., 4 Abb. 1974, ISBN 3 7847 6511 4, DM 48,–.

Band 12: PAESLER, REINHARD: Urbanisierung als sozialgeographischer Prozeß, dargestellt am Beispiel südbayerischer Regionen. XI + 198 S., 51 S. im Anhang, 9 Kartenbeilagen. 1976, ISBN 3 7847 6512 2, DM 38,–.

Band 13 LETTRICH, EDIT: Urbanisierungsprozesse in Ungarn. Sozialgeographische Analysen. 129 S., 38 Karten und Abb. 1975, ISBN 3 7847 6513 0, DM 26,–.

Band 14: SZYMANSKI, MARGRET: Wohnstandorte am nördlichen Stadtrand von München. Sozialgeographische Planungsgrundlage. XV + 173 S., 29 S. im Anhang, 9 Abb., 20 Karten, 17 Tab. 1977, ISBN 3 7847 6514 9, DM 29,–.

Band 15: PENZ, HUGO: Die Almwirtschaft in Österreich. Wirtschafts- und sozialgeographische Studien. 211 S., 6 Karten, 18 Abb., 49 Tab. 1978, ISBN 3 7847 6515 7, DM 39,–.

Band 16: THÜRAUF, GERHARD: Industriestandorte in der Region München. Geographische Aspekte des Wandels industrieller Strukturen. XIII + 183 S., 21 Karten, 12 Tab., 37 S. im Anhang. 1975, ISBN 3 7847 6516 5, DM 44,–.

Band 17: MAIER, JÖRG: Zur Geographie verkehrsräumlicher Aktivitäten. Theoretische Konzeption und empirische Überprüfung an ausgewählten Beispielen in Südbayern. 192 S., 28 Karten, 30 Abb., 9 Tab. 1976, ISBN 3 7847 6517 3, DM 42,–.

Band 18: GRÄF, PETER: Zur Raumrelevanz infrastruktureller Maßnahmen. Kleinräumliche Struktur- und Prozeßanalyse im Landkreis Miesbach – ein Beitrag zur sozialgeographischen Infrastrukturforschung. *Vergriffen*.

Band 19: KERSTIENS-KOEBERLE, EDITHA: Freizeitverhalten im Wohnumfeld. Innerstädtische Fallstudien, Beispiel München. XXXV + 228 S., 19 Karten, 14 Graphiken, 24 Tab. 1979, ISBN 3 7847 6519 X, DM 45,–.

Band 20: Räumliche Struktur- und Prozeßmuster in der SR Makedonien. Zusammengestellt von RUPPERT, KARL. 138 S., 16 Karten, 4 Skizzen, 1 Abb. 1980, ISBN 3 8747 6520 3, DM 35,–.

Band 21: Industrialisierung und Urbanisierung in sozialistischen Staaten Südosteuropas. 152 S., 22 Karten, 7 Abb., 20 Tab. 1981, ISBN 3 7847 6521 1, DM 35,–.

Band 22: HECKL, FRANZ XAVER: Standorte des Einzelhandels in Bayern – Raumstrukturen im Wandel. LVII + 242 S., 15 Karten, 23 Abb., 42 Tab. 1981, ISBN 3 7847 6522 X, DM 44,–.

Band 23: Beiträge zur Landeskunde Jugoslawiens. Zusammengestellt von RUPPERT, KARL. 230 S., 37 Karten, 24 Abb., 58 Tab. 1983, ISBN 3 7847 6523 8, DM 47,–.

Band 24: HAAS, HANS-DIETER; HESS, W.; SCHERM, GEORG: Industrielle Monostrukturen an Mikrostandorten. Ansätze zur Arbeitsplatzsicherung im Rahmen der Stadtentwicklungsplanung, dargestellt am Beispiel Albstadt. XXVI + 102 S., 11 Karten, 14 Abb., 39 Tab. 1983, ISBN 3 7847 6524 6, DM 35,–.

Band 25: DECKER, HEDWIG: Standortverlagerungen der Industrie in der Region München. XXVI + 92 S.,13 Karten, 3 Abb., 36 Tab. 1984, ISBN 3 7847 6525 4, DM 45,–.

Band 26: Geographische Strukturen und Prozeßabläufe im Alpenraum. Zusammengestellt im Auftrag des Verbandes Deutscher Hochschullehrer der Geographie von RUPPERT, KARL. 193 S., 18 Karten, 38 Abb., 40 Tab. 1984, ISBN 3 7847 6526 2, DM 56,–.

Band 27: Raumstrukturen der randalpinen Bereiche Bayerns und Sloweniens. 135 S., 9 Karten, 4 Abb., 20 Tab. 1984, ISBN 3 7847 6527 0, DM 36,–.

Band 28: HAAS, HANS-DIETER; SCHERM, GEORG: Der Bauxitbergbau als Entwicklungsfaktor – untersucht am Beispiel lateinamerikanischer Rohstoffländer. XX + 144 S., 8 Karten, 24 Abb., 36 Tab. 1985, ISBN 3 7847 6528 9, DM 37,–.

Band 29: LINTNER, PETER: Flächennutzung und Flächennutzungswandel in Bayern. Strukturen, Prozeßabläufe, Erklärungsansätze. XXXIV + 145 S., 12 Karten, 12 Abb., 20 Tab. 1985, ISBN 3 7847 6529 7, DM 49,–.

Band 30: METZ, ROLAND: Räumliche Auswirkungen von Insolvenzen auf Arbeitsmärkte in Bayern. XXXIV + 210 S., 40 Karten, 26 Abb.,16 Tab., 2 Zusammenstellungen. 1987, ISBN 3 7847 6530 0, DM 43,–.

Band 31: BECKER, WALTER: Messen und Ausstellungen – eine sozialgeographische Untersuchung am Beispiel München. XXXI + 120 S., 24 Karten, 13 Abb., 47 Tab. 1986, ISBN 3 7847 6531 9, DM 38,–.

Band 32: KIM, BOO-SUNG: Die Bedeutung von Innovationsprozessen für sozialgeographische Strukturen im Freizeitraum. XXII + 130 S., 9 Karten, 18 Abb., 24 Tab. 1987, ISBN 3 7847 6532 7, DM 39,–.

Band 33: Bayern – Aktuelle Raumstrukturen im Kartenbild. Zusammengestellt von RUPPERT, KARL. 153 S., 80 Karten, 11 Abb., 17 Tab. 1987, ISBN 3 7847 6533 5, DM 40,–.

Band 34: GRÄF, PETER: Information und Kommunikation als Elemente der Raumstruktur. LII + 204 S., 57 Karten, 35 Abb., 46 Tab. 1988, ISBN 3 7847 6534 3, DM 56,–.

Band 35: Müll – Untersuchungen zu Problemen der Entsorgung und des Rohstoffrecycling. Zusammengestellt von HAAS, HANS-DIETER. VIII + 94 S., zahlr. Abb. und Tab. 1989, ISBN 3 7847 6535 1, DM 29,–.

Band 36: LEMPA, SIMONE: Flächenbedarf und Standortwirkung innovativer Technologie und Logistik, unter besonderer Berücksichtigung des Logistikkonzeptes Just-In-Time in der Automobilindustrie. XVI + 168 S., 12 Karten, 40 Abb., 14 Tab. u. 3 Zusammenstellungen. 1990, ISBN 3 7847 6536 X, DM 58,–.

Band 37: RUPPERT, KARL u.a.: Ländliche Räume im Umbruch – Chancen des Strukturwandels. XIII + 152 S., 44 Karten, 16 Abb., 18 Tab. 1992, ISBN 3 7847 6537 8, DM 48,–.

Band 38: SAGAWE, THORSTEN: Una vision geografica de la poblacion Dominicana, Atlas demografico de la Republica Dominicana. 92 S., 45 Karten, 26 Fig., 8 Tab. 1992, ISBN 3 7847 6538 6, DM 35,–.

Band 39: HAAS, HANS-DIETER: Zur Raumwirksamkeit von Großflughäfen – Wirtschaftsgeographische Studien zum Flughafen München II. 1996 (in Druckvorbereitung).

Band 40: GLAS, CHRISTIAN: Wirtschaftsgeographische Neubewertung des Main-Donau-Kanals. X + 131 S., 10 Karten, 8 Abb. 1996, DM 42,–.

Bestellungen von Bänden der „Münchner Studien zur Sozial- und Wirtschaftsgeographie" bitte an den Kommissionsverlag, Buchdruckerei Michael Laßleben, Postfach 20, 93183 Kallmünz, Tel.: 09473 / 205; FAX: 09473 / 8357.
Eine aktuelle Liste der bereits erschienenen Bände ist unter
http://www.bwl.uni-muenchen.de/lehreinh/wigeo/Reihen/ erhältlich.